長十八世紀的英國文藝與歷史

浩蕩英華

British Literature, Art and History
in the Long Eighteenth Century

邱剛彥、黃柏源／主編

布琮任、翁怡錚、陳岡伯、黃桂瑩、黃柏源、邱剛彥／著

人文・學術・思想

目次 *Contents*

推薦序一

陳國榮

國立中正大學外國語文學系教授

任何一個文學時期的界定都有一定的難度，而所謂的「長十八世紀」（the long eighteenth century）尤其如此。學術界對此名詞大致有三種看法。第一種認為這個時期肇始於 1688 年的光榮革命（the Glorious Revolution）和大同盟戰爭（the War of the Grand Alliance or Nine Years' War），而於 1815 年拿破崙戰爭（the Napoleonic Wars）結束為尾聲。第二種看法則以 1660 年查爾斯二世（Charles II）登基開始，而以 1784 年詹森（Samuel Johnson）去世而結束。這種分法涵蓋復辟時代（the Restoration）與絕大部分的十八世紀，常見於一般英國文學史教科書。第三種分法雖然以 1688 年開始，但把期間擴展至 1830 年間喬治亞時代（the Georgian era）結束時。本書對長十八世紀的界定則較偏向第三種。上述這些分法都把十八世紀往前或往後挪移，因此有了「長十八世紀」這種說法。

文學時期的界定並無對錯，端看學者以何種視角切入。然而，這三種分法都有不盡完善之處。以第二種界定來說，把

1660 年查爾斯二世的復辟開始似乎是與先前的時代完美切割。劇場重新開張，前朝一些清教徒的戒律鬆綁，諷刺詩（verse satire）和時尚喜劇（comedy of manners）開始蓬勃發展，種種的一切都與先前的文學品味和社會氛圍有很大的差異。但是這種分法卻讓一個舉足輕重的作家米爾頓（John Milton）處於一個尷尬的地位。他的《失樂園》（*Paradise Lost*）、《復樂園》（*Paradise Regained*）、《力士參孫》（*Samson Agonistes*）都是在與其寫作風格迥異的復辟時期完成的。換言之，我們在教授或閱讀復辟時期文學的時候，常常都會把這些作品排除。而把這時期在詹森死後切斷，反而也把拉德克利夫（Ann Radcliffe）這位著名的志異小說（Gothic fiction）的先驅以及世紀末的其他作品，如柏尼（Fanny Burney）的後期小說，排除在外（她們分別活到 1823 年和 1840 年）。這種無法瞻前顧後的時期劃分，自然顯得薄弱。

第一種和第三種對長十八世紀的界定都以 1688 年開始，而以 1815 或 1830 年代結束。這種分法自然可以解決米爾頓尷尬的地位問題（換言之，他不屬於十八世紀），而且也可以把文風很明顯與十八世紀更緊密連結的奧斯汀（Jane Austen）納入。然而這種分法從英國文學的角度來看，有其爭議之處。首先，它硬生生地把復辟時期最主要的作家德來登（John Dryden）的文學生涯切割成兩半，而且也忽略了諷刺詩和時尚喜劇發展的脈絡。另一方面，把 1688 年前排除在外，難免會暗示先前將近二十年的時間與十七世紀發展到末期的文藝

復興更為緊密。而把長十八世紀界定在 1830 年代結束，從文學史的角度來看，基本上會把浪漫主義完全抹煞，而把十九世紀前三、四十年視於更趨向十八世紀。這種分法，難免會讓人陷入華茲華斯（William Wordsworth）、雪萊（Percy Bysshe Shelley）、濟慈（John Keats）等作家是和德來登、波普（Alexander Pope）、史威夫特（Jonathan Swift）等同屬一時期的混亂之中。在此情況下，讀者難免懷疑是否還有浪漫主義時期的存在？這兩種界定從十七世紀跨越十八世紀到十九世紀，固然可以解決一些問題。然而無法避免掉的，同樣也會帶來一些新的問題。因此所謂的長十八世紀究竟是以何種思維為考量？政治思潮、社會氛圍、經濟發展，抑或有其他考量，都是非常值得討論的議題。這本專書採用長十八世紀這個術語，必然有其專業考量，但是我們同時也必須思索其他的可能性以及其所衍生出的種種議題。或許把它與所謂的「長十九世紀」（the long nineteenth century，一說是 1789 年法國大革命開始，而在 1914 年第一次世界大戰爆發結束）相互比較，可能更能凸顯爭議之所在。

十八世紀也常被稱作理性時代（the Age of Reason）或啟蒙時期（the Enlightenment）。因此讀者會有種錯覺，以為這時期的文學作品比較枯燥無味、生硬艱澀，或是偏向哲學思辨。然而任何一個時期的文風都不可能是單一的，多元異化一向都是英國文學的特徵。格林（Donald Greene）在討論十八世紀英國文學背景時，把他專書取名為 *The Age of Exuberance*，

即是說明這個時期豐富多元的現象。《浩蕩英華》這本專書的命名亦有異曲同工之妙。從這本專書所收錄的六篇論文更可以看出此時期的多樣性。布琼任以建築的角度（塔文化）來探討中英文化的交流與衝擊；翁怡錚同樣也聚焦於中英文化的交會，但以貴格派慈善家魏客霏（Priscilla Wakefield）的遊記來探討此議題；陳岡伯以布雷克（William Blake）的詩歌來研究夢境書寫與性別意識；黃桂瑩則以圖像研究來探討牛奶女工的視覺再現並延伸至鄉野道德與性別勞動的議題（很難不讓人聯想到英國文學中最出名的牛奶女工黛絲 Tess of the d'Urbervilles！）；黃柏源則探討蘭姆（Charles Lamb）與梁遇春的隨筆寫作，以散文來做中英文化的比較；最後，邱剛彥以司各特（Sir Walter Scott）的歷史小說來分析詹姆斯黨人 1745年起義。從這些文章所使用的素材 —— 建築、遊記、詩歌、圖像、散文、小說 —— 就可看出此專書試圖以跨領域多元的角度，而非僅限於文學作品，來探討長十八世紀。這種嘗試非常值得肯定，或許也是研究特定歷史時期的專書應持的取向。

　　然而任何一本專書不可能盡善盡美，尤其是一本想要涵蓋長十八世紀的專書，論文的收集限於篇幅難免會有不足之處。期許這一些青壯派的學者若有機會再合作，能把十八世紀中葉以前的文學、文化、社會以跨領域的角度來重新檢視，讓長十八世紀的研究更為豐富。

推薦序二

趙順良

國立政治大學英國語文學系教授

　　2014 年初春，筆者與政大英文系及外語學院幾位年輕同事憑著一股傻勁成立了「啟蒙與浪漫主義研究社群」（Enlightenment and Romanticism Network，EARN），致力在臺灣推動跨領域與跨國界的啟蒙與浪漫主義研究。EARN 成立至今，我們邀請國內外資深與新進學者發表過近五十場公開演講、舉辦超過三十場讀書會與工作坊、籌劃了臺灣第一場浪漫主義專題國際研究生會議、主辦了臺灣第一場浪漫主義專題國際研討會，會後並將精選論文編輯成冊於 2019 年出版於 Routledge Studies in Comparative Literature 系列叢書等等。承蒙多人（包括此本《浩蕩英華：長十八世紀的英國文藝與歷史》論文合輯的多位作者）的支持與參與，EARN 得以繼續發聲。不過，這一路走來，我們也深刻體悟到，在臺灣由於各種主客觀因素的侷限，從事團隊的跨界研究實屬不易：學校行政程序繁瑣、系所門戶之見濃厚、教師教學與行政負荷沉重等，加上臺灣的學術規模偏小，若研究領域是如啟蒙或浪漫主義等邊緣學科時，難有登

高一呼便有眾山響應之盛況。是故，筆者樂見《浩蕩英華》此合力之作的出版，其作者群皆為一時之選，集結了國內外多位優秀年輕學者，來自不同領域，聚焦於「流長的十八世紀」（the long eighteenth century）此一特殊的歷史斷代。

「流長的十八世紀」此一概念起碼可追朔至十九世紀英國史家約翰・羅伯・雪利（John Robert Seeley）於 1883 年出版的《英格蘭之擴張》（*The Expansion of England*）一書。雪利在書中並未使用「流長的十八世紀」一詞，但是他以「十八世紀」來稱呼 1688 年光榮革命至 1815 年英法第二次百年戰爭結束這段長達一百二十七年的時間（20）。他主張應重新認識這超過百年的「世紀」，將其視為歐洲列強——尤其是英法——爭奪「新世界」及亞洲的關鍵時期；而隨著英格蘭在這些殖民地所有權爭奪戰中的勝利，「擴張」無非是十八世紀英格蘭的最佳寫照。換句話說，這「十八世紀」乃是大英帝國（the British Empire）的成形期。《英格蘭之擴張》出版後在英國獲得廣大的迴響，直到 1956 年才絕版。儘管二十世紀中葉開始陸續有史家批判雪利的帝國史觀，其重新劃分之十八世紀卻也在二十世紀後期逐漸被近代史家採用。例如，傑洛米・布萊克（Jeremy Black）承襲雪利的年代劃分，將 1688 至 1815 視為「流長的十八世紀」；法蘭克・奧戈曼（Frank O'Gorman）將「流長的十八世紀」往後推至 1832 年，《改革法案》（the Reform Act, 1832）通過之年，中產階級男性擁有了投票權，從此英國走向政黨良性競爭的議會制度；瑞格利（E. A.

Wrigley）從人口歷史學的角度將「流長的十八世紀」往前推至 1660 年與往後推至 1840 年，這段期間英國農業產能大增使得經濟與人口成長速度讓其他歐陸國家難以匹敵；而相較於以上史家傾向把「流長的十八世紀」視為是英格蘭或英國政治、經濟及社會展開新頁之時，克拉克（J. C. D. Clark）則認為 1660 至 1832 這段期間，固然新勢力已開始萌芽甚至開枝，[1] 但英格蘭社會其實尚未脫離教會、貴族與君主三位一體的固有權力制度（ancient regime）當中。[2] 以上可見，「流長的十八世紀」並未有明確的起迄年分，也難有定於一尊的特質；不過，可確定的是，「流長的十八世紀」約莫坐落於十七世紀下半葉與十九世紀上半葉，而在英國的脈絡裡，各種新舊勢力跌宕起伏，波瀾四起。

　　以此觀之，「流長的十八世紀」所具備的錯綜與多元題材使其成為一個相當值得研究的主題。《浩蕩英華》裡的文章便展示了此時幾個重要議題：以進步之名發起的政治鬥爭、因帝國擴張而產生的文化輸出與輸入、因消費社會興起所產生的階級剝削藝術、父權體制下陽剛書寫與陰性書寫的互斥／補等

1　Clark 在 1985 年第一版的 *English Society* 聚焦於 1688 至 1832 年，但在 2000 年出版的第二版將 1688 年往前推至 1660 年，斯圖亞特王朝復辟（the Stuart Restoration）之始。

2　英國詩人布雷克（William Blake）在其 1793 年出版的《經驗之歌》（*Songs of Experience*）詩集中便批判這三位一體的權力結構，見〈掃煙囪的孩子〉（The Chimney Sweeper）與〈倫敦〉（London）等詩。

等。筆者欲藉此推薦序簡短重新審視「流長的十八世紀」中一個熱門話題,即啟蒙與浪漫主義之間的關係。從觀念史與文化史的角度觀之,無論是較長或較短的「流長的十八世紀」皆涵蓋了啟蒙運動與浪漫主義兩個經常被認為是對立的觀念,前者唯理是從,後者推崇感性。然而,若在英國的框架下來看,啟蒙與浪漫可算是一脈相承,源遠流長。啟蒙運動首要課題之一乃公民社會裡個人的道德省思(moral reflection)能力,此運動的思想家們提出諸多主張,政治哲學家弗雷澤(Michael L. Frazer)認為這些主張大抵可分成蘇格蘭休謨(David Hume)及亞當·史密斯(Adam Smith)的感性(sentimentalist)路線與德國康德(Immanuel Kant)的理性(rationalist)路線(4)。前者主張理性須受情感支配,因為理性本身無法產生行動,而情感中最卓著者乃是「同情共感」(sympathy)此一天生的愛人能力。休謨在《人性論》(*A Treatise of Human Nature*)(1739-40)裡強調,同情共感使個人得以跨越自我與異己之間的藩籬,因此乃為社群(sociability)的基石(316)。史密斯在 1759 年出版的《道德情感論》(*The Theory of Moral Sentiments*)近一步闡釋,同情共感是人類「最細柔的情感」(the most exquisite sensibility),其媒介為「想像力」(imagination),透過它「吾輩得以設身處地彷彿進入他人受苦的身體一般,痛人所痛,因此某種程度上成為他者」(11-12)。

這條啟蒙的感性路線不僅造就了十八世紀中葉後感傷小說(sentimental novels)的風行,也滋養了英格蘭(以及早期

德國）浪漫主義詩學。英格蘭第一代浪漫主義詩人華茲華斯（William Wordsworth）在 1802 年為《抒情歌謠集》（*Lyrical Ballads*）所寫的〈序言〉（Preface）被視為是英格蘭浪漫主義宣言；在此文裡華氏將詩人定義為「捍衛人性的堡壘」（606），因為他比眾人具備「更活躍的感性、更豐富的熱情與溫柔」（more lively sensibility, more enthusiasm and tenderness）（603），讓他能夠「以愛的眼神」（in the spirit of love）環顧世界（605）。此定義無非就是建立在同情共感的想像力（the sympathetic imagination）之上。同樣地，在 1821 年所寫的〈為詩辯護〉（A Defence of Poetry）一文中，第二代詩人雪萊（Percy Bysshe Shelley）賦予詩歌提升人類道德的使命。他認為道德的核心就是「愛」（Love），愛就是能夠易位而處、感同身受，而「達成此高尚道德的捷徑即是想像力」，「詩歌能夠強健此能力如同運動可以強健四肢」（682）。[3] 啟蒙的感性傳統甚至影響了早期德國浪漫主義（*Frühromantik*），特別在其領袖人物施萊格爾（Friedrich Schlegel）對「浪漫」（*romantisch*）此形容詞的定義上。在《詩歌對話錄》（*Gespräch Über die Poesie*, 1799-1800）裡，施氏在為同時代

3　雪萊可說是呼應了十八世紀愛爾蘭裔英國思想家柏克（Edmund Burke）以下的說法：在論述雄渾（the sublime）與優美（the beautiful）之間的差別時，柏克提出藝術主要透過同情共感的想像力讓情感得以在讀者或觀者間渲染（41）。

德語作家容‧保羅（Jean Paul）[4]小說中的感傷特質辯護時提出，所謂的「浪漫」即是以「幻想的形式呈現感傷的主題」（present[ing] a sentimental theme in a fantastic form），而「感傷」的精髓便是「愛」，此情感「必須微妙幽邃地縈繞著」（must hover everywhere invisibly visible）浪漫文學（98-99）。施氏的定義使「浪漫」一詞在隨後的十九世紀成為流行語。簡言之，在英國流長的十八世紀這條長河裡，我們看到啟蒙的感性這艘船如何從蘇格蘭航至英格蘭，並且乘風破浪駛至德國耶拿，以施萊格爾為首的早期德國浪漫主義者——尚－路克‧南希（Jean-Luc Nancy）等人稱其為「史上第一個『前衛』團體」（Lacoue-Labarthe and Nancy 8）——聚集在此地將啟蒙感性化為浪漫感性。未久，浪漫風潮席捲整個歐洲，也橫越到大西洋對岸，更到達遠東啟發了中國五四運動中的創造社與日本浪漫派等。

　　末了，筆者期待《浩蕩英華》此論文合輯得以在臺灣學界開創出一條此領域研究的長河，綿延如「流長的十八世紀」一般。

4　在小說寫作上，容‧保羅取法於十八世紀愛爾蘭裔英國感傷小說家勞倫斯‧史德恩（Laurence Sterne）；儘管如此，在感傷幽默的營造上，施萊格爾、德‧昆西（Thomas De Quincey）與卡萊爾（Thomas Carlyle）咸認為容‧保羅青出於藍而勝於藍。

參考書目

英文

Black, Jeremey. "Britain and the 'Long' Eighteenth Century, 1688-1815." *The Practice of Strategy: From Alexander the Great to the Present*. Ed. John Andres Olson and Colin S. Gray. Oxford: Oxford UP, 2011. 155-75.

Blake, William. "Songs of Innocence." *William Blake*. Ed. Michael Mason. Oxford: Oxford UP, 1988. 267-79.

Burke, Edmund. *A Philosophical Enquiry into the Origin of Our Ideas of the Sublime and Beautiful*. Ed. Adam Philips. Oxford: Oxford UP, 1990.

Clark, J. C. D. *English Society, 1688-1832: Ideology, Social Structure and Political Practice During the Ancient Regime*. Cambridge: Cambridge UP, 1985.

——. *English Society, 1660-1832: Religion, Ideology and Politics during the Ancient Regime*. Cambridge: Cambridge UP, 2000.

Claydon, Tony. "When Did the Long Eighteenth Century Begin?" *Les âges de Britannia: Repenser l'histoire des mondes britanniques (Moyen Âge-XXIe siècle)*. Ed. Jean-François Dunyach and Aude Mairey. Rennes: Presses universitaires de Rennes, 2015. 99-106.

DeJean, Joan. "A Long Eighteenth Century? What Eighteenth Century?" *PMLA* 127.2 (2012): 317-20.

Doak, Kevin Michael. *Dreams of Difference: The Japan Romantic School and the Crisis of Modernity*. Berkely: U of California P, 1994.

Frazer, Michael L. *The Enlightenment of Sympathy: Justice and the Moral Sentiments in the Eighteenth Century and Today*. Oxford: Oxford UP, 2010.

Hume, David. *A Treatise of Human Nature*. Ed. L. A. Selby-Bigge. Oxford: Clarendon P, 1968.

Lacoue-Labarthe, Philippe and Jean-Luc Nancy. *The Literary Absolute: The Theory of Literature in German Romanticism*. Trans. Philip Barnard and Cheryl Lester. Albany: SUNY P, 1988.

Lamb, Jonathan. *The Evolution of Sympathy in the Long Eighteenth Century*. London: Pickering & Chatto, 2009.

O'Gorman, Frank. *The Long Eighteenth Century: British Political and Social History, 1688-1832*. London: Bloomsbury, 1997.

Schlegel, Friedrich. *Dialogue on Poetry and Literary Aphorisms*. Trans. Ernst Behler and Roman Struc. University Park: Penn State UP, 1968.

Seeley, John Robert. "Lecture II: England in the Eighteenth Century." *The Expansion of England: Two Courses of Lecture*. London: Macmillan and Co., 1883. 17-36.

Shelley, Percy Bysshe. "A Defence of Poetry." *Percy Bysshe Shelley: The Major Works*. Ed. Zachary Leader and Michael O'Neill. Oxford: Oxford UP, 2003. 674-701.

Smith, Adam. *The Theory of Moral Sentiments*. Ed. Knud Hakkonssen. Cambridge: Cambridge UP, 2002.

Wordsworth, William. "Preface to *Lyrical Ballads*." *William Wordsworth: The Major Works*. Ed. Stephen Gill. Oxford: Oxford UP, 2000. 595-615.

Wrigley, E. A. "British Population during the 'Long' Eighteenth Century, 1680-1840." *The Cambridge Economic History of Modern Britain: Vol. 1 Industrialisation, 1700-1860*. Ed. Roderick Floud and Paul Johnson. Cambridge: Cambridge UP, 2004. 57-95.

中文

彭小妍。《唯情與理性的辯證：五四的反啟蒙》。新北：聯經，2019。

導言

　　對於臺灣的外文╱英文系學生而言，上下二冊多達六千頁的《諾頓英國文學選集》（*Norton Anthology of English Literature*）是進入英國文學的基礎讀本。學子們托著沉甸甸的書本走在校園，成為此科系學生的招牌標誌。面對這本由國外學者所編輯的厚重書籍，學子心中酸甜苦辣各種滋味皆有；然而，它無疑也是多數外文系學生離開校園後的共同回憶。《諾頓文選》自第一版 1962 年問世以來，迄今已超過六十年，平均每六年更版一次。最新近的是第十版，出版於 2018 年。自出版以來，《諾頓文選》不但成為臺灣外文學界不可或缺的讀物，更陪伴臺灣走過自 1970 年代起，其外文研究專業化與學院化的主要階段，是臺灣建制英國文學研究的重要見證。

　　《諾頓文選》在第八版（2006 年出版）之前，均分為上下二冊。上冊結束在十七世紀後期的王政復辟與十八世紀時期文學（The Restoration and the Eighteenth Century），下冊開始於浪漫時期文學（The Romantic Period）。為提升攜帶方便性，出版社在這本書的第九版（2012 年出版）之後，將上下二冊拆為 ABCDEF 六冊。王政復辟與十八世紀時期文學為 C

冊，而浪漫時期文學則為 D 冊。透過《諾頓文選》所做的時期分野與背景簡介，學子明白了十八世紀與浪漫時期文學之間的相異，並理解浪漫作家為直面本心自發情感的真實樣貌，而背離（甚至挑戰了）十八世紀啟蒙所推崇的理性價值。然而在近二十年左右，有越來越多的歐美學者認為，若將十八世紀文學與浪漫時期文學視為一個研究的整體，則更可看出這兩個時期之間承先啟後的關係與共通的理念。此外，由於這兩個時期是奠定英國成為世界霸主的基礎階段，從國家發展的角度來看，它們必然有著類似的思想成分。因為這些因素，「流長的十八世紀」（the long eighteenth century）[1] 的概念順應而生。

一般而言，長十八世紀開始於光榮革命（Glorious Revolution）的 1688 年，結束於《改革法案》（Reform Act）通過的 1832 年，前後長達約莫一個半世紀之久。雖然關於這個時期的時間界限，各家說法仍有些許的出入，但是這約莫一百五十年是多數學者較能接受的範疇。長十八世紀是自二十世紀下半葉開始受到關注並於近二十年發展成熟的概念，由英國的歷史學家所提出，因此特別在這個國家的歷史、藝術、文學與文化語境中使用。長十八世紀奠定了今日英國現代化的基礎，並且是英國能在世界的舞臺上發展其文化、商業、工業與帝國規模的關鍵時期，同時也是許多重要思想百花齊放的一段

1　本書欲以「流長的十八世紀」稱此概念，但為各作者行文方便，本書統整以「長十八世紀」概括之。後文不再贅述。

時間。從以下英國在諸多方面所達成的成就，便可看出長十八世紀於這個國家歷史發展過程的重要性：

第一、輝格黨史家將 1688 年視為有限君主立憲制演變的里程碑，自此之後王權受到更大的約束，而議會則獲得更多的自主權利。雖然這一年也標誌著詹姆斯黨人（the Jacobites）威脅存在的開始，但是在接下來將近一個半世紀的時間當中，執政菁英們的權力並未遭受任何具有破壞性的衝擊。至此，英國得以在整個十八世紀擁有獨特且令人欽羨的穩定性。另外，我們今日所熟知的「英國」，也是在這區間段發展而成的。1707年，英格蘭王國與蘇格蘭王國首先合併為「大不列顛王國」，而 1801 年大不列顛王國與愛爾蘭王國再合併組成「大不列顛及愛爾蘭聯合王國」，也就是今天的英國。

第二、英格蘭社會在十七世紀中葉之後進入重要的變革時期，但是十八世紀的特別之處在於它的發展速度比任何時期都來得更快，而這個變化在很大程度上是由所謂的商業革命引起的。值得注意的是，英格蘭銀行成立於 1694 年，而倫敦也逐漸成為英國的金融中心。此外，英格蘭在十八世紀發展成一個消費社會，她的國內市場有巨大的增長。所有人都感覺到自己的生活處於一種不斷變化的過程之中，這是過去未曾發生過的，而這標誌著「現代」的到來。

第三、長十八世紀是個「大旅遊」或「壯遊」（the Grand Tour）的時代。為數眾多的英國人積極地向海外移動，他們因旅遊、求學、經商、探險、殖民與戰爭等原因而離開本國。

最具代表性的旅行者是庫克船長（Captain James Cook, 1728-1779），他是首位登陸澳洲東岸和夏威夷群島的歐洲人。另外，在這個時期，英國也首次派遣使團至中國。一次是 1792 年的馬戛爾尼（George Macartney, 1737-1806）使團，另一次是 1816 年的阿美士德（William Pitt Amherst, 1773-1857）使團。這些在海外與異邦互動的經驗，都讓英國壯大了其作為世界強權的自信。在安妮女王（Queen Anne, 1665-1714）去世的那一年（1714），英國已成為國際強國，這是英國在最偉大的中世紀王國之後便不曾達到的地位。英國在七年戰爭（Seven Years War, 1756-1763）取得巨大的成功之後，更成為自羅馬以來世界上最偉大的帝國。到了 1820 年代時，這個帝國甚至統治了世界四分之一的人口。

第四、英國在此時期的文藝發展不僅相當活躍，並且也影響深遠。為了扶植本土藝術並與歐陸學院齊頭並進，皇家藝術學院（Royal Academy of Arts）於 1768 年正式成立。此外，音樂在各個地方都蓬勃發展，倫敦也成為歐洲其中一個音樂之都，諸多歐陸的作曲家，如莫札特（Wolfgang Amadeus Mozart, 1756-1791）和海頓（Franz Joseph Haydn, 1732-1809），都希望前往造訪。此外，這還是小說興起的年代。笛福（Daniel Defoe, 1660-1731）、理查森（Samuel Richardson, 1689-1761）與菲爾丁（Henry Fielding, 1707-1754）的創作支撐起英國小說興起的可能。而十九世紀之初司各特（Sir Walter Scott, 1771-1832）在歷史小說方面的創新貢獻，更讓小說在各種文學類型

之中，得以與詩歌分庭抗禮，搖身一變成為最受歡迎的文類。

第五、從輝格黨史觀的角度來看，自漢諾威王朝取得英國的執政大權開始（1714 年），這個政權所推崇、代表的「進步史觀」逐漸在英國成為廣泛的信念。同時，這也是英國逐步建立起民族自信的起點。這個國家的子民為國家的進步感到驕傲，他們擁有長風破浪的信心，堅定地認為他們在各個領域皆可占據世界的領導地位。

長十八世紀作為一種概念，已被西方學界廣為接受，同時也有不少學術機構將其研究與教學置放於此長十八世紀的框架之內。舉例來說，成立於 1997 年的英國約克大學（University of York）「十八世紀研究中心」（The Centre for Eighteenth Century Studies），便是推動長十八世紀研究的主要機構。這個「十八世紀研究中心」的師資包含文學、歷史、音樂與考古的專家，提供兩種碩士學位課程：「十八世紀」（MA in Eighteenth Century Studies）與「浪漫時期文學」研究（MA in Literature of the Romantic Period, 1775-1832）。這兩種學程的師資，多是在研究上橫跨這兩個時期的學者。

相對於歐美學界，臺灣學界對於「長十八世紀」仍較為陌生，因此少有討論。雖然臺灣也有不少活躍且優秀的十八世紀以及浪漫時期專家，但是著眼於長十八世紀的學者並不多見，也尚未有學術專書以「長十八世紀」為題進行深度廣度兼具的論述。因此，我們希望藉由這本專書的出版，向臺灣讀者介紹並廣布此一概念。本專書的作者群皆曾留學英國或任教於英國

大學，對於英國近代歷史、藝術、文學的發展有深刻的認識，並且對於長十八世紀特別具備研究的熱情。雖然本書的作者群有相類似的學術背景，但卻在不同的系所中持續耕耘，因此已逐漸發展出不同的學科專業，如文學、歷史與藝術等領域，並且也執行跨學科的研究。本專書收錄的各個章節，便是這些青壯世代的學者們近年的原創研究成果，未曾於其他地方發表。透過這些文章的描繪，讀者可以清楚地看到英國社會於長十八世紀中的多種面貌，並且能理解英國在發展成帝國的起步階段，她所面對的種種問題以及與世界的關係。以下先為讀者提供本專書所收錄六篇文章之內容摘要：

布琮任的文章〈高塔列遠岑，曙日平煙彩 —— 塔文化與長十八世紀英倫的中國風〉，引領讀者穿越長十八世紀中英文化交流關係的糾結，檢視「中國風」（Chinoiserie）的文化風潮如何在十七世紀以降影響歐陸與英倫，並於十八世紀達到顛峰。布琮任的文章，先以始於 2006 年、完成於 2018 年的邱園（Kew Garden）古塔修復案說起。布文以古塔修復案為經，中英交流史為緯，將塔文化置於中英交流史的討論框架之中。布琮任指出，在長十八世紀中英交流的文化史論述中，相對於茶葉、絲綢等消費性商品所獲得的學術關注，特別是源自於印度的塔文化，如何在當時歐陸探險家眼中成為「被中國化」的文化特色，始終缺乏更有機的脈絡。布琮任認為，在這些歐陸探險家訪中之旅，塔成為具有地標性的建築，但卻在文化傳遞時

缺乏了更實際的意義脈絡。而當時頗具盛名的園林建築師錢伯斯（William Chambers, 1723-1796）接受委任建造邱園古塔之後，使得塔文化被身處英倫的消費者概念化，並且進一步成為雅俗共賞的中國式視覺符號。布琮任的文章成功提醒讀者，在文化傳播中，對於物件的理解並非是單向且過度簡化的過程，而往往是動態、與時俱進，且具備豐厚駁雜的意涵。

翁怡錚的文章〈中英文化之交會 —— 魏客霏異國書寫中的雙重批判〉同樣處理中英文化的交流。翁怡錚以身處十八、十九世紀之交的女作家魏客霏（Priscilla Wakefield, 1751-1832）作品，探索作家如何以書寫面對當時英國社會脈動與多重議題。翁怡錚注意到，魏客霏的思想底蘊深厚，她的數部異國書寫，乍看下雖頗見族裔想像之謬誤，實則以此託彼，劍指當代英國社會表層之下、各種不平等權力關係與價值。透過魏客霏的異國書寫，或可見著盛行於十八世紀的「行為準則文學」（conduct literature）之影響，當中無論是論述孝道、品德、婦女地位等等議題，魏客霏都能夠提出身為女性的獨到見解，也進一步觀照英國社會內部權力的暗潮洶湧，以及外交上中英關係之間的複雜。值得注意的是，翁怡錚指出，在當時中國風熱潮逐漸消退、中英外交關係產生更多變化、齟齬，甚至是撕裂的語境狀態下，魏客霏的寫作提供了女性書寫的敘事能量，得以開展其文化與性別的雙重批判。在文化交流中被錯讀、錯譯的符碼，往往需要還原歷史文化的框架，才能見著其原本的樣貌。

在〈阿比恩的女性之夢——威廉·布雷克的夢境書寫與十八世紀性別意識〉一文中，陳岡伯梳理英國浪漫主義先驅之一的威廉·布雷克（William Blake, 1757-1827）的夢境書寫。身為具有「天分的」藝術家與作家，布雷克將夢境作為書寫媒介，展現其私人神話體系基礎架構，並以此架構展現夢境的多重意涵。陳岡伯援引當代醫學文獻以及後世精神分析等理論，層層揭露布雷克夢境中的性別意識如何開展與變異。陳岡伯認為，由於當代咸認為夢具備非理性經驗、展現自體慾望等等特質，使得夢境往往歸屬於陰柔、非陽剛的面向。而布雷克的書寫中，他再三強調陽剛與陰柔氣質的兩相對立，然而夢境所頌揚的性慾解放與自由情感，卻能模糊了這樣的對立性，因而也讓布雷克的夢境書寫得以踰越其私人神話體系的雄渾陽剛觀點，進而產生非理性的、易受外力影響的陰性特質，進而帶來「陽剛身分崩解的異質快感」。陳岡伯將布雷克寫作與藝術創作的性別意識脈絡化，讓讀者得以一窺這位具備高度原創性的藝術家詩人，其夢境創作不可言喻的性別／性，以及踰越／愉悅。

藝術史背景出身的黃桂瑩，則以〈鄉野道德與性別勞動——十八世紀英國牛奶女工的視覺再現〉探究「牛奶女工」（milkmaid / dairy-maid）在藝術史裡的圖像轉變。歷史上，此類叫賣圖多半反映出對於勞動階級的描繪與想像；但百工百業之中，唯獨牛奶女工成為獨樹一格的主題，甚至獨立成為可俗可雅的視覺圖像。黃桂瑩點出牛奶女工在農村形象的建立，原

先常以整潔溫柔的形象深植人心，但其知識與技術卻也隱含了高度的排外性；而這樣的形象進入到工業化都市之中時，逐步脫離叫賣職業的展示性，進而產生獨立的、與性別以及道德相關的審美意涵。黃桂瑩注意到，牛奶女工的圖像在十八世紀進入工業化與都市化的發展中，有時是美好理想的勞動形象與階級文化的消費品，有時則與鄉野、自然與性慾產生連結，然而有時又因牛奶所蘊含的滋養價值，使得牛奶女工也具備行善者或盡責的母性角色特質。凡此種種，黃桂瑩指出，牛奶女工的形象轉變並無時間先後順序，而是動態且互相衝突的；然而這些看似扞格的牛奶女工形象，其實不僅僅承載了詮釋與想像的眼光，也印證了長十八世紀當代英國社會的錯綜複雜。

黃柏源的〈醉漢與春醪 —— 蘭姆與梁遇春的隨筆寫作〉，則以十八、十九世紀之交的英國隨筆作家蘭姆（Charles Lamb, 1775-1834）出發，探究蘭姆的寫作如何在將近一個世紀後，影響了中國五四運動時期的青年隨筆作家梁遇春。早慧卻也早逝的梁遇春，其行文風格頗見蘭姆影響，郁達夫甚至譽其為「中國的愛利亞」，以表彰梁遇春仿自蘭姆隨筆寫作所具備的玩心與機鋒之美學色彩。黃柏源先爬梳「隨筆」文類的發展歷史，並舉蘭姆〈醉漢自白〉為例，如何以隨筆寫作，讓當代倫敦都會中產階級的生活公眾經驗與私我經驗產生對話。黃柏源接續注意到，隨著隨筆文類在民初白話文運動時期的高度發展，不僅在論理與抒情上都各擅勝場，而梁遇春承繼了蘭姆的瑰異觀點與文字趣味，同樣以隨筆文類訴衷腸，卻也在短暫的

寫作生涯中產生了風格上的變異。黃柏源認為，蘭姆與梁遇春寫作時間雖相隔百年，卻同樣面臨了舊有秩序的瓦解，而以隨筆表達的新方向，便是兩人積極回應所處時代的方式。

邱剛彥的文章〈「進步」的辯證——以英國詹姆斯黨人1745年起義為主題的歷史小說探析〉，則以「進步史觀」論述為起始點，探究以詹姆斯黨人在1745年起義為背景的歷史小說，如何回應這樣的觀點。邱剛彥選擇十八、十九世紀作家司各特的小說《威弗利》（Waverley），與當代美國女作家蓋伯頓（Diana Gabaldon, 1952-）的《異鄉人》（Outlander）系列小說並置。邱剛彥認為，司各特筆下的主人公從敬重當權政府轉向同情起義者之舉，或許正是提醒在進步的過程中，仍須關照身處邊緣或底層的民眾；尤其在十八世紀下半葉蘇格蘭高地所遭逢的巨變，雖以進步為名，卻免不了犧牲了蘇格蘭的傳統文明。而蓋伯頓的《異鄉人》系列作品，叫好叫座，其中前三部以女主角藍鐸時空穿越至1743年，意外捲入詹姆斯黨人起義為主要情節，故事的發展不僅與《威弗利》遙相呼應，同時在批判英格蘭當權政府所大力宣揚的進步史觀上，力道更為顯著，觀點也更為多元。邱剛彥點出，兩位小說家書寫歷史小說，試圖盤點過往歷史事件，並以此為前車之鑑，希冀現下的讀者能重新思索在歷史線性的發展下，是否總是「進步」的呢？這的確頗值得深思。

在2020年冬季的一個午後，我們在對話中產生了編輯這

本專書的想法，希冀能以「文普」為目標，將若干專業化、學術化的概念，透過平實的文字與剖析，讓一般讀者也能一窺堂奧。很幸運地，我們這粗淺的想法，在短時間之內就得到時報文化第一編輯部胡金倫總編的支持。因為有胡總編的支持、編輯部同仁的戮力，以及時報文化編委會的認可，我們得以落實編輯此專書的想法。此外，若沒有本專書每一位作者的辛勤筆耕，我們的編輯理想根本無法得以展開。外審委員們用心給予每一篇論文寫作建議，更為我們做了嚴實的把關工作。關於這一切，我們皆由衷感謝。當然，願意翻閱／購買此專書的您，更是本書的有緣人，我們也同樣衷心地謝謝您！因為有您，關於英國長十八世紀的認識，才得以在寶島上扎根並開枝散葉。最後，《浩蕩英華》不僅是我們希冀標誌十八世紀英國文史藝術在當代華語世界的開展，也如同韓愈〈和崔舍人詠月二十韻〉詩句中想像的，這些篇章亦能在曠遠的夜空裡，灑落柔潔疏朗的月光。

邱剛彥、黃柏源
2023 年春

延伸閱讀

Butterfield, Herbert. *The Whig Interpretation of History*. New York: W. W. Norton, 1965.

Black, Jeremy. *Eighteenth-Century Britain 1688-1783*. Basingstoke: Palgrave, 2001.

O'Gorman, Frank. *The Long Eighteenth Century: British Political and Social History 1688-1832*. London: Bloomsbury, 2016.

Marshall, P. J., Alaine Low and Wm. Roger Louis. Eds. *The Oxford History of the British Empire*: Volume II: The Eighteenth Century. Oxford: Oxford UP, 1998.

Nussbaunm, Felicity A. Ed. *The Global Eighteenth Century*. Baltimore and London: The Johns Hopkins UP, 2003.

赫伯特・巴特菲爾德（Herbert Butterfield）。《歷史的輝格解釋》。張岳明、劉北成譯。北京：商務印書館，2012。

羅伊・史壯（Roy Strong）。《大不列顛兩千年：從羅馬行省、日不落帝國到英國脫歐，王冠下的權力更迭及對世界秩序的掌控》。陳建元譯。新北：聯經，2021。

高塔列遠岑，曙日平煙彩
——塔文化與長十八世紀英倫的中國風

布琮任

壹

　　2006 年的夏天，倫敦市政府決定連同福來莎百貨（House of Fraser），斥資重修一座位處邱園（Kew Garden），且超過二百四十年歷史的中國古塔。對於一般的倫敦市民而言，這個決定聽起來有點莫名其妙；首先，為什麼在一個舉國知名的皇家植物園內，會巍然屹立一座中國寶塔呢？此外，何以英國政府會與一所百貨公司合夥，執意進行這項翻新工程？整個維修計畫，真的只是一宗普通的修復工作嗎？要解答這些問題，我們便先要對這座寶塔的背景資料有所掌握。這座獨具中國特色的古塔，樓高十層，凡 50 公尺，於 1762 年建成，歷史相當悠久（見圖 1-1）。寶塔的設計師是十八世紀當紅的建築家：錢伯斯（William Chambers, 1723-1796），我們將在下文對他作更詳盡的介紹。在寶塔落成後，英倫學人紛紛報導、轉載，有

評論甚至形容它是十八世紀歐洲大陸上，最高、最精緻的一座東方巨塔。[1] 英皇喬治三世（King George III, 1738-1820）對它更是鍾愛有加，不時登高瞭望，俯瞰倫敦市景。[2] 不過，即便這座寶塔成功爭取到知識階層與皇室的注意，它至今亦沒有被正式命名。打從十八世紀伊始，它大多被稱呼為「巨塔」（Great / Grand Pagoda），又或者簡單的一座「塔」而已。所以對未曾造訪邱園的英國國民來說，他們對這座中國古塔一知半解，甚至是一無所知，實在不足為奇。話雖如此，由於這座寶塔的歷史久遠，它早被英國政府視為國家一級歷史建築物，是倫敦市內一座富含東方色彩的歷史圖騰。2003 年，古塔更被聯合國教科文組織甄選為世界文化遺產之一，與埃夫伯里的布倫海姆宮（Blenheim Palace）、利物浦的海上商城（Liverpool Maritime Mercantile City），以及坎特伯雷大教堂（Canterbury Cathedral）等古蹟同列上榜。[3]

---

1 例見 *The London Magazine*. London, R. Baldwin, September, 1770, p. 483; *A New Display of the Beauties of England*. London, no. 111, 1776, p. 10; Madame Roland. "Kew Palace and Gardens." *The Universal Magazine of Knowledge and Pleasure*. London, M. Brown, 1800, p. 447。

2 事實上，喬治三世對邱園的大部分建築也十分欣賞，加上他本身在邱園行宮長大，所以對這座園林有一種情意結。見 George Kearsley. *Kearsley's Travellers' Entertaining Guide through Great Britain*. London, 1803, p. 362; Sholto Percy and Reuben Percy. *London or Interesting Memorials of Its Rise, Progress & Present State*. London, 1824, p. 190。

3 詳參聯合國教科文組織的網站：whc.unesco.org/en/list/1084/

圖 **1-1**　座落於邱園的中國塔。出處：*The London Magazine*. London, R. Baldwin, Sept., 1770, p.483.

　　這座古塔除了變成英國的地標建築外，它更引起在英華人，甚至是中國外交部的關注。中國駐英大使館的文化組組長便曾經表示，這座邱園古塔是「見證中英友好情誼的一大例子」；這句話，無疑為寶塔輕輕塗添一層政治與外交的意涵。[4]或許是這個原因，時任福來莎百貨的主席便對這項修復工程更

4　相關報導可參見「中華人民共和國駐大不列顛及北愛爾蘭聯合王國大使館」在 2018 年發出的公告：www.chinese-embassy.org.uk/eng/EmbassyNews/2018embassynews/201807/t20180730_3387077.htm

為熱衷，需知道福來莎當時的母公司，恰巧就是中國南京的三胞集團（Sanpower）。福來莎除了願意承擔四百萬英鎊的修葺費用外，他們更主動提議，包攬修造寶塔上早被破壞的飛龍裝飾，希望還原古塔在十八世紀當時的面貌。[5] 最後，整項復修工程在 2018 年順利完成，同年隨即重新開放，予以公眾訪覽參觀。

邱園寶塔這段故事，讓我們重新思索中英兩國相互交流的文化歷史。中國與歐洲的連結，當然不始於寶塔落成的十八世紀。一些考古學家甚至相信，早在秦漢時期，中國已經和羅馬帝國有商貿、文化上的往還。[6] 然而，在大航海時代來臨之前，歐亞兩地交互的規模和密度，還稱不上是頻繁和緊密。或許是基於這種可見的分野，每逢討論中歐關係的本末時，我們普遍比較關注大航海年代，西歐國家遠涉重洋、開發跨域航線之後的歷史；不過，儘管西歐航海發展自十五世紀已有端倪可尋，我們卻有一段很長的時間，偏重於十九世紀的歷史探研。綜觀圍繞這段時期的專著與論文，數量也相對其他時段豐沛。雖說題材的取捨，多少取決於個人興趣等偏好，但無可否認的是，與十九世紀有關的史料確實較為繁多，加上一系列耳熟能

5　詳見「中國網」於 2017 年 4 月 1 日的報導：www.china.org.cn/arts/2017-04/01/content_40539 195.htm

6　Walter Scheidel, editor. *Rome and China: Comparative Perspectives on Ancient World Empires*. Oxford UP, 2009. Raoul McLaughlin. *The Roman Empire and the Silk Routes: The Ancient World Economy and the Empires of Parthia, Central Asia, and Han China*. Pen and Sword Books, 2016.

詳的中外糾紛，討論空間自然寬闊廣泛，為學者創造不少有利的研究條件。從軍事、外交史的角度出發，十九世紀無疑是世界歷史上的一個關鍵時代，影響既深且遠；然而，這種過度集中於十九世紀的研究傾斜，卻無形地為中國，特別是滿清皇朝，灌注不同程度的負面元素與評析。

貳

自上世紀 50 年代開始，我們對十九世紀歷史的認識，很大程度上，是從歐洲文明的歷程出發，且以西歐國家的進步和擴張為軸心。由於工業革命、遠洋航運、軍用輪船、戰爭科技等方面的突破，西歐世界隨即成為主導環球秩序，輸出各種文化、概念、思維模式的「創造者」（producer），至於清代中國，以至東亞世界，便多被刻劃成為一個被動的「文化接收者」（cultural receivers）。[7] 這種歐亞發展兩極化的論述，一直要到 80 年代，方才受到中外學者的質疑。他們認為，亞洲國家在十九世紀的發展進程，不一定全數取決於西方的影響，箇中還包含各種內在因素，甚至是連西歐霸權也無從干預

7　Barend Noordam. "Technology, Tactics and Military Transfer in the Nineteenth Century: Qing Armies in Tonkin, 1884-1885." Antje Flüchter and Susan Richter, eds., *Structures on the Move Technologies of Governance in Transcultural Encounter*, Springer, 2012, p. 170.

的氣象、環境變化等等。[8] 就以清代中國為例，史學大師費正清（John King Fairbank, 1907-1991）與鄧嗣禹（1906-1988）在 1954 年提出的「西方衝擊，中國回應論」（Western Impact, China's Response），便是一個以西歐擴張為中心，從而解讀清政府在十九世紀掙扎求存的理論模式。[9] 在費、鄧兩人的觀點出爐後，學界爭相追捧，風頭一時無兩，他們的論證一直也沒有遭遇太大的挑戰。直至 1984 年，費正清的學生柯文（Paul Cohen）發表《重新發現中國》（Discovering China）一書，提出清朝在十九世紀的歷史進程，西方衝擊只是其中一個外在原因，其影響力遠遠不及中國當時自身的內在危機與問題。[10] 由「費正清到柯文」的這段史學探尋，相信大部分研治中國歷史的學者也曾經聽聞，所以我在這裡就不再贅述了。[11]

8　參 Pamela Kyle Crossley. "The Late Qing Empire in Global History." *Education about Asia*, vol. 13 no. 2, Fall, 2008, pp.4-7. Shuji Cao, Yushang Li, and Bin Yang, "Mt. Tambora, Climate Changes, and China's Decline in the Nineteenth Century." *Journal of World History*, vol. 23, no. 3, pp.587-607。

9　Ssu-yü Teng and John King Fairbank. *China's Response to the West: A Documentary Survey*, 1839-1923. Harvard UP, 1954.

10　Paul A. Cohen. *Discovery History in China: American Historical Writing on the Recent Chinese Past*. Columbia UP, 1984.

11　我唯一希望補充的是：儘管柯文等學者反覆強調西力衝擊的「次要性」（secondary importance），然而，在一般歐亞歷史的論述當中，歐洲世界在大部分學者的筆下，依舊較亞、非、拉美文明占優。換而言之，「西歐為優，東方為劣」的主觀構想，彷彿是一種難以散盡的史學霧霾。

清季中國的各種變革，多少有其內發因素，然而，西力衝擊亦是難以迴避的歷史事實。自太平天國、洋務運動，以至晚清的變法維新，無一不沾上西方衝擊的痕跡；而清季學人在思維上對現代化改革作出省思，基本上是一種針對帝國主義侵略的反響。[12] 不過，姑勿論是西力衝擊，還是內發原因，清廷在十九世紀日久積弱，歐美列強步步進逼，凡此種種歷史變易，卻是無從質疑的。由於一連串中外戰爭的敗績，清廷的國際形象便淪為東亞的弱者（sick man），又或者是一個貪腐（corrupted / *corrompu*）、野蠻（barbaric）、退步（retarded）的國度，是一個等待「被改造」、「被現代化」的文明（見圖1-2）。久而久之，清代中國便被這些史學觀點，塑造成為一個無法與西方同日而語的「東亞病夫」；至於中外文化的交互軌跡，往往亦只流於一種自西徂東的單向輸出。如果基於這種歷史研判出發的話，我們很難想像，同樣是清皇朝統治的十八世紀，英人會在一個皇家園區內，刻意樹立和標榜一所充滿弱者寓意的中國建築；即便是出於好奇的心理，西歐學人也不致如此趨之若鶩，對這座邱園寶塔大肆報導。如是者，背後應該有一股風潮，推波助瀾，支撐這種喜愛與求索；而這股風潮，大概是我們在十九世紀歷史中難以查找的。

---

12 我曾在拙文〈商、工、農、士：薛福成在西力衝擊下對「四民」的表述與解構〉作過同樣的觀察。文章刊載於《九州學林》，第31輯，2013年4月，頁81-101。

圖1-2 十九世紀末，法國雜誌 Le Rire 以誇張的手法，嘲諷以慈禧太后為首的清皇朝，在庚子拳亂時期，是一個昏睡、野蠻、滿手鮮血的東方政權。

　　要追尋這種風潮，便需要把目光由十九世紀，轉移至我們相對陌生的「長十八世紀」。「長十八世紀」這概念，最先由英國學者約翰‧羅伯‧雪利（John Robert Seeley, 1834-1895）於1883年倡議，及後由其他史學家諸如保羅‧拜恩斯（Paul Baines）和法蘭克‧奧戈曼（Frank O'Gorman）深化成形。[13] 他們的理論

13 John Robert Seeley. *The Expansion of England: Two Courses of Lectures*. Roberts Brothers, 1883, pp.17-36. Paul Baines. *The Long Eighteenth Century*. Bloomsbury Academic, 2004. Frank O'Gorman. *The Long Eighteenth*

重點，在於利用個別重大、關鍵的歷史事件為本位，從而對我們認知的時間軸作更妥善的劃分。這種角度比較著重歷史大事的延續性（continuity）、複雜性和變易性（variability），同時也促令我們反思，究竟一個看似「自然」，實則是人為創造、約定俗成的時代分割（periodisation），是否足以配合和解釋人類文明的發展進程。更重要的是，這個概念提醒我們，在解讀歷史的時候，不一定要依賴一種硬性的時代區間，繼而去判定歷史事件的「時代意義」。比方說，由於線性進步論（linear progression）的關係，我們不時會認為十八世紀應該比十七世紀更加進步，所有發生在十七世紀的大小事故，也不及十八世紀的來得優越。但事實上，如果以英國歷史為例，始於 1688 年的光榮革命，方才是奠定英國人在十八世紀的民族勃興。[14] 換句話說，如果我們要討論英國在十八世紀的種種成就，便不能夠忽略光榮革命的始末，以及它的後續影響（legacy）；如果我們要去強調這種連結，「長十八世紀」便是一個適合的範式和研究取態。

　　同樣地，清皇朝在十八世紀經歷康、雍、乾三朝的勵精圖治，人所共知，但我們在解讀這段「盛世」的時候，也不應該完全忽略滿人自 1644 年，創建「洪業」時所付出的心血和努

Century: British Political and Social History, 1688-1832. Bloomsbury Academic, 2016, pp. 1-8.

14　Eveline Cruickshanks. The Glorious Revolution. Palgrave Macmillan, 2000.

力。[15] 另一方面，「長十八世紀」的論述框架也讓我們重新喚醒清皇朝與世界的關聯，這種關係與十九世紀，以歐洲軸心出發的歷史面貌，可以稱得上是大相逕庭。正如我剛剛提到，「長十八世紀」覆蓋了明末清初，滿人取明室以代之的一段歷史。雖然這段時期無疑是烽煙四起，戰火連天，其間更充斥著各種自然災劫，但與歐洲大陸相比，情況其實非常類似。至於進入康乾盛世之後，清代的國勢總算穩定下來；反觀英格蘭，戰爭可謂不曾休止，其中它與法國、荷蘭之間的衝突，更加持續了好一段日子。[16] 簡而言之，在這段時期，清皇朝基本上是一個相對安穩、和平的空間，反倒西歐大陸，則猶如一個紛爭不斷、混亂失衡的動盪世界。

不過，這段干戈不息的歲月，在世界史和「目的論」（teleologism）的角度，卻無形中為西歐國家日後成為海上霸權和帝國侵略者創造了一籃子有利條件。按照歐陽泰（Tonio Andrade）的觀察，由於十八世紀歐洲的戰事此起彼落，與亞洲大陸相對和平的發展對照，歐亞兩端遂出現了一種現象：

---

15 「洪業」一詞取用於魏斐德（Frederic Wakeman）的經典著作：*The Great Enterprise: The Manchu Reconstruction of Imperial Order in Seventeenth-Century China*. U of California P, 1985。其中譯本的書題則為「洪業」或「宏業」。魏書的中文版可參陳甦鎮、薄小瑩等譯，《洪業：清朝開國史》。南京：江蘇人民出版社，2010。

16 David Onnekink, Gijs Rommelse. *The Dutch in the Early Modern World: A History of a Global Power*. Cambridge UP, 2019, pp.138-182.

「軍事上的大分流」（Great Military Divergence）。[17] 歐陽泰的意思是，西歐國家一方面要盤算如何開疆闢土，另一方面則要固鞏邊界，防範他國的攻擊。如是者，各國只好各出奇謀，大力投放資源在軍事裝備和科技上的建設與發展。我們熟悉的軍事力學，諸如彈道學（ballistic）等兵器發射理論，便在這段時期取得驚人的進步；這一系列科研上的突破，都是我們在清代中國，甚至是廣義的東亞地區內未及捷足的。

除了軍事大分流外，西歐國家的消費社會也經歷了翻天覆地的變化，開展一場跨越階層的消費革命（consumer revolution）。這場革命的出現，多少也與歐洲持久不斷的戰亂有關。儘管西歐地區在軍事領域上出現突破性的進展，「五年一小戰，十年一大戰」的時局也為當地經濟、社會帶來一種叫人惶恐終日的「不穩定性」（instability）。有鑑於此，歐洲諸國便需要越洋探索，廣攬資源和原材料，務求增強國力，平衡這種「不穩定性」所衍生的社會問題。很多遠洋的新航線，便因此被西歐船隊陸續開拓。新航線所帶來的，除了是一些日常生活的基本資源，諸如五穀雜糧及木材香料，與此同時，它們也推動了新的貿易機會與商品流動。不少富具遠東特色、異域

17　Tonio Andrade. *The Gunpowder Age: China, Military Innovation, and the Rise of the West in World History*. Princeton UP, 2017, p. 5, p. 302. 中文版見：《火藥時代：為何中國衰弱而西方崛起？決定中西歷史的一千年》。陳榮彬譯，臺北：時報文化，2017。

風情（exoticism）的商品便在這段時期湧入西歐市場，其中英格蘭便是深受影響的地區之一。

由於這些富含遠東特色、異域風情的商品諸如茶葉、絲綢和陶瓷等，大多是來自中國、日本等亞洲國家的舶來品，所以價格高昂，很快便成為上流社會的奢侈消費品。這些商品的湧現，也隨之帶動了一種泛稱「中國風」（Chinoiserie），又或者「中國風情」的風潮；這種潮流，正是解釋邱園古塔何以出現在十八世紀倫敦的主要原因。話說回來，「中國風」這道文化潮流，對於我們理解清代中國和歐洲世界的關係至為重要。它不但可以幫助我們走出一個由十九世紀歷史主導的藩籬，同時也可以令我們重新掌握中歐文化交互的複雜性。簡單來說，中國與西歐世界之間的交流，並不一定是由西方領航和定向的。

參

早在 90 年代，已有不少學者注意到這種「中國風」對歐洲市場、文化和消費者的影響，內容覆蓋全面，論證合理，其中社會歷史學家大衛・波特（David Porter），便曾經從性別、消費和國家榮耀（national pride）等面向，分析來自中國的商品，怎樣在英倫地區帶動一股以中國文化為本的社會潮流，且與當時的歐洲風尚諸如古典主義（classicism）與浪漫

主義（romanticism）揉合。[18] 瑪戈特・芬恩（Margot Finn）和凱特・史密斯（Kate Smith）則從文化史和日常生活史的角度，探討這種中國風潮和英國東印度公司的關係，務以解釋中國商品在英倫地區大量流通的推力與拉力（pulling and pushing factors）。[19] 至於有關「中國風」在園林設計、藝術繪畫、宮廷建築等方面的滲透，研究更是多不勝數，一直都是設計和建築學者深感興趣的課題。[20] 上引學者的研究，不管是不是由史學角度出發，它們的立論和焦點也甚具參考價值；不過，我總認為在中歐文化交互這論題上，尤其是箇中的「複雜性」，依舊存在一定的討論空間，有待我們去深化和探視。而要理解這種「複雜性」，便要先解讀「中國風」這概念的定義、歷史和時代意義。

首先，我們要明白，長十八世紀的「中國風」，並不源自十七或十八世紀。早在十四、十五世紀，西歐世界的哲學家和

18　David Porter. *The Chinese Taste in Eighteenth-Century England*. Cambridge UP, 2010.

19　Margot Finn and Kate Smith, editors. *The East India Company at Home, 1757-1857*. UCL P, 2018, pp. 1-24.

20　例見Frank Kraushaar, editor. *Eastwards: Western Views on East Asian Culture*. Peter Lang, 2010. Bianca Maria Rinaldi, editor. *Ideas of Chinese Gardens: Western Account, 1300-1860*. U of Pennsylvania P, 2016. Yue Zhuang and Andrea Riemenschnitter, editors. *Entangled Landscapes: Early Modern China and Europe*. NUS P, 2017.

商旅，已經對中國文明產生一種仰慕，甚至是崇拜的態度。自從馬可·波羅（Marco Polo, 1254-1324）出版他的《東方見聞錄》之後，西方社會便開始對這個位處遠東的文明古國萌生興趣。[21] 姑勿論馬可·波羅究竟是否親身踏足中國，[22] 由於他的記載生動，繪聲繪影，中國的樣貌和輪廓便被描畫出來，成為一種主流的概念和形態，植入不少詩人墨客的構想之中。與此同時，傳教士諸如沙勿略（Francis Xavier, 1506-1552）、羅明堅（Michele Ruggieri, 1543-1607）與利瑪竇（Matteo Ricci, 1552-1610）相繼越洋來華，及後促令歐洲出現大量與中國有關的著作，這一系列的破冰與開拓，也對中西文化交流有著深切的影響；[23] 部分傳教士更加致力在西歐推動「漢學專業化」的進程，對中國歷史、宗教、文化、哲學和藝術等層面賦予正

---

21 Laurence Bergreen. *Marco Polo: From Venice to Xanadu*. Vintage Books, 2008. Jason Porterfield. *Marco Polo: Epic Traveller throughout Asia*. Rosen Publishing Group, 2016, pp. 89-91.

22 關於這個問題，讀者可以參考這兩部作品：Frances Wood. *Did Marco Polo Go to China?* Westview Press, 1996、Hans Ulrich Vogel. *Marco Polo Was in China: New Evidence from Currencies, Salts, and Revenues*. Brill, 2013。

23 David Emil Mungello. *The Great Encounter of China and the West, 1500-1800*. Rowman & Littlefield Publishers, 2013, pp.15-52. Catherine Jami, et al., editors. *Statecraft and Intellectual Renewal in Late Ming China: The Cross-Cultural Synthesis of Xu Guangqi (1562-1633)*. Brill, 2001. R. Po-chia Hsia. *A Jesuit in the Forbidden City: Matteo Ricci 1552-1610*. Oxford UP, 2010.

面的評估。[24]

　　如是者，及至十七世紀，我們熟悉的伏爾泰（Voltaire, 1694-1778）、貝爾（Pierre Bayle, 1647-1706），以及孟德斯鳩（Montesquieu, 1689-1755）等思想家，多少也是基於這種構想，對中國的政治體制和文化傳統稱許佩服。[25] 在他們的視角，中國在亞洲世界「得來不易」的和平，無非建基於儒家思想的流播與其政制方面的穩固；推而論之，歐洲之所以戰亂頻仍，恰巧就是缺少這種在政治和文化上的「超穩定結構」。[26] 換句話說，西歐應該向這個東方文明借鑑，去蕪存菁。由此可見，長十八世紀「中國風」的出現，並不完全是一股由市場主導的潮流；在思想史、文化史的角度下，它在西歐得以廣行，箇中自有其歷史脈絡和傳播軌跡。如果我們嘗試結合這道脈絡和相關市場力量的話，來自中國的茶葉、陶瓷和絲綢，大概可以看作是促進這場「中國風」的催化劑，致令它變得更加普及

---

24 詳參陳谷鋆。《傳教士與漢學家：理雅各在中西文化上的傳譯貢獻》。臺北：秀威資訊，2020，頁 22-25。

25 Simon Kow. *China in Early Enlightenment Political Thought*. Routledge, 2016, pp. 41-78. Eric S. Nelson. "Leibniz and China: Religion, hermeneutics, and Enlightenment," *RAE*, vol. 1, 2009, pp. 277-300. Hou Hongxun. "Montesquieu and China." *Chinese Studies in Philosophy*, vol. 22, issue 1, 1990, pp. 11-31.

26 有關「超穩定結構」的討論，讀者可以參考金觀濤、劉青峰。《興盛與危機：論中國封建社會的超穩定結構》。長沙：湖南人民出版社，1984。

和熾熱。

　　不過，我們也需要留意，在十八世紀「中國風」出現的同時，也有一種「反中國」的氣氛與之並行；這種氛圍的浮現，大概與「中國風」被過度追捧有關。由笛福（Daniel Defoe，約 1660-1731）撰著，1719 年出版的《魯賓遜漂流記續集》（*The Farther Adventures of Robinson Crusoe*），便是一個顯明的例子。《魯賓遜漂流記》在英國得以大賣之後，隨即洛陽紙貴，出版商遂要求笛福構思續集的故事。有別於上一次在南太平洋的旅程，小說的主角魯賓遜這次漂流到「歷史悠久」的中國，一個讓人嘖嘖稱奇的古老文明。然而，在笛福的筆下，中國人的生活習慣、宗教思想，以及他們所謂的「文化榮耀」，也被批判為微不足道，甚至是「不值一提」。[27] 由此可見，上至西歐文豪，下至一般大眾對於「中國風」的肆應，絕非一面

---

27 其中一段文字最為生動：「當我把英國人與可憐的中國人進行比較，隨之發現後者的衣衫、生活禮儀、政府、宗教、財富（有些人會把它稱為榮耀），也不覺得有什麼值得稱許、記錄的地方。我甚至認為它們都不值得讀者去體驗這個國度。」"But when I come to compare the miserable people of these countries (including China) with ours (the British Empire), their fabrics, their manner of living, their government, their religion, their wealth, and their glory as some call it, I must confess, I do not so much as think it is worth naming, or worth my while to write of, or any that shall come after me to read." Daniel Defoe. *The Farther Adventures of Robinson Crusoe; Being the Second and Last Part of His Life, and of the Strange Surprising Accounts of his Travels Round Three Parts of the Globe*, London, 1719, p. 296.

倒的歌頌和讚譽，箇中的關係可是複雜且多元的。

另一方面，我們還要留意，長十八世紀的「中國風」雖然名為「中國風」，但它並不一定能夠準確、充分地展示出中國的文化與國情。我的意思是，這種「中國風」，很大程度上，其實是由英倫、西歐學者「概念化」（conceptualise）創造出來。換句話說，這種「中國風」是一種由西歐市場和文化界模塑出來的「中國風」，是一種針對西歐社會的文化產物（cultural outcome）。舉例來說，儘管一幅貌似富含中國特色的牆紙（Chinese wallpaper）是由廣州製作，然後遠涉重洋，在倫敦組裝傾銷，但這幅牆紙上所繪繡的中國圖像與地景，卻不一定是根據中國實情繪製而成。這些圖案的選取、用色與布局，主要是按照西歐市場的喜好被創造和設計出來。事實上，對於歐洲當時一般的消費群體而言，十八世紀的中國，難免只是一個超越地域距離的概念，他們對於盛清時代的國情，甚至是中國的具體位置，也不一定十分清楚。針對這些觀察，我們均可以從塔文化在英國流行的一段歷史內找到端倪。

除此之外，還有一點是需要在這裡交代一下的。我刻意命名這篇文章為「英倫」的中國風，而非「英國」的中國風，又或者是相對廣義的「中國風」，目的是希望指出英格蘭的「中國風」和蘇格蘭、威爾斯的「中國風」其實也不盡相同，更遑論歐洲大陸上可見的「中國風潮」。以塔文化為例，它的影響大概只是限於十八世紀的英格蘭（特別是倫敦）一帶，當然我們還可以細分英格蘭為南、北英格蘭，甚至是更精準

的分類，但這不免過於繁瑣。[28] 畢竟，我所希望的，只是提醒讀者們注意「中國風」在歐亞大陸的區域差異與其在地性（localisation）而已。至於以「英倫」為題，無非旨意標示倫敦在長十八世紀的都會性格與國際位置；這種「英倫風」的特殊性質，不但有其歷史脈絡，箇中也富含一種百花齊放、革新多元、各地文化共冶一爐的城市色彩，值得我們多加注意。[29]

肆

在概述一系列時代與歷史背景後，我覺得有需要去解釋，為什麼我會選擇以塔文化這個主題，嘗試探討「中國風」這股潮流，以及十八世紀中外文化交互的複雜性呢？首先，正如我在前文中已有提及，由中國外銷至歐洲的商品諸如茶葉、絲綢，已經有很豐沛的研究存世，成果叫人激賞；[30] 但是有關塔

28　有關英格蘭、威爾斯與蘇格蘭等地「中國風」的細部差異，讀者可參閱 Jeng-Guo S. Chen. "Eighteenth-Century England's Chinese Taste." *The Eighteenth Century*, vol. 54, no. 4, winter, 2013, pp. 551-58。

29　Jerry White. *A Great and Monstrous Thing London in the Eighteenth Century*, Harvard UP, 2013. Lien Bich Luu. *Immigrants and the Industries of London, 1500-1700*. Routledge, 2017.

30　Maxine Berg. *Luxury and Pleasure in Eighteenth-Century Britain*. Oxford UP, 2005, pp. 46-84. Roy Moxham. *Tea: Addiction, Exploitation, and Empire*. Running P, 2004. Sarah Rose. *For All the Tea in China: How*

文化在英倫的歷史，卻還沒有得到足夠的重視。雖然它與絲綢茶葉等商品，在本質上有所不同，但它們也是連結清代中國與英倫世界消費、生活、賞玩、審美、物質文化的重要橋梁，值得我們多加留意。更重要的是，塔文化可以引證我在文章中屢番強調、那種關乎「中國風」流轉歐亞的「複雜性」。首先，塔文化究竟是不是一種中國文化，本身已經是一個值得商榷的議題。眾所周知，塔是東方世界的傳統建築，但它並非起源中國。根據梁思成（1901-1972）的研究，塔最早於印度出現，名為「窣堵坡」或「卒塔婆」，主要是存放佛教僧侶死後的枯骨。隨著佛教在中國得以傳播，塔這種建築便開始與華夏的「重樓」風格融合，從而演進出各種類別的塔建特色，其中包括樓閣式、密檐式、無縫式、覆缽式、亭閣式等等。[31] 換句話說，塔文化並不是源自中國的本土文化，而是一種「被中國化」的中國特色。其實，這種「文化改造」的過程，也可以套用於景泰藍的歷史。每當我們普遍認為，景泰藍這色調發源於中國景德鎮的時候，殊不知它是一種由中亞傳入中土的稀有色

England Stole the World's Favourite Drink and Changed History. Penguin, 2011. Sarah Richards. *Eighteenth-century Ceramics: Products for a Civilised Society.* Manchester UP, 1999, pp. 89-126. Anne Gerritsen. *The City of Blue and White: Chinese Porcelain and the Early Modern World.* Cambridge UP, 2020. 其他例子眾多，不贅舉。

31 詳參戴孝軍。《中國古塔及其審美文化特徵》。武漢：武漢大學出版社，2018。

系，在阿拉伯世界早被廣泛使用。[32] 透過這些例子，我們或許在定義「中國商品／文化」的時候，有必要小心考慮箇中所經歷的「中國化」歷程。

即便塔文化起源印度，為什麼它傳播至英倫之後，卻馬上成為一種「中國風」的標誌與象徵呢？和其他中國商品不同，塔的建造和設計，和一只茶杯，又或者一件酸枝家私來得不一樣，它所能帶出的影響也相對標誌性與展示性（demonstrativeness）。綜合這些觀察，究竟是誰在建構這種概念？背後有什麼動力，足以營造這個文化現象？要解答這些問題，便要依賴各種歷史材料，當中包括一些文書、個人文集、遊記、畫作，甚至是在當時出版的明信片。有關塔文化在英倫的記載，其實比比皆是。1669 年，由荷藉探險家紐赫夫（Johan Nieuhof, 1618-1672）所著的大作 *Het gezantschap der Neêrlandtsche Oost-Indische Compagnie aan den grooten Tartarischen Cham, den tegenwoordigen keizer van China William Dampier* 在倫敦翻譯為英文出版，題為 *An Embassy from the East-India Company of the United Provinces*（荷使初訪中國記）。這部作品記錄了紐赫夫 1655 至 1657 年，在中國遊歷的所見所聞，其中有兩幅插畫，分別展示南京琉璃塔與廣州古塔的形象（見圖1-3 及1-4），

---

32 Jonathan M. Bloom and Sheila S. Blair, editors. *The Grove Encyclopedia of Islamic Art and Architecture,* vol. 1: Abarquh to Dawlat Qatar, Oxford UP, 2009, p. 292.

圖1-3　約翰·紐赫夫在其《荷使初訪中國記》的「南京塔」插畫。

圖1-4　《荷使初訪中國記》內「廣州塔」的插畫。

它們在洋人心目中均有著地標性的影響。事實上，廣州原有三座在萬曆年間建成的寶塔建築，其中一座位處廣州東南方的「琵琶洲」上，所以又名「琶洲塔」。[33] 近代來華的歐洲商旅對清代中國的第一印象，即為這座不時出現在版畫與各類繪畫作品中的「廣州塔」。及至清中葉以後，「琵琶洲」成為「黃埔島」的一部分，因此許多畫作與文獻中的「廣州塔」，大多以「Whampoa Pagoda」稱之，中文對譯則為「黃埔塔」。[34] 更有趣的是，我們從部分文獻紀錄中得知，洋人甚至曾經使用粵音譯名，標示「琶洲塔」為「Pa-Chow Pagoda」（見圖1-5），這個例子正好反映地域方言在東西文化交流下的有趣特色。[35] 總而言之，不論是「廣州塔」還是「琶洲塔」，由於寶塔的造

33 Charles King and William Frederick Mayers. *The Treaty Ports of China and Japan: A Complete Guide to the Open Ports of Those Countries, together with Peking, Yedo, Hongkong and Macao*. Ed. by Nicholas Belfield Dennys, Trübner and Co., Paternoster Row, 1867, p. 128.

34 Joseph Huddart. *The Oriental Navigator, Or, New Directions for Sailing to and from the East Indies Also for the Use of Ships Trading in the Indian and China Seas to New Holland, &c. &c*. London, 1801, p. 452. James R. Buffum. *India Directory: Supplement to the India Sailing Directory*. London, 1826, p. 5. John R. Peters, Jr. *Miscellaneous Remarks Upon the Government, History, Religions, Literature, Agriculture, Arts, Trades, Manners, and Customs of the Chinese*. Eastburn's Press, 1845, p. 151.

35 Robert Morrison. *A Dictionary of the Chinese Language, in Three Parts*. The Honourable East India Company's Press, 1815, p. 531. William B. Langdon. *A Descriptive Catalogue of the Chinese Collection, Now Exhibiting at St.*

圖 1-5　馬禮遜（Robert Morrison）編《字典》（*A Dictionary of the Chinese Language, in Three Parts*）內「琶洲塔」（Pa-Chow Pagoda）的插畫（頁531）。

George's Place, Hyde Park Corner. London: St. George's Place Exhibition, 1843, p. 72. John Henry Gray. *China: A History of the Laws, Manners, and Customs of the People*. Volume 2, Macmillan and Co., 1878, p. 94.

36 這裡有關「琶洲塔」的討論，全賴匿名審查老師的提點與指示，特此誌謝。有興趣的讀者，可以參考王元林、肖東陶。〈明清廣州琶洲塔與珠江口航道的關係〉。《中國歷史地理論叢》，第 1 輯，2002。網站網址：www.163.com/dy/article/H559QGDV05438Q4K.html。網站檢索時間：2020/11/26。

型高聳優美，所以每當歐洲船隊靠近廣州城時，它往往便是遠人「一望即見」的中國景緻；言則與它相關的沿岸風景經常出現在西方圖像之中，自然不足為奇。**36**

而在 1703 年出版的遊記《新的環球航海》（*A New Voyage Round the World*），作者丹皮爾（William Dampier, 1651-1715）也對中國塔（Chinese pagoda）的故事有所介紹；**37** 同樣地，瑞典旅行家奧斯貝克（Peter Osbeck, 1723-1805）在倫敦出版他的《一段前往中國與東印度的航行》（*A Voyage to China and the East Indies*），也有記錄他親訪江南地區一座古塔後的感受。**38** 這些記載大多對塔文化加以稱許，對它的高聳、莊嚴形象欣賞詠讚。另一方面，從他們的記述可見，塔文化已經全面被「中國化」，成為遠東中國的一種意象。然而，這些記載對塔文化的描繪也比較簡單，通常只是一、兩段，甚至是一、兩句的介紹，對於塔建築如何彰顯中國文化？箇中的連結若何？「中國古塔」究竟是什麼樣的概念？在這些紀錄之中，也沒有很清楚地交代出來；畢竟它們也是遊記類作品，重點自然不在塔文化的承傳與歷史。但無可否定的是，這些著作均展示出時人對塔建築的觀察和體驗，對於我們了解塔文化在英倫流播的

---

37 William Dampier. *A New Voyage round the World*. Vol. 1, London, 1703, p. 403.

38 Peter Osbeck. *A Voyage to China and the East Indies*. Vol. 1, London, 1771, pp. 325-26.

過程不無幫助。除了這些遊記之外，我們也可以透過其他非文字史料，追尋到塔文化的身影。大概是因為塔的建築設計獨特鮮明，所以便不時成為西方畫家們的寫生對象，為後人視像化（visualise）不少珍貴的歷史場景。馬洛（William Marlow, 1740-1813）在 1763 年繪製的〈邱園的荒野景色〉（View of the Wilderness at Kew），便是一個經典的例子（見圖 1-6）；他以靈巧的筆法，淺淡的配色，成功把邱園寶塔當時的形象呈現出來。

在這些文字與非文字史料當中，我認為最具代表性的，無疑是錢伯斯爵士的兩部作品：《中國建築、家具、服飾、機械

圖 1-6 馬洛於 1763 年的作品：〈邱園的荒野景色〉。

和器皿設計》（*Designs of Chinese Buildings, Furniture, Dresses, Machines, and Utensils*）和《東方造園論》（*A Dissertation on Oriental Gardening*）（見圖 1-7），前者於 1757 年編著，後者則在前書的基礎上修訂增補，1772 年在倫敦出版。這兩部作品的重點，不只是概述中國建築、設計等文化的歷史與特徵，而是在推動「中國風潮」在英倫園林設計、空間規劃中可以擔當的角色。簡單來說，就是如何利用中國建築上的多變性，以及那種富具文化深意的異國情調，融入西方美學的空間建構之中。其中塔文化的精髓，在錢伯斯的角度，便是實踐這種理想的方向之一。我將在下文，就這方面多說一點。

圖 **1-7** 《東方造園論》的書封。

話說回來，錢伯斯並不是土生土長的英格蘭人。1723 年 2 月 23 日，他出生於瑞典哥德堡的蘇格蘭家庭，父親是一名商人，主要從事北海一帶的短途貿易。大概受到家庭的影響，錢伯斯於 1740 年加入瑞典東印度公司，開展他長達九年的商貿生涯。東印度公司不但為錢伯斯帶來可觀和穩定的收入，也令他有機會親身接觸歐洲大陸以外的新世界。在 1740 至 1749 年間，他便曾經三度前往中國經商遊歷。與其他商人不同，錢伯斯在這三次旅程所關注的，不僅是遍地黃金的商貿機會，他對中國的建築和園林藝術更是特別醉心。在造訪中國之後，他更毅然辭退東印度公司的高薪厚職，隻身到巴黎攻讀建築學，隨後又在義大利進修達五年之久。[39]

　　1755 年，錢伯斯在義大利學有所成，遂決定移居英國倫敦，開辦他第一間建築師事務所。由於他的設計精巧，觀點新穎，很快便得到皇室成員的青睞。1757 年，他透過第三代比特伯爵：斯圖爾特（John Stuart, 1713-1792）的推薦，得以成為時任威爾斯親王的建築學導師，這位威爾斯親王，就是日後我們熟悉的喬治三世。自此之後，錢伯斯的發展因而變得康莊平坦。1760 年，喬治三世登基，由於他與君上的關係，錢伯斯的繪圖與設計也逐漸得到宮廷內外達官貴人的賞識。1766

---

39 錢伯斯的生平大事，有興趣的讀者可以參考 John Harris and Michael Snodin, editors. *Sir William Chambers: Architect to George III*. Courtauld Gallery, 1996。

年，他與另一位建築大師亞當（Robert Adam, 1728-1792），更同時被冊封為「國王的建築師」（Architect to the King），以表揚他們的才華及貢獻。雖然這個名銜並不是一個官方的常設職位，但它卻標誌著錢伯斯事業躍至高峰的時期。

隨著他的名氣與日俱增，錢伯斯的著作和理念在英倫地區變得舉足輕重。他對中國建築文化的欣賞，更加成為「中國風」與西歐造園、規劃設計結合的重要關鍵。正如我在前文所言，錢伯斯希望利用中國建築的特色與西歐文化作出有機的結合。他認為中國園林設計，既沒有墨守成規的束縛，也沒有形式乏味的枷鎖，箇中的情調變化多端、渾然天成，與西方當時流行的幾何式造園法相比，絕對是一種獨具深度的美學準則；這就是他所提到的 Sharawadgi 風格。[40] 不過，這種所謂 Sharawadgi 的審美概念，並不是錢伯斯首先提倡的。另一位著名建築師坦普爾爵士（Sir William Temple, 1628-1699），在他 1685 年出版的〈論伊比鳩魯的花園〉（Upon the Gardens of Epicurus），率先應用 Sharawadgi 一詞，意指一抹「沒有秩序」的「驚奇之美」。[41] 這種無秩序、不規則，卻同時令人浮想聯翩的美學觀念，與西方庭園相對枯燥、單一的造景原則相

40　Elizabeth Chang. *Britain's Chinese Eye: Literature, Empire, and Aesthetics in Nineteenth-Century Britain*. Stanford UP, 2010, p. 28.

41　坦普爾的文章 "Upon the Gardens of Epicurus; or, of Gardening in the Year 1685" 轉載於 *The Works of Sir William Temple*. F. C. and J. Rivington, 1814, pp. 202-45。他在頁 238 中提及 Sharawadgi。

比，在十八世紀隨之激起一陣反動性（subversive）的影響。[42]
由此可見，錢伯斯以 Sharawadgi 這概念推崇中國園林的布局
和設計，並且對當時西方的文藝特色作出批判，可不是他孤芳
自賞的一種看法，反之，卻是一種眾聲同唱下的時代潮流。

伍

如果我們把邱園古塔的歷史放置在這股潮流之中，相信大
家也可以理解，為什麼喬治三世會允許錢伯斯在一個充滿歷史
意義的園林內，規劃一座中國高塔。而錢伯斯本人也曾明言，
他設計這座邱園古塔的靈感，就是來自他在中國所看到的塔建
築（見圖 1-8）。邱園寶塔最後用了六個月左右的時間建成，
錢伯斯對他的設計成果十分滿意；除此之外，他對建造古塔
的物料與材質也甚為欣賞。他在一個場合中便提到：「（這座
塔）的外牆可沒什麼瑕疵和夾縫，原因是它所用的磚石都很
堅固；儘管它有一定的高度，它的整體架構也不見明顯的破
裂。」[43] 事實證明，錢伯斯的評估是正確的。邱園古塔座落多

---

42 讀者可以參考，賀陳詞。〈中國建築及園林藝術遠播歐西的史實探討
及其對歐西的影響〉。《大陸雜誌》，第 5 期，1970 年 3 月，頁 150。

43 Sir William Chambers. *Plans, Elevations, Sections, and Perspective Views of
the Gardens and Buildings at Kew in Surry, the Seat of Her Royal Highness
the Princess Dowager of Wales*. London: J. Haberkorn, 1763, 4.

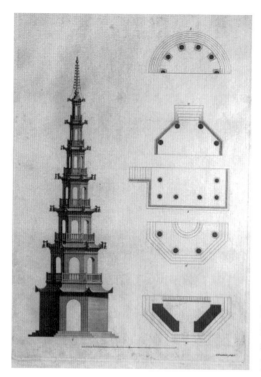

圖 1-8　錢伯斯在《中國建築、家具、服飾、機械和器皿設計》有關中國塔的附圖。

年之後，也沒有出現架構上的傾斜或破損；以當時英倫的建築水平而言，的確是令人驕傲的結果。

　　邱園古塔落成後，「中國風」在英倫得以受到更廣泛的關注；其中它的東方風格與高度，更加引起文化名人的留意。例子如第四代奧福德伯爵：沃波爾（Horace Walpole），便對這座邱園塔予以好評，沃波爾除了對它的設計特色感到驚豔之外，他對其高度更是讚嘆不已。按照他的紀錄，「即使遊人遠在約克郡，只要他們登高遠望，基本上也可以看到這座比山林

大樹更高的邱園塔」，[44] 自有「高塔列遠岑」的感興。[45] 沃波爾的紀錄或許有些誇張，但我們大概可以感受到他的心情。時任軍隊上將的羅伊（William Roy, 1726-1790），更加將聖彼得大教堂與古塔並列，認為它們都是倫敦的名勝和地標。在十八世紀末造訪英格蘭的女政治家羅蘭（Jeanne-Marie Phlipon Roland, 1754-1793），也對這座邱園塔有以下的描繪：她站在古塔上，不但可以欣賞到泰晤士河與邱園的美景，距離倫敦有若干距離的溫莎市景也是盡入眼簾。[46] 而被稱譽為英國第一份通俗性刊物的《紳士雜誌》（*The Gentleman's Magazine*），亦曾就邱園古塔的高度、塔內走廊的壁畫，以至它獨具東方美感的外觀作出詳細的介紹，並且附上一幅插圖（見圖1-9）。《紳士雜誌》形容古塔與其他同在邱園的建築群是互相輝映的；在主編的角度，這正顯示出十八世紀以倫敦為中心的大英帝國，無疑是一個文化多元且相容並包的國家。[47]

---

44 引文轉自 Allen Paterson. *The Gardens at Kew*. Frances Lincoln, 2008, p. 27.

45 事實上，「高塔列遠岑」與「曙日平煙彩」兩句，均出自宋朝詩人梅詢（964-1041）的作品：〈武林山十詠：高峰塔〉。雖然此詩和本文的主題沒有直接關係，但由於其中意境與塔文化或有交集，所以我便嘗以這兩句為題，命名這篇文章。

46 L.A. Champagneux. *The Works of Jeanne-Marie Phlipon Roland, Wife of the Ex-minister of the Interior*. London: J. Johnson, 1800, p. 208.

47 *The Gentleman's Magazine and Historical Chronicle*. Vol. XXXIII, London, May, 1763, p. 212.

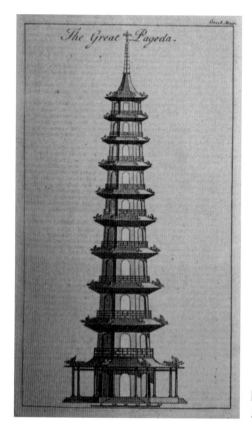

圖 **1-9** 《紳士雜誌》內的
邱園巨塔。

　　從這一片好評可知，英人大致對邱園古塔算是接受和歡迎
的。而自它落成以來，有關中國塔的書寫與引用，更不時見於
各種文獻史料之中；這些紀錄大多生動正面，描摹細膩。例如
在一部細說倫敦市景觀的讀物《探訪威廉叔叔之旅》（*A Visit
to Uncle William in Town*）中便有以下的一段載述：「在聖詹
士公園的古橋和運河旁邊屹立了一座中國塔，當它們被結合起

來，就彷似是一種恬靜無暇的緬懷。」[48] 由是思之，不禁令人聯想到「曙日平煙彩」的風光明媚。[49] 至於《中國叢報》（*The Chinese Repository*）的編輯也曾言及：「中國塔的出眾在於它的色彩奪目，充滿光芒。」[50] 另一方面，傑西（Edward Jesse, 1780-1868）在他的著作中則有謂：「中國塔之所以受人矚目，原因主要是它的獨一無二，而不只是一種單純的美。」[51] 而在 1843 年 6 月 23 日，一個名為「中國珍藏」的展覽在海德公園揭幕，是次展覽盛大而隆重，它的負責人鄧恩先生（Mr. Dunn）更特別為了這個活動建造了一座小型的中國塔，用以宣傳和展示他的藏品。《探訪威廉叔叔之旅》所提到的，相信就是這座小中國塔。

在英倫以外，中國塔所含藏的東方唯美，也影響到歐洲大陸的園林設計。在十八世紀末，以至十九世紀初期，一座又一座的中國高塔便在歐洲大陸的園林中陸續出現，其中包括比利時布魯塞爾的拉肯塔（Laeken pagoda）、瑞典斯德哥爾摩

---

48 *A Visit to Uncle William in Town; Or, A Description of the Most Remarkable Buildings and Curiosities in The British Metropolis*. London, 1818, pp. 89-90.

49 有關「曙日平煙彩」的出處，請參照注 45。

50 *The Chinese Repository*: vol. XII, *from January to December*. Canton, 1843, p. 563.

51 Edward Jesse. *Gleanings in Natural History: Third and Last Series*. John Murray, 1835, pp. 217-18.

的王后島古塔（Drottningholm pagoda）、法國安布瓦斯的尚特盧塔（The Chanteloup pagoda），以及德國慕尼黑的中國塔（Chinesischer Turm），它們都是在塔文化熱潮盛行英倫之後得以建成的。除此之外，我們不時也會發現中國塔的圖案出現在外銷歐洲的中國牆紙之上；而一些由景德鎮陶瓷所製的中國塔擺設，也會在倫敦、巴黎、阿姆斯特丹市面的瓷器店（China shop）出售（見圖 1-10）。由此可見，對於嚮往中國

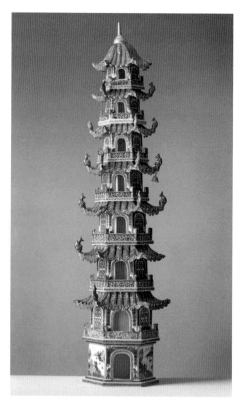

圖 **1-10** 在十八世紀晚期燒製，以景泰藍為主色調的陶瓷中國塔。

文化的歐洲商旅、文人與收藏家而言，塔文化對於他們來說，一點也不再陌生；而它更逐漸為一般消費階層所認識。儘管他們對塔文化的背景和歷史不一定有深入的了解，但箇中所包含的中國特色，相信亦會令人有所聯想。

錢鍾書（1910-1998）在其〈十七、十八世紀英國文學裡的中國〉（China in the English literature of the Seventeenth and Eighteenth Centuries）中指出，英國在十七世紀對「中國風」的那種傾慕，到十八世紀中葉已經消磨殆盡，[52] 這大概和我在上文所言及的「反中國風潮」有關；然而，從邱園古塔落成，以至塔文化在英倫地區所帶動的肆應可見，「中國風」在英倫的流行可是複雜和多樣的。或許在某一些界別諸如文學創作與詩詞撰著，它的影響力是有所消減，但在地景園林設計方面，它依舊發揮著一定的張力。更重要的是，長十八世紀的「中國風」絕非一股一成不變的潮流，在西歐建築家、設計師、學者文人、官紳商販，以至一般消費者的推動和形塑下，「中國風」的特色是跟隨時代而改變的。就錢伯斯的經歷，以及他與邱園古塔的故事為例，他就是建構、推動和更新長十八世紀「中國風」的重要人物之一。他成功透過兩部嚴謹的著述，為中國園林建築與塔文化的特色定位，這都是結合中國造園技

---

52 Ch'ien Chung-shu. "China in the English Literature of the Seventeenth Century." *Quarterly Bulletin of Chinese Bibliography*, vol. 1, no. 4, pp. 351-84.

術、塔文化與「中國風」的開山功勞;至於邱園古塔的落成,更是他所建構的「中國風」的一種在地實踐。總的來說,他的研究和設計不但影響英倫社會對「塔文化」的觀感,而且也為日後塔文化在英倫,甚至是歐洲大陸的歷史發展,鞏固了一定的基礎。

順帶一提,塔文化與「中國風」遊走歐亞的歷史,也可以讓我們重新思考,中外文化交互的軌跡,不一定是「由東往西」,又或者「自西徂東」那般二元。當中也會有一種由東往西,然後在西方經歷在地化後,再輾轉傳入東方的路徑與模式。乾隆時代圓明園內的西洋樓,人所共知。雖然這座洋樓與花園在 1860 年的大火中被摧毀,但弔詭的是,由於洋樓內大部分藏品遭英法聯軍洗劫盜走,所以它們得以逃過火炬,意外倖存。在這些藏品當中,我們發現一批用色華貴、精緻小巧的鐘塔擺設(見圖 1-11),相信是在乾隆年間自西歐傳入,具體年分已不大可考。至於現存北京故宮博物院的「銅鍍金寫字人鐘」,亦可視為一例。這個「銅鍍金鐘」,氣派非凡,利用亭塔式的設計,透過瑞士德羅(Jaquet Droz)工作坊的匠人巧手製成,呈現出以毛筆書寫中文字體:「八方向化,九土來王」的機器人偶,不禁令人嘆為觀止。[53] 綜觀而言,這些存品與一

---

53 詳參王一樵。《流轉的紫禁城:世界史視野下的明清宮廷文化》,臺北:時報文化,2020,頁 73。Catherine Pagani. *Eastern Magnificence and European Ingenuity: Clocks of Late Imperial China.* U of Michigan P, 2001.

圖 1-11　圓明園西洋樓內的鐘塔擺設。

般在歐洲宮廷可見的西洋鐘飾相比，它們的設計、樣式與觀感
也不大相似，尤其是時鐘上的高塔設計，顯然帶有濃厚的東方
色彩。由此推論，這些鐘塔並不是一種單向的文化輸出，而是
一種揉合西方工藝技術與東方塔文化的結晶品。

陸

　　總括而言，塔文化所承載的歷史意義，大致可以讓我們對
以下兩個議題作出反思。首先，清代中國與歐洲世界（特別是

英國）交互的歷史，不應該只侷限於十九世紀中葉以降，歐洲列強相繼進迫亞洲的大時代。利用「長十八世紀」的歷史視角，我們可以看到雙向且多元的交流軌跡。自明末清初，以至鴉片戰爭爆發之前，中國對歐洲文化進程與消費市場的影響，諸如「中國風」的流行，與十九世紀清皇朝被刻劃成為「遠東弱者」、「東亞病夫」的形象相比，無疑是一個天淵之別、截然不同的對照。更重要的是，中國文明代表穩定、繁華、安靖、悠久的這些「概念」和「象徵」，在「長十八世紀」成功透過商品、文本、藝術、建築、造園、城市規劃等範疇傳播西歐，並且滲透社會各階層，掀起一股風氣和潮流，這都是我們不容忽視的。至於曾經收藏圓明園西洋樓內的洋式鐘塔，大概亦引證到中外文化交互的雙軌性，絕不只是一種由東往西，又或者西力東漸的單向運行（unidirectional）。

其次，我們也要了解這種「中國風」的複雜性。簡單來說，它不是全然由清代，又或者明代中國所創造（construct）的中國風潮；反之，它是由西方官紳、文士、專才與消費群組所創建出來。與此同時，這股「中國風潮」並不是一道一成不變的趨勢；簡單來說，十七世紀末的「中國風」與十八世紀後期的「中國風」，在特色和意象上也不盡相同。這一系列的轉變，除了與市場導向和需求有關，我們也要考慮到一些知識人在背後的推動與重塑。錢伯斯對塔文化的理解，以及他致力融合東西園林設計等方面的努力，便是一個值得關注的例子。除此之外，「中國風」在英倫社會所經歷的更變，某程度上也與

「反中國風」的浮現相關。錢伯斯在推廣他所理解的「中國風」時，便不時以諷刺的筆法，談及當時一些「反中國風」的觀點與立場。[54] 在他看來，「反中國風」的現象之所以出現，是因為時人扭曲了本應是渾然天成，且無鑿飾之痕的「中國風」；就錢伯斯的批評與詮釋可見，當時的「中國風」是一種華而不實、荒誕古怪，兼具沒有什麼審美基準的「中國風」。作為一個皇室御准，同時對中國建築抱持濃厚興趣的建築家，他不免認為，自己是有責任去重構一套更「標準」、更真實、更能完美融入西方文藝格調的「中國風潮」。其中他對「移步換景」，園林配置，以至建造邱園古塔時的專業態度，便是他致力概念化、系統化和專業化「中國風」的有力證明。

---

54 有興趣的讀者可以參考附在錢伯斯《東方造園論》（*A Dissertation on Oriental Gardening*）書末的 "An Explanatory Discourse by Tan Chet-qua, of Quang-chew-fu, Gent. Frss, Mraap," pp. 112-63。

參考書目

中文

布琮任。〈商、工、農、士：薛福成在西力衝擊下對「四民」的表述與解構〉。《九州學林》，第 31 輯，2013 年 4 月，頁 81-101。

戴孝軍。《中國古塔及其審美文化特徵》。武漢：武漢大學出版社，2018。

王一樵。《流轉的紫禁城：世界史視野下的明清宮廷文化》。臺北，時報文化，2020。

王元林、肖東陶。〈明清廣州琶洲塔與珠江口航道的關係〉。《中國歷史地理論叢》，第 1 期，2022 年。

金觀濤、劉青峰。《興盛與危機：論中國封建社會的超穩定結構》。長沙：湖南人民出版社，1984。

陳谷鋆。《傳教士與漢學家：理雅各在中西文化上的傳譯貢獻》。臺北，秀威資訊，2020。

英文

A New Display of the Beauties of England or a description of the most elegant or magnificent public edifices, royal palaces, noblemen's seats and other curiosities, natural or artificial in the different parts of the Kingdom. London, J. Tower., 1776.

Harris, John. *A Visit to Uncle William in Town; Or, A Description of the Most Remarkable Buildings and Curiosities in The British Metropolis*. Printed for J. Harris, 1818.

Andrade, Tonio. *The Gunpowder Age: China, Military Innovation, and the Rise of the West in World History*. Princeton UP, 2017.

Baines, Paul. *The Long Eighteenth Century*. London, Bloomsbury Academic, 2004.

Berg, Maxine. *Luxury and Pleasure in Eighteenth-Century Britain*. Oxford UP, 2005.

Bergreen, Laurence. *Marco Polo: From Venice to Xanadu*. New York, Vintage Books, 2008.

Bloom, Jonathan M. and Sheila S. Blair. Eds. *The Grove Encyclopedia of Islamic Art and Architecture, vol. 1: Abarquh to Dawlat Qatar*. Oxford UP, 2009.

Buffum, James R. *India Directory: Supplement to the India Sailing Directory*. Salem, James R. Buffum, 1826.

Cao, Shuji, Yushang Li, and Bin Yang, "Mt. Tambora, Climate Changes, and China's Decline in the Nineteenth Century," *Journal of World History*, vol. 23, no. 3, pp. 587-607.

Ch'ien, Chung-shu. "China in the English Literature of the Seventeenth Century." *Quarterly Bulletin of Chinese Bibliography*, vol. 1, no. 4, pp. 351-84.

Chambers, William. *Plans, Elevations, Sections, and Perspective Views of the Gardens and Buildings at Kew in Surry, the Seat of Her Royal Highness the Princess Dowager of Wales*. London, J. Haberkorn, 1763.

Champagneux, L.A. *The Works of Jeanne-Marie Phlipon Roland, Wife of the Ex-minister of the Interior*. London, J. Johnson, 1800.

Chang, Elizabeth. *Britain's Chinese Eye: Literature, Empire, and Aesthetics in Nineteenth-Century Britain*. Stanford UP, 2010.

Chen, Jeng-Guo S.. "Eighteenth-Century England's Chinese Taste." *The*

Eighteenth Century, vol. 54, no. 4, winter, 2013, pp. 551-58.

Cohen, Paul A. *Discovery History in China: American Historical Writing on the Recent Chinese Past*. Columbia UP, 1984.

Crossley, Pamela Kyle. "The Late Qing Empire in Global History," *Education about Asia*, vol. 13 no. 2, Fall, 2008, pp.4-7.

Cruickshanks, Eveline. *The Glorious Revolution*. London, Palgrave Macmillan, 2000.

Dampier, William. *A New Voyage round the World. Vol. 1*. London, Crown in St Paul's Church-yard, 1703.

Defoe, Daniel. *The Farther Adventures of Robinson Crusoe; Being the Second and Last Part of His Life, and of the Strange Surprising Accounts of his Travels Round Three Parts of the Globe*. London, Rivington, 1719.

Finn, Margot, and Kate Smith. Eds. *The East India Company at Home, 1757-1857*. London, UCL P, 2018.

Gerritsen, Anne. *The City of Blue and White: Chinese Porcelain and the Early Modern World*. Cambridge UP, 2020.

Gray, John Henry. *China A History of the Laws, Manners, and Customs of the People*. Volume 2. London, Macmillan and Co., 1878.

Harris, John and Michael Snodin, Ed. *Sir William Chambers: Architect to George III*. New Haven, London, Yale University Press, 1996.

Hou, Hongxun. "Montesquieu and China." *Chinese Studies in Philosophy*, vol. 22, issue 1,1990, pp. 11-31.

Hsia, R. Po-chia. *A Jesuit in the Forbidden City: Matteo Ricci 1552-1610*. Oxford UP, 2010.

Huddart, Joseph. *The Oriental Navigator, Or, New Directions for Sailing to and from the East Indies Also for the Use of Ships Trading in the Indian and China Seas to New Holland, &c. &c.* London, Robert Laurie and James Whittle, 1801.

Jami, Catherine, et al. Ed. *Statecraft and Intellectual Renewal in Late Ming China: The Cross-Cultural Synthesis of Xu Guangqi (1562-1633).* Leiden, Brill, 2001.

Jesse, Edward. *Gleanings in Natural History: Third and Last Series.* London, John Murray, 1835.

Kearsley, George. *Kearsley's Travellers' Entertaining Guide through Great Britain.* London, G. Kearsley, 1803.

King, Charles and William Frederick Mayers. *The Treaty Ports of China and Japan: A Complete Guide to the Open Ports of Those Countries, together with Peking, Yedo, Hongkong and Macao.* Ed. by Nicholas Belfield Dennys, Trübner and Co., London, Paternoster Row, 1867.

Kow, Simon. *China in Early Enlightenment Political Thought.* London, Routledge, 2016.

Kraushaar, Frank. Ed. *Eastwards: Western Views on East Asian Culture.* Oxford, Peter Lang, 2010.

Langdon, William B.. *A Descriptive Catalogue of the Chinese Collection, Now Exhibiting at St. George's Place, Hyde Park Corner.* London, St. George's Place Exhibition, 1843.

Luu, Lien Bich. *Immigrants and the Industries of London, 1500-1700.* London, Routledge, 2017.

McLaughlin, Raoul. *The Roman Empire and the Silk Routes: The Ancient*

World Economy and the Empires of Parthia, Central Asia, and Han China. Barnsley, Pen and Sword Books, 2016.

Morrison, Robert. *A Dictionary of the Chinese Language, in Three Parts*. Macao, The Honorable East India Company's Press, 1815.

Moxham, Roy. *Tea: Addiction, Exploitation, and Empire*. Philadelphia, Running P, 2004.

Mungello, David Emil. *The Great Encounter of China and the West, 1500-1800*. Lanham, Rowman & Littlefield Publishers, 2013.

Nelson, Eric S.. "Leibniz and China: Religion, hermeneutics, and Enlightenment," *RAE*, vol. 1, 2009, pp. 277-300.

Noordam, Barend. "Technology, Tactics and Military Transfer in the Nineteenth Century: Qing Armies in Tonkin, 1884-1885," in Antje Flüchter and Susan Richter. Eds. *Structures on the Move Technologies of Governance in Transcultural Encounter*. Heidelberg, Springer, 2012, pp. 169-188.

O'Gorman, Frank. *The Long Eighteenth Century: British Political and Social History, 1688-1832*. London, Bloomsbury Academic, 2016.

Onnekink, David, Gijs Rommelse. *The Dutch in the Early Modern World: A History of a Global Power*. New York, Cambridge UP, 2019.

Osbeck, Peter. *A Voyage to China and the East Indies. Vol. 1*. London, Horace's Head in Fleet Street, 1771.

Pagani, Catherine. *Eastern Magnificence and European Ingenuity: Clocks of Late Imperial China*. Ann Arbor, U of Michigan P, 2001.

Paterson, Allen. *The Gardens at Kew*. London, Frances Lincoln, 2008.

Percy, Sholto and Reuben Percy. *London or Interesting Memorials of Its*

Rise, Progress & Present State. London, T. Boys, Ludgate Hill, 1824.

Peters, John R., Jr. *Miscellaneous Remarks Upon the Government, History, Religions, Literature, Agriculture, Arts, Trades, Manners, and Customs of the Chinese*. Eastburn, Eastburn's Press, 1845.

Porter, David. *The Chinese Taste in Eighteenth-Century England*. Cambridge UP, 2010.

Porterfield, Jason. *Marco Polo: Epic Traveller throughout Asia*. New York, Rosen Publishing Group, 2016.

Richards, Sarah. *Eighteenth-century Ceramics: Products for a Civilised Society*. Manchester, Manchester UP, 1999.

Rinaldi, Bianca Maria. Ed. *Ideas of Chinese Gardens: Western Account, 1300-1860*. Philadelphia, U of Pennsylvania P, 2016.

Roland, Madame. *The Universal Magazine of Knowledge and Pleasure*. London, M. Brown, 1800.

Rose, Sarah. *For All the Tea in China: How England Stole the World's Favourite Drink and Changed History*. London, Penguin, 2011.

Scheidel, Walter. Ed. *Rome and China: Comparative Perspectives on Ancient World Empires*. Oxford UP, 2009.

Seeley, John Robert. *The Expansion of England: Two Courses of Lectures*. Boston, Roberts Brothers, 1883.

Teng, Ssu-yü and John King Fairbank. *China's Response to the West: A Documentary Survey, 1839-1923*. Harvard UP, 1954.

The Chinese Repository: vol. XII, from January to December. Canton, N.P. 1843.

The Gentleman's Magazine and Historical Chronicle. Vol. XXXIII.

London, John Nichols and Son, 1763.

The London Magazine. London, R. Baldwin, 1770.

Vogel, Hans Ulrich. *Marco Polo Was in China: New Evidence from Currencies, Salts, and Revenues*. Leiden, Brill, 2013.

Wakeman, Frederic, *The Great Enterprise: The Manchu Reconstruction of Imperial Order in Seventeenth-Century China*. Berkeley, U of California P, 1985.

White, Jerry. *A Great and Monstrous Thing London in the Eighteenth Century*. Harvard UP, 2013.

Wood, Frances. *Did Marco Polo Go to China?* Boulder, Westview Press, 1996.

Zhuang, Yue and Andrea Riemenschnitter. Eds. *Entangled Landscapes: Early Modern China and Europe*. Singapore, NUS P, 2017.

中英文化之交會
── 魏客霏異國書寫中的雙重批判 [1]

翁怡錚

　　身處十八世紀晚期社會漩渦中的英國知識分子，不僅目睹了歷史上重要的抗爭和政治風暴，也透過書寫積極參與思想改革。潘恩（Thomas Paine, 1737-1809）出版了《常識》（*Common Sense,* 1776）一書，為美國立國奠定了政治思想基礎，而後於 1791 年問世的《人權論》（*Rights of Man*）、柏克（Edmund Burke, 1729-1797）的《對法國大革命的反思》

1　本篇論文得以完成，絕非僅憑個人之力。對兩位主編與時報文化編輯群的付出和辛勞，筆者致上最誠摯的謝意，他們的支持是本書得以如期出版的最大助力。匿名審稿人細心閱讀初稿並提出的寶貴修改建議，讓本篇論文能以較完整的面貌問世，筆者由衷感謝。此研究為專題研究計畫（MOST 110-2410-H-002-155）成果之一，研究期間有幸得科技部（現更名為國科會）補助支持，讓筆者在搜集與後續分析研究資料時如虎添翼，研究後期，亦獲國立臺灣大學高等教育深耕計畫補助（NTU-112L7837），特表誌謝。

（*Reflections on the Revolution in France,* 1790），乃至高德溫（William Godwin, 1756-1836)《政治正義論》（*An Enquiry Concerning Political Justice,* 1793）一書，皆對社會系統提出嚴厲批判。生活在十八世紀末期英國的魏客霏（Priscilla Wakefield, 1750-1832）也目睹了一連串社會動盪和改革，對鄰近法國追求自由的精神並不陌生。藉由書寫，她得以傳遞思想並逐步實現她理想中的社會。然而，與同時期激進思想家相比，她的政治和社會理念顯得相對謹慎、守舊，呈現出相對保守的改革之路。

在本文中，筆者欲透過魏客霏異國書寫中反映出之中英文化交流系統，從而探討女性書寫對不同文化、傳統、種族各方面的獨特寫照。從東西方各層面的交流中，可見西方論述中的「他者」集體想像仍有國族優越意識，然而，魏客霏描寫東方的文字中少見以歐洲為中心的優越價值觀。本文認為魏客霏巧妙地運用社會對異國文化的好奇心，透過對比「他者」與「自我」間的異同，開拓了認同感和性別意識的討論空間。自1980年代始，性別與殖民歷史間千絲萬縷的關係已為學界關注焦點之一。米格蕾（Clare Midgley）指出，性別乃國家社會發展過程中不可或缺之一部分（1）。然而，多數論述仍聚焦在前英國殖民地印度的女性，或英國女性對殖民政策的影響，包含廢奴運動的推動等，鮮少將視角移至中國文化和女性角色的刻劃（Chaudhuri and Strobel; Burton; Sangari and Vaid）。依循上述問題意識，本研究將結合西方視角之異文化想像，將魏

客霏書寫中使用的文化、國族、性別等符號置放於十八世紀末期各種歷史脈絡中，透過歷史化（historicize）分析，進一步剖析魏客霏字裡行間隱藏的漸進式改革思想脈絡。[2]

縱觀歷史長河，不同的客觀因素影響了西方國家對中國的看法及詮釋，儘管在同一時間點，也會因觀看者與描述者身分的改變，對異文化產生不同的認知與想像。本文試圖回答：當西方已普遍被認為是十八、十九世紀東西交流論述的主導力量，重估中國在西方史（或西方在中國史）的位置時，文學有多少的運作空間，而女性在其中扮演的角色又為何呢？在十八世紀末期充滿國族主義和看重經濟利益的英國社會，異國書寫在其中又發揮了多少作用？本文將以十八世紀末期中英交流為研究主軸，透過魏客霏十八世紀末期至十九世紀初期的異國書寫，包含《閒暇時光》（*Leisure Hours*, 1794-1796）、《少

---

2 這個時期所產出的文本及梳理的文學史，與其身處的特殊文化、社會、歷史語境，有相當緊密的關聯。蔡英文在分析保守主義思想家柏克的論述時，表示「在涉及變革的議題上，保守的傾向反對任何根本性的劇烈的改變……強調在既有的政治社會的處境中做局部的、漸進的改革」，認為「任何傳承是多樣性與複雜性，它們必須在現實的處境中被重新詮釋」（146）。從脈絡論（contextualism，或稱語境論）的角度去思考，多層次的情境與脈絡可幫助我們獲得不同之詮釋並作出因應與修正。趙毅衡和胡易容進一步將脈絡論細分為「內部脈絡」，指符號本身伴隨的元素或傳達的方式，以及「外部脈絡」（47-48）。歷史化分析也能避免「以今釋古」的謬誤，或者過度簡化不同文化互動過程中牽扯的多面性和複雜度（楊瑞松6）。

年旅人》（*The Juvenile Travellers*, 1801）、《刻劃世間百態》
（*Sketches of Human Manners*, 1807），及《亞洲之旅》（*The Traveller in Asia*, 1817）等，輔以同時期相關的英國作品去探索此議題，嘗試理解其中隱含的文化與性別批判，並試圖說明魏客霏如何結合十八世紀末帝國論述、歷史文化及性別觀念的多重論述，並藉由寫作反思國族論述、跨文化論述和女性書寫間千絲萬縷、錯綜複雜的互動過程與侷限性，希望對跨文化書寫提出些許創見。因本文篇幅限制，實難以深究其他對中英交流與論述有貢獻之作家和相關作品（包括英國、歐陸書寫及中國在地書寫），然這不代表他們的重要性可被忽視。[3] 在英國文學歷史中，談論女性角色及其社會責任的文本屢見不鮮，形塑了女性文學傳統，也創造其獨特的歷史意義。本文認為，魏客霏嘗試在不同社會文化相遇的過程中發掘性別視野，並找到有效的對話空間，而其中潛藏的社會文化底蘊與批判意涵除彰顯了時代意義，也為女性書寫勾勒出更清楚的輪廓和未來可行的思考面向。

3　此外，因此一歷史化工程浩大，不僅包含大量不同類型文本與史料，彼此間的關係也相當複雜，研究聚焦於特定時期也有其侷限，例如東方想像在不同歷史和文化脈絡中的變化、雙向性而非單向性（如由西向東）的研究視角、文化史、世界觀等，無法寥寥數筆進行梳理，以免偏離總體論述的方向。幸得匿名審稿人之提醒，筆者得以反省本文之侷限，並思考未來深化此一研究議題的可能性，對此筆者深表感謝。

壹

在中國歷史上，1840 年代是個相當關鍵的歷史時刻。漢學大家費正清（John K. Fairbank）將中國歷史粗分為 1842 年之前的「傳統中國」，以及歷經鴉片戰爭與社會變革的「現代中國」時期。[4] 第一次鴉片戰爭後，受到西方列強如潮水湧入帶來的威脅，中國門戶洞開，被迫面對嶄新的世界。而後於 1860 年代推行洋務運動，出現了「西學東漸」、「中學為體，西學為用」、「師夷長技以制夷」等口號，將挽救晚清衰敗情勢寄望於自強運動與改革。近代學界的關注焦點多以此時期為主，聚焦晚清東西方升溫的衝突或中國現代化的過程，並已有相當豐碩的研究成果（Mackerras; Jones）；相較之下，聚焦在十八世紀末中西文化交流的學術著述，則相對稀少。本文關懷的時間點設定在此分水嶺之前，從時代的視角來看，十八世紀晚期至十九世紀初期此交會處，正是中英兩大帝國由好奇、接觸、認識，乃至產生衝突等一連串動作發生之際，為文化交流史上極為關鍵的時間點。

清朝的「盛世」自十七世紀末清朝體制鞏固開始，經歷康

4　羅威廉（William T. Rowe）指出，將中國現代史以 1842 年分成兩段不同時期，可由費正清與 Edwin O. Reischauer、Albert M. Craig 所合編之 *East Asia: The Great Tradition* 與 *East Asia: The Great Transformation* 此二書之書名，看出端倪。

熙、雍正、乾隆三位君主的治理，直到乾隆帝 1795 年退位為止，超過一百年的時間。對中國來說，十八世紀可謂一個「繼承和總結的時代」，也是「孕育著轉變和面臨著選擇的時代」（戴逸 1）。此時期的中國不僅政治、經濟體制日臻完善，舉凡農業生產、城市網絡發展、人口增長也邁向歷史高峰。此時的中國少有擴大軍事與商業勢力，或殖民他國的野心，但面對西方世界持續擴展勢力，外國勢力逐漸進逼之際，中國畢竟無法久立歷史洪流之外。即便十八世紀中國有多次「機會、機遇」可改善對外關係，但「清政府沒有抓住它」。舉例來說，十七世紀大量的耶穌會傳教士入境中國，帶來西方文化和思想，康熙帝也熱衷學習西方知識（如曆法、兵器、火炮之術等），然因與羅馬教廷對祭祖敬孔等中國禮俗看法不同，康熙帝態度轉趨強硬，而後採取禁教政策，即錯過了一次好的「機會」；而後於乾隆帝在位期間，中英貿易正值發展關鍵期，然乾隆帝將通商港口限於廣州一地，再度喪失了一次「機會」（戴逸 6）。乾隆帝 1795 年傳位於子嘉慶後，中國歷史上見證了一連串戲劇性的事件，這時清廷「內在的、完全的失能問題」顯而易見，逐漸將中國推向下一個時代的泥潭危境（羅威廉 145）。[5]

5　羅威廉進一步解釋，清廷此時面對的危機來自三個困境，包含「西方擴張的外來衝擊」、「長期社會經濟問題累積而成的長期危機」及「嚴重政府失能」，詳見〈第六章：危機〉，頁 145-69。

與其他歐洲國家相比，英國勢力較晚才進入中國。十八世紀時英國的境外勢力集中於印度東部及相鄰地區，由東印度公司施行統治權，中西交流直至十八世紀末葉才顯著增加。至此，原有的通商管道已不敷使用，英王喬治三世遂於 1792 年 9 月派遣馬戛爾尼使團（The Macartney Embassy）遠赴中國，於 1793 年叩關廣州，此為中英之間第一次正式的外交活動，也揭開了日後交流與衝突的序幕。在各種文化、思想、意識角力和衝擊下，英國出版業抓緊時機，趁勢推出多本相關著作，成為理解文化異同的契機。溫特伯瑟（William Winterbotham）所著之《有關中華帝國的歷史、地理與哲學的觀點》（*An Historial, Geographical, and Philosophical View of the Chinese Empire, 1795*）[6]、斯當東（George Staunton, 1737-1801）之《英使謁見乾隆紀實》（*An Authentic Account of an Embassy from the King of Great Britain to the Emperor of China, 1797*）[7] 與《中華帝國全貌》（*A Complete View of the Chinese Empire, 1798*）、總管巴龍（John Barrow, 1764-1848）所著之《中國之旅》（*Travels in China, 1804*）等，皆於 1790 年代前後問世。使節團隨團畫

6　本書之譯法甚多，例如黃一農則將其譯為《一個有關中華帝國歷史的、地理的以及哲學的觀察》，本文採用黃克武之譯法。
7　本文採用杜正勝、葉篤義、歐陽哲生等人之譯法。其他譯法眾多，包含《英國使團觀見中國皇帝紀實》（熊文華）、《英使觀見乾隆紀實》（涂成林）、《大英國王派遣至中國皇帝之大使的真實報告》（黃一農）等。

家亞歷山大（William Alexander，清廷稱其額勒桑德）回國後，也多次展出中國風貌的畫作，並出版《中國人的服飾與習俗圖鑑》（*Picturesque Representations of the Dress and Manners of the Chinese*, 1814）一書。除前述使節團官員出版的作品外，因應市場需求，異文化的想像與相關著述可謂百花齊放，對當代西方的中國想像有深遠影響。然正如楊瑞松所言，這些西方知識傳遞的東方形象與符號，除「提供了襯托西方思想文化的異文化情調想像」，多為西方「界定自我文化特色的論述策略中，所用來呈現西方文化優越性而所建構的『他者』」（2）。如同薩依德（Edward Said）在《東方主義》（*Orientalism*, 1978）一書所論，西方知識界產出的東方論述與形象，皆有本質上的謬誤存在，不僅帶有強烈異文化偏見，也創造出東西方優劣之區別，更在十九世紀西方國家往外擴張權力時為其所用，將殖民過程及帝國主義行為合理化。雖然這些東方「想像」反映出強烈的西方自身歷史文化，也如薩依德等人所述，透露出系統性的偏見和醜化，然這些所述所論仍有其重要的時代意義，在當時也扮演文化傳播的角色，值得我們進一步探索。

　　早期英美學界多依循費正清的論述模式，也就是視清朝為一停滯的帝制王朝，受到西方文化帶來的巨大衝擊方反思求變，脫離「舊中國」的過程（費正清；Hsu; Spence）。晚近研究則逐漸脫離「失敗者論述」和「歐洲中心觀敘事」（Eurocentrism），反對將中國視為「東方他者」（an oriental Other）的單向敘述，提供修正派（revisionist）的歷史解讀，

轉向亞洲內部各種變革的討論，也以較為連貫的視角去理解中國社會結構和變遷，研究成果更顯多元（Cohen; Crossley; 羅威廉）。[8] 舉例來說，學者駱里山（Lisa Lowe）的研究聚焦於十八世紀英國與法國遊記中東方描述的異同，強調東方論述不是單向發展的個體，其中存有明顯的異質性（heterogeneity）。中文著述包含周寧出版之《天朝遙遠：西方的中國形象研究》上下兩冊，對不同時代西方敘事中負面的中國形象多有分析討論，以延續性觀點處理此一課題；楊瑞松則從三個廣為人知的中國符號，去分析其對近代中國思想史和國族建構的影響，梳理出符號的意涵與形成歷史。這些不同的研究視野，發現了更多元的歷史發展軌跡，也讓我們對歷史的想像更加豐富。

貳

在上述十八世紀末期東方／中國相關論述的出版狂潮中，魏客霏當然沒有缺席。生於 1750 年一個悠久貴格派（Quaker）或稱教友派（Religious Society of Friends）的英國家庭，她的曾祖父巴克禮（Robert Barclay, 1648-1690）是十七世紀教友派

8　柯文（Paul A. Cohen）提出以中國為中心，使用中國本身的歷史文化脈絡來閱讀中國近代史，可參見其作《在中國發現歷史：中國中心觀在美國的興起》；東方論述的多樣性討論，可見 MacKenzie。

核心成員之一。除了作家身分，魏客霏也是當時著名的慈善家，幫助婦女和弱勢族群脫離生活困境。她於 1798 年創立了「婦女福利團體」（Female Benefit Club），婦女只要固定支付小筆費用，便能在年老退休時領到一筆援助金。魏客霏後於 1801 年創立了英國史上第一個儲蓄銀行（savings bank），提供社會底層人民長期、實質的經濟援助。[9] 她終其一生都熱心公益，直到她以八十二歲高齡過世。

寫作無疑為魏客霏一生追求的志業。與同期作家相比，她直到四十多歲才出版第一本著作，她的思想和文本內涵，可謂經過長時間醞釀淬鍊而成，底蘊深厚。除為數眾多的出版創作，魏客霏的論述主題也相當廣泛，舉凡科學、性別論述、異國書寫、文化書寫等都有所著墨。她最廣為人知的科學著作為 1796 年出版的《植物學》（*An Introduction to Botany*），這也是第一本由女性主筆對植物學進行系統性分析的重要著作，對推廣植物學有極大的貢獻且影響深遠。雖魏客霏的作品和思想已逐漸為現今讀者淡忘，但她對文學、植物學、女性主義、青少年文學、經濟學等領域的見解，各有其獨到之處，其人其思近期也因學界重拾相關研究，甫再見曙光。舉例來說，研究十八世紀原初女性主義（proto-feminism）的觸角，已由沃斯通克拉夫特（Mary Wollstonecraft）、海斯（Mary Hays）、麥考利

9 有關儲蓄銀行的歷史，可見 Berger，頁 334-35；有關魏客霏的經濟思想與作為，可參考 Rostek，頁 182-202。

（Catharine Macaulay）等知名女性作家，延伸至先前較少關注之瑞德克立夫（Mary Ann Radcliffe）與魏客霏等人。[10] 魏客霏的寫作成就雖非當代僅有，但其作品中蘊含的社會關懷與多元意識，尚待發掘探索。

十八、十九世紀之交，英國社會出現一波改革聲浪，批判傳統社會與歷史敘事將女性排除在外；與此同時，異國書寫與性別觀有了微妙的互動。異國書寫提供女性作家不同文類的選擇，讓讀者也能一窺不同文化交織出的多元面貌，包括皮歐齊（Hester Lynch Piozzi）《法國、義大利與德國旅程的觀察和反思》（*Observations and Reflections, Made in the Course of a Journey through France, Italy and Germany,* 1789）一書、威廉絲（Helen Maria Williams）出版之《寫於法國的書信》（*Letters Written in France,* 1790）與《瑞士之旅》（*A Tour in Switzerland,* 1798）、沃斯通克拉夫特出版之《短居瑞典、挪威和丹麥之書簡》（*Letters Written During a Short Residence in Sweden, Norway and Denmark,* 1796）等旅遊文學和異國書寫，陸續於 1790 年代問世。雖魏客霏少以文化批評者的角度被閱讀，但在魏客霏為數豐富的著作中，異國書寫無疑為她寫作後期心之所向。在魏客霏約二十五年的創作生涯中，異國書寫均集中在寫作生涯的中後期問世，且多獲好評，如《少年旅

---

10 有關魏客霏作品中性別意識的討論，以及她的女性論述與思想貢獻，可參見 Walker。

人》於 1801 年問世後，在出版後五十年內，有高達十九次的再版紀錄（Hill 7; Rostek 183）。根據史碧甘斯（Paris Amanda Spies-Gans）的研究，此時期的女性作家少有機會踏足多國土地，對異國社會、文化、民族的知識，多取自男性作家執筆之出版品（230）。[11] 如魏客霏於《亞洲之旅》一書所述，著述此作前，她先自相關「記實」著作中獲取相關異國知識和資訊，加以吸收、修改後，才將異國描述融入虛構角色經歷中（*Travellers* iv）。這也讓魏客霏筆下的敘事增添了異文化元素，旅人時而為故事中參與者、時而為旁觀者，以不同角度去描繪異國見聞，將其文本中故事的虛構性與旅行的實踐性結合共融，進而與不同社會文化進行對話。[12] 魏客霏異國書寫的內容涵蓋既深且廣，學者希爾即提醒我們，魏客霏的作品不應被視為一般的旅遊書（travel books），因其作品除了描寫異國風光、地理環境外，也多有對異文化更多層面如經濟、政治、民情的觀察與體悟（Hill 7）。筆者認為，此或可視為女性創作者在傳統異國敘事架構上另闢可能的發展路線，創造出一獨特的敘事取徑。

若我們仔細閱讀這些作品，會發現將魏客霏作品中不同

---

11 史碧甘斯研究的十二位有異國書寫經驗的女性作家中，僅有一位女性作家有實際於當地旅遊的經驗（230）。

12 胡錦媛提醒我們，「就形式而言，旅行寫作可以說是一種最自由的形式。它可以跨越詩、散文、小說等各種傳統文類的固定疆界，它可以包含抒情、議論、敘事、書信與想像等」（69）。

地理環境、角色、敘事連結在一起的關鍵文本內涵，是文學的教育功能（instructive purpose）。對魏客霏來說，將知識透過作品傳遞給讀者，是作者的社會義務。十八世紀晚期的英國社會，越趨重視孩童教育，教育相關理論與哲學也因而蓬勃發展，許多作家進一步指出優良讀物對孩童成長的重要性。在積極創作兒童讀物的作家行列中，女性作者不在少數，包含艾吉渥斯（Maria Edgeworth）、巴鮑德（Anna Laetitia Barbauld）、摩爾（Hannah More）等人，對當時兒童文學的發展都有重要影響，而魏客霏在當時更是以兒童文學作品廣為人所知（Hill 6）。魏客霏異國書寫的地理環境設定不同，但在文體、格式、風格上有極大相似處，讀者群也都設定為青少年，延續她長期對社會弱勢和年輕族群的關懷。在《少年旅人》的前言中，魏客霏感嘆此文類長期以來忽略了青少年讀者，甚至在異國描寫中夾雜了「道德敗壞的段落」或「超出他們理解能力的議題」，重申文本教育性的重要（*Juvenile* v）。正如《閒暇時光》以敘事方式將歷史上聞名遐邇的人物與事件呈現，以喚醒讀者「仿效的精神」（a proper spirit of emulation）（*Leisure* v），提供學習榜樣，這便是如同她在《刻劃世間百態》中提到，身為寫作者「長期以來必須承擔的責任」（*Sketches* n.p.）。對魏客霏來說，文字有絕對的力量，而文學創作更是負載了不可忽視的淑世作用。

除文學的教育性外，筆者認為在魏客霏作品中若隱有一條線，將多元的異文化描寫串連起來，而這條線即是魏客霏對社

會及女性的關懷。以下將從魏客霏的三個文本出發，包含《亞洲之旅》、《刻劃世間百態》和《閒暇時光》，探索她著作中的性別空間和文化論述，作為日後研究該時期女性書寫及相關論述之基礎。

參

　　魏客霏對中國社會及價值觀的看法，在《亞洲之旅》有了細緻的梳理。《亞洲之旅》記錄了虛構少年角色亞瑟（Arthur）遊歷亞洲的足跡與心得，先前亞瑟遊歷他國的經驗，已分別收錄於《跨越大英帝國的家族旅行》（*A Family Tour through the British Empire,* 1804）、《北美遊記》（*Excursions in North America,* 1806）、《漫遊倫敦及其近郊》（*Perambulations in London and Its Environs,* 1809），及《非洲之旅》（*The Traveller in Africa,* 1814）。雖然《亞洲之旅》一書將近三分之二的篇幅聚焦在印度，對中國的描寫相對有限，但這些寶貴的敘事仍提供了不同的文化觀察與思考。有趣的是，如前所述，魏客霏在搜集、整理、加以修改取得的異國知識時，這些二手資料在被閱讀、詮釋、改寫的過程中，並非是固定不變的材料，與此同時，他們也被不同的作者賦予新的意義與解讀。而不同敘述者在觀察同一個文化或事件時，視角和視覺清晰度的差異，皆與敘述者本身的社會階層、背景、教育、經驗等息息相關。筆者

認為，或正因魏客霏長期對女性與弱勢團體的關懷，異國場域中與婦女相關的議題，成了她作品中常見的批判對象。

在《亞洲之旅》的諸多段落中，魏客霏對中國女性的地位做了詳細的描述。她寫道：「這個區域的中國婦女，從事最為耗神費力的工作。當我看到農夫一手操執犁具，一手播種，將他的妻子拴在犁上作為牛來用，我感到十分厭惡。」（*Travellers* 210）[13] 在斯當東於 1797 年出版的訪華手札《英使謁見乾隆紀實》中，有極相似的描述：「在中國南部的農夫，一手操持犁具，而他的妻子拴在上頭就像牛一般，另一手同時在播種……在歐洲人眼中，如此對待女性是不恰當的。」（341）雖《亞洲之旅》比《英使謁見乾隆紀實》晚了二十年出版，此兩處的描述有極高相似度。其中有趣之處在兩人各別選用了不同的詞彙，來形容女性農婦的處境，斯當東使用「不恰當」（unbecoming）一詞，而魏客霏以「厭惡」（disgust）一詞取代。相較之下，斯當東使用的詞彙較為和緩，與魏客霏的態度有明顯差異。魏客霏此處之描述與後期法國傳教士古伯察（Évariste M. Huc）的文字，有異曲同工之處。在十九世紀中期作品《中華帝國：蒙藏遊記續編》（*The Chinese Empire: Forming a Sequel to the Work Entitled Recollections of Journey through Tartary and Tibet*, 1855）中，古伯察記載：「中國婦女

---

13 因魏客霏作品皆無中譯版本，本篇論文中引用之原著字句，皆為本人自譯，特此說明。

的狀況是最慘的，受苦、受難、受歧視，各種苦難和貶抑無情地伴她從搖籃一直走向墳墓。她一降生就被公認為是家庭的恥辱……被當作一個卑賤的動物，幾乎不被看作人。」（引自羅伯茨 71）

另一值得注意的例子，是魏客霏在《亞洲之旅》中描述中國婦女纏足（footbinding）的場景。她說道：「這些經濟狀況更差的婦女，即使她們需辛勤工作養活家庭，仍模仿那些社會階級比她們高的女性之間流行的愚蠢習俗，用繃帶將腳纏成不自然的大小，讓自己下半輩子只能跛腳而行。」（Traveller 222）此處採用「愚蠢」（foolish）一詞來形容纏足，足見她對女性的關懷，但同時也反映了西方性別政治的觀點及視角。這些對異國文化符號僵化、單向（由西向東）的視角，反映出西方對「他者」過度簡化的理解，缺乏對社會、歷史、文化脈絡較深度的認知，也表示此時分析框架仍以歐洲中心主義為主，如以「一種特定的想像機制，建立在具體的表述和修辭之上，在圖像、隱喻、象徵和符號層面，建構的是西方世界的清晰框架」（Venn 147），[14] 承襲薩依德發展出的東方主義路徑。人類學者邵式柏（Shepherd）在近期著作中，對中國文化有更細緻的觀察與分析，他表示，中國婦女纏足的行為考量多出自於社會心理層面（擔心因大腳遭人恥笑），而非藉由纏足提升自身社會階級（9）。在魏客霏對中國文化進行重新理解

---

14 此引文之中譯，取自米家路（169）。

／改寫時，雖有機會重塑一個有別於當時認知、異質的他者，但她的書寫表面上延續先前脈絡將東方塑造成神祕的、落後的、封閉的負面形象。這樣一來，魏客霏的論述看似承襲現代化浪潮下的主流文化論述，然事實上，她注意到女性在當時社會中所面對的挑戰與侷限，認為女性既是社會中的性別弱勢，也是文化霸權和跨國交流過程中的受害者，在不同場域皆被奪取權力和話語權。對異文化中女性處境的批判，在魏客霏更早期的著作中可見端倪。在 1801 年出版之《少年旅人》一書，當故事主角西莫家遊歷至德國時，女兒蘿拉（Laura）對德國淑女們採兩腿跨坐的騎馬方式（astride）感到驚奇也不解。她表示：「我認為這樣很不合體統，令人難以直視，但母親說這是她們的習俗，且跟我們習慣的騎乘方式相比，這樣安全多了。」（Juvenile 62）而後遊歷到日內瓦時，敘述者表示當地的教育是開放給所有人的，不會因階級或性別而受限，包含男性與女性在內的所有公民都有受教育的權利（Juvenile 126）。魏客霏的異國書寫雖仍受到種族差異影響，但她的性別關懷與女性自覺意識讓她得以跨越國境邊界，並提出批判。筆者認為，我們不應武斷地認為魏客霏的異國書寫接受且延續了當代東方論述一貫的脈絡。這些例子告訴我們，異國書寫提供了一個「調和之場域」（a site of negotiation），不同國家、文化、種族間的思想脈絡，透過接觸互動，進而達成傳達上的平衡。在魏客霏的異國書寫中，與異文化的交流、衝突，或理解，可有效消弭實質或想像上修辭與論述的衝突。

魏客霏並非當時唯一，也非首位關切女性處境，甚至呼籲改革之人。十八世紀晚期改善婦女生活與權利的聲音在歐洲多地可聞，相關改革運動也應運出現。有「法國女權之母」美稱的德古菊（Olympe de Gouges, 1748-1793），即為一例。[15] 德古菊深受法國大革命和自由平等的理念所啟發，呼應當時社會的多項社會改革，並於 1791 年出版了《女人與女性公民權利宣言》（*Déclaration des droits de la femme et de la citoyenne*）一書，倡導男女平等與社會正義。雖德古菊的兩性論述未獲多數認同，她也於 1793 年被控叛國罪而推上斷頭臺，但她的主張反映了一股歐洲改革社會秩序的思想風潮。[16] 相隔一年，在海峽另一端，英國著名的激進改革派知識分子渥斯通克拉夫特於 1792 年出版了《女權辯護：關於政治和道德問題的批評》（*A Vindication of the Rights of Woman: With Strictures on Political and Moral Subjects*）一書，梳理平等議題並提出改革方針。她強調女性與男性都擁有理性能力，呼應了啟蒙時代以來重視的理性思考、平等權利等相關論述。雖然魏客霏的名字少見於當時性別論述相關討論中，她的思想主張也未與原初女性主義（proto-feminism）作家同一陣線，與激進派的批判相比，

---

15 此稱來自劉文彬與王彩姿所著之〈「法國女權之母」歐蘭普‧德古菊（Olympe de Gouges）的思想〉一文。

16 德古菊認為新社會應以社會契約取代傳統婚姻制度，在新的社會秩序中，女性將有與男性平等的權利，對子女也有發聲的權利。請見劉文彬與王彩姿，頁 119-24。

魏客霏的論述採相對溫和的中間路線。然而魏客霏於著作《對於女性現狀的反思》（*Reflections on the Present Condition of the Female Sex*, 1798）中，提出女性與生俱有理知本能（intellectual faculty）、社會也應給予適當的工作機會等論述，與前述渥斯通克拉夫特等人之性別觀點，似乎多有呼應。[17] 魏客霏認為，長期以來社會各種因素致使英國女性無法善用其理知本能，更遑論對社會做出貢獻：「即使在現今這個被視為開明的時代和國度，婦女的才能從未得到最大程度的發揮與實現……長久以來，因教育本身的缺陷及侷限性，致使女性的理知本能一直未能施展，不僅他人，就連她們自己，也無從得知自身的能力與潛能。」（*Reflections* 4-5）魏客霏表示，英國社會對女性的處置有失公允，尤以勞動階級女性最為明顯。她以經濟學與勞動力視角進行討論，援用她自英國社會觀察到的諸多例證來闡明的性別和勞動力批判思想，為 1790 年代女權運動與辯論開拓新的層次，也為當時性別論述開拓一個可能的新取徑。[18] 換言之，魏客霏並無提出激進的改革訴求，也非呼應保守派作家的論述，而是從經濟層面提出訴求，直指女性社會困境背後的社

---

17 討論渥斯通克拉夫特及其女性論述的學術著作眾多，可參見 Melnnes、Taylor、G. Kelley、Hanley。關於魏客霏與當時女性思想家觀點的討論，可參見 Becchio、Shoemaker 等。

18 魏客霏此書中對亞當・史密斯（Adam Smith）的觀點有細緻的剖析批判，因此研究議題不在本文探討的範疇中，為免簡化其論述的複雜性，不在本文進行討論。

會勞動因素。這種自我批判的思維方式,在當時主流帝國主義與歐洲中心主義論述中,更顯彌足珍貴。

肆

在討論異國論述時,有關「他者」的意象與論述相當複雜卻又極其重要,而思想和文化又不可避免地與政治息息相關,不可割捨或偏頗。哲學家湯一介提醒我們:「政治與文化同屬於『上層建築』,各自都有其特殊的地位和作用,而政治往往居於核心。思想和文化都或強或弱地受到政治的控制和約束。」(1)由此可知,欲對中英之間各層面的文化交流與融合進行深入探索,必得先對中國社會和政治思想有一定了解,透過對現實與歷史的具體分析,才能開拓討論的視野。

早自十六世紀(明代中晚期)至十九世紀初期,跟歐洲地區相比,亞洲及非洲區域的經濟實力和財務狀況,都更加穩健雄厚。中國南方為當時世界的經濟中心,而歐洲僅占世界經濟版圖中的一小部分(法蘭克 324)。[19]十八世紀時中英間的經濟、軍事等差距逐漸拉開,造成中國與西方實力於十八世紀末

---

19 因為人口急速增加、耕地面積擴大、市鎮數量和規模增多,中國封建社會於十八世紀取得注目的成就,同時也建立了一個全國性的商業網絡,請見陳樺,頁 18-19。

期有了一個「根本性轉折」（郭成康 50）。[20] 以英國視角來看，中國與當時以「文明」、「開放」為標準的西方列強極其不同。相對歐洲的高度工業化進展，中國社會被視為「守舊」、「封閉」的。然而，因幅員廣大的中國擁有豐富的天然、經濟、人力資源，西方列強以開拓國際貿易合作之名接踵而至，東西方之間展開了初期的交流，在交流、碰撞、衝突、融合的基礎之上，各種國族、文化、身分認同論述也交鋒相互影響。

自我認知、認同感的建立與對異國文化的觀察和探索，息息相關。凱爾柏勒（Hartmut Kaelble）也指出，在十八至二十世紀這一段期間內，歐洲人對自身的看法有了重大的轉變，原有的歐洲優越感已逐漸消失，取而代之的是以個別國族為基礎所產生之新的自我認知。[21] 除了經濟、政治、社會架構，也延伸至思想、精神、文化等層面，引起了「對其他文明的強烈興趣」，因為他們需「藉著證實或經歷其他歐洲以外社會的落後，才可以確認」自身的優越地位（凱爾柏勒 31）。然而，過往歐洲「幾乎不曾致力於認識，或耐心了解異文明和自己的

---

20 根據甘迺迪（Paul Kennedy）的研究，十八世紀中晚期歐洲國家的工業化程度皆明顯上升，此時中國生產力和工業化水準反呈現下滑趨勢。此發展趨勢，往後讓歐洲各國（尤其是英國）成為工業強國，也增加了軍事及經濟上的優勢。

21 這類將歐洲視為一個整體（而非個別國家、民族）的論述和發展歷史，非本文篇幅可妥善處理的範疇，故於此不加贅述。

不同之處，也不會向其他文明學習」，這種行為可視為僅為了「凸顯據稱的或真實的威脅、劣勢和危險」，所採取的一種態度（凱爾柏勒 33）。此論述也呼應薩依德的思想，即透過觀察異文化去理解「自我」和「他者」的差別，進而建立對自我文化的認同感（楊瑞松 21）。薩依德指出，西方對東方文明充滿謬誤的偏見，這種知識建構應視為一種系統化進行對「他者」的醜化行為，與權力鬥爭有密不可分的關係。[22] 文化研究者霍爾（Stuart Hall）的分析也支持此一論述，亦即，認知「差異」對自我認同的建構具有關鍵的影響力，透過進一步探索，才有重新思考意識形態及權力關係的可能（引自李金銓 42）。因此，如前文所述，魏客霏對種種對待婦女不人道、粗暴手段的描寫，或可視為她對進入資本主義時代的英國社會、英國優勢文化地位及傲慢態度的諷刺。儘管十八世紀晚期英國的經濟物質生活已有極大改善，衣食也相對豐碩，然而英國女性在生活各層面中仍處處受到宰制與約束。究其根本而言，當男性在外交、政治、經濟生活中有了長足的成就與影響力，女性仍舊受到主流價值觀侷限，承受了多方的壓力和限制。正因如此，**魏客霏異國書寫並非只為文化媒介，也非僅是透過醜化他者來建構自我優越感，而是直指表層底下各種不對等權力所蘊涵的操控力量。她並未合理化西方霸權的話語權與崇高角**

---

22 另一個視亞洲文明為重大威脅的例子，便是十九世紀末期的「黃禍」（yellow peril）。相關論述可參見楊瑞松。

色，而轉向提醒她的讀者英國自身社會中存在的問題，以及英國與「他者」間關係的複雜度，對國家關係和社會群體，提出新的觀察與理解。

魏客霏另一個對自身的反省，便是英國社會於十八世紀、十九世紀之交對物質生活的重視與依賴。由於工業與製造業高速發展，英國已逐漸成為工業強國之一。仰賴高度工業化技術和機械革新，各種商品大量被生產，也在市場上迅速流通至世界各地。英國各階層的收入及消費力也大幅成長，增長的消費力進一步讓消費者社會與文化逐漸成形，也加速英國中產階級的崛起。魏客霏對英國物質文化的批判與她的貴格派信仰，在異國書寫中也展露無疑。貴格派認為財富並非萬惡之首，對財富的累積也抱持正面態度，但貴格派指出財富易讓人產生貪念（covetousness），而人一旦迷失於物質生活，心靈便無法富足。[23] 收錄於《閒暇時光》中之故事〈富有的本質〉一開始便闡明「只看表面的人，容易以為財富僅跟擁有的貴重金屬有關，而不知……在文明社會中，這些東西無法帶給我們喜悅富足」；正因如此，「國家的真正財富應是自然資源，能給供給身體足夠養分，並提供衣物以抵禦惡劣天候」（Leisure 189-90）。魏客霏對商業行為的批判，在《閒暇時光》收錄的另一則故事〈穆斯塔巴・薩里 —— 土耳其商人〉（Mustapha Zari, a

---

23 有關貴格派對財富的態度，可參考 Davies，頁 64-74，或 Corley 所撰之專書論文。

Turkish Merchant）中，尤為明顯。故事指出，從事商業買賣的人若對財富有「過度的渴望」（an inordinate desire），便會引起貪念，無法充實心靈（*Leisure* 199）。貴格派堅信商人需盡其所能為他人付出，富有的人更應如此。如十八世紀貴格派商人夸柏（James Cropper, 1773-1840）所言，當社會上大多數人都希望財富能帶給他們愉悅和享樂，富有的人必須對社會「盡他們的義務」（qtd. Corley 142）。上述的例子，皆展現了魏客霏如何透過異國書寫和情境，傳遞其道德信念及價值觀，也延續了其文本中一貫的高度教育性。

不同意識形態扮演的角色與功能，在十七、十八世紀的「中西禮儀之爭」與十八世紀末英國兩次使節團訪華的相關描述中，可見一二。於康熙帝在位時期，天主教教義與中國禮俗之抵觸，使教廷與清廷間的歧異漸增。針對羅馬教廷對中國天主教徒頒布的禁令，包含不可祭孔、祭祖、在家立牌位等，連向來有博學之心、對實證科學和數理多持開放態度的康熙帝，也強硬回應：「覽此告示，只可說得西洋人等小人，如何言得中國之大理。況西洋人等，無一同漢書者，說研議論，令人可笑者多。」（馬國賢 171）而後，以「嚴」治國出名的雍正帝以平定宗教叛亂為由，驅逐北京以外的傳教士，直言：「中國有中國之教，西洋有西洋之教；彼西洋之教，不必行於中國，亦如中國之教，豈能行於西洋？」（《世宗憲皇帝上諭內閣》597）。天主教在中國的傳教政策和推廣，至此進一步限縮，傳教勢力也大幅消散。十八世紀末期（乾隆晚年），英王兩

次派遣訪華使團——1793 年首次造訪中國的馬戛爾尼使團與
1816 年阿美士德勛爵（Lord Amherst, 1773-1857）率領的使節
團（The Amherst embassy）——欲商討擴大貿易和開放商港等
議題時，清廷態度更顯強硬。在處理國際關係時，雙方對禮儀
的認知和應對，包含了覲見帝王的禮節、文書、貢品的遞送及
交換方式、回禮的規則，包含是否叩頭、行跪禮，都為極敏感
的問題，經常發生摩擦與衝突。對清廷來說，外國使團來訪可
視為向天朝表達敬意和進貢。[24] 清朝官員將馬戛爾尼使節團所
乘坐之「獅子號」，稱為前來朝拜進貢之「貢船」，並在禮物

---

[24] 此處中國展現的「天朝觀」，與中國傳統「華夷觀」有密切關係。稱
呼非我族類之外族時，中國經常採用「夷狄」、「蠻夷」等詞彙。華
夷之分可追溯至春秋時代，由儒家所倡導發揚，不以「種族」為區
分華夷之標準，認為「禮儀」為區分華夷之根本，若能習行禮義，
行事保有禮儀，便可視為華夏。如張其賢所述，春秋史料中對於
「夷」、「蠻」、「狄」等稱呼的認知和展現的態度，多有不同，
除內外「我族」、「非我族」之分，也不限於形容文化落後之人、
不同社群之人、社會地位較低之人，或受到鄙視之人等。於乾隆五
十八年（1793）致英王喬治三世的敕諭中，乾隆帝便多次稱英國人為
「夷」，例如「爾國夷人」、「爾國夷商」、「外夷」等；其後，更
在諭書中直斥：「今爾國使臣之意，欲任聽夷人傳教，尤屬不可。」
直到 1858 年訂定的《中英天津條約》中，才載文規定禁止使用「夷」
來稱呼英國及其人民：「嗣後各式公文，無論京外，內敘大英國官
民，自不得題書夷字。」（第 51 款）限於篇幅，本文尚無法處理相
關字詞於清朝史料中的意涵及轉化。本文希望指出，中國看待自己在
世界地圖中扮演的角色和地位及中國與他國間的關係，深受此內外有
別之觀念影響。

上安插貢物之三角旗，此外，馬戛爾尼前往北京時乘坐之車、轎，也被強行放上「英吉利貢使」之旗幟，可窺見此心態（陳傳席 283；胡維革、李書源 4）。隨著歐洲國家對外擴展貿易、文化、殖民的野心壯大，變得勢不可擋，儘管中國仍保有相對內向封閉的政治及經濟體制，也感受到極大的壓力，在面對西方列強「他者」時，自我國家認同因而獲得動機，也變得更加強烈。

以外交目標和貿易協商結果來看，這兩次的跨國造訪不算成功，但英國使節團的訪華紀錄和觀察，對當時英國作家和讀者有極大的影響。[25] 以馬戛爾尼使團首次觀見乾隆帝的敘述為例，馬戛爾尼的日記如此記載這次會面：皇帝「派人邀請斯當東爵士和我到他跟前，親手給我們每人一杯溫酒，我倆當即飲下，頓覺非常溫暖暢快，這天上午的天氣是很陰冷的。……他的舉止極有尊嚴，又不失和藹和關懷，帶有一種恩賜的態度，對待我們極其優雅，令人滿意」（123）。然清廷方面的記載，又呈現另一幅光景。乾隆帝對此次會面表示「念爾國僻居荒遠，間隔重瀛，於天朝體制原未諳習，是以命大臣等向使臣詳加開導，遣令回國」（胡維革、李書源 5），字句中頗有不滿。同時期，於 1795 年匿名出版之《馬戛爾尼勛爵使華之

---

25 乾隆帝於 1757 年宣布僅保留廣州為唯一對外開放通商口岸，但因貿易量龐大，該通商口已不敷使用，促使貿易商人與外國政府向清廷提出抗議。

準確報告》（*An Accurate Account of Lord Macartney's Embassy to China*）一書，其中收錄之一圖像中，馬戛爾尼是以「站立」之姿，「單手」將國書呈給乾隆帝，既非清廷所稱之「叩頭禮」，也非英方所稱之「單膝下跪屈膝禮」（黃一農 217）。雖然此書中之圖像未獲使節團或官方認可，然此圖像刻意淡化使節團與中國官員互動時所受之嘲笑和屈辱，此做法也反映了社會民情之所繫。大約二十年後，於 1818 年匿名出版的一本小冊，對使節團則提出較嚴厲的批評：「此一任務完全失敗，還伴隨著對大使的許多羞辱，並令其所代表之英皇亦遭受藐視且喪失體面⋯⋯已故的斯當東爵士在記錄這些事件時，曾費盡心思去加以掩飾或敘述真相。然而在其報告中的每一頁，這些屈辱卻不斷自我爆發開來。」（黃一農 275）此處文句間表達的憤怨與不滿，源自阿美士德訪華團 1816 年再次叩關失敗的屈辱。這些描述馬戛爾尼拒行朝貢制度中「叩頭禮」之英國文本資料中，呈現創造出兩個大不相同的國度：一邊是恪守傳統文化、擁戴禮儀守成的「傳統中國」；一邊是擁抱理性、人權、經濟自由主義的「海上霸主」英國。[26] 由此事件衍生的詞彙「kowtow」也就此走進英語世界，以異國語言之姿，見證了十八世紀末葉中英文化的異質性以及雙邊歷史軌跡間的鴻溝。[27]

---

26 羅威廉指出，在喬治三世給乾隆帝的私人信件中，英國自稱「海上霸主」（Sovereign of the Seas），以展現自身的軍事實力（141）。

27 根據牛津英語字典，此詞彙可追溯至 1804 年。

有別於早期歐洲傳教士著作中呈現的神祕、理想化的中國形象，英國使節團記載中對中國的政治、經濟、宗教體制多有批評，也為歐洲盛行百餘年的「中國熱」畫下句點（許明龍 104-24）。例如，斯當東於手札中如此評論中國：「他們同世界其餘的人在許多方面有很大懸殊，他們閉關自守，同其餘世界無爭，但也不願同其餘世界有任何往來。」（439）此言論固然呈現中國政治與社會封閉的跡象，也透露出評論者立足之處及自身觀點。法國學者佩雷菲特（Alan Peyrefitte）也對這種西方社會視角的盲點作出批判，他認為「英國人對於事實真相的說法早已眾所周知。使團中的侍從安德遜、全權公使斯當東、士兵霍姆斯、總管巴羅、大使馬戛爾尼和隨團科學家丁維提等人，都就中國之行寫了紀實或回憶⋯⋯這些著述全都偏袒己方」（10）。郭成康也提醒我們，西方列強經常用來評論清廷的依據，便是根植歐洲已久的政治哲學與經濟原則，使用他們的準則來評論中國社會和體制，是極為不公平的，畢竟「哪一個『歐洲人』不是以『歐洲人的準則』來判斷中國呢？」（511）由此可見，此處中國可被視為「西方為了自我吹捧或批評，而不是為了帝國政治目的，用想像所創造出來的產品」（Ballaster 253）。

在魏客霏的異國書寫中，雖可見她一貫的社會批判，但她並未直接展現對中國倫理價值的偏好，反之，從文句中我們可見她豐富的文化觀察與批判。在《刻劃世間百態》收錄之短篇故事〈中國官員〉（The Chinese Mandarine）中，可見魏客霏

對中國文化的觀察及批判。故事開始前她先講述了孝道（filial piety）與祖先崇敬等概念，將中國傳統文化介紹給英國讀者。故事主體則圍繞在中國一位省政府首長之子范大興（Van-Ta-Zin）和他因政府貪汙與行政失當被判死刑的父親。范大興不忍父親受苦，懇求皇帝允他代父赴死，深受感動的皇帝最終赦免其刑，也釋放他的父親。〈中國官員〉一文中多次直指東西方價值觀之差異，例如：與歐洲國家不同的是，中國的貴族頭銜與榮耀不會傳承給下一代，反之，勤勉進學與美好品德才是謀求官職的必要條件（Sketches 87）。正因范大興擁有「勤勉不懈、正義、良善、謙遜」（indegatigable industry, justice, benevolence, and moderation）這些特質，其行為也充分展現孝道思想，讓他深受中國皇帝賞識（Sketches 92）。孝道是中國文化最重要的特色之一，也是齊家、治國、平天下的根本所在，傳統中國社會可說是「以孝立國」（楊國樞 37）。[28] 魏客霏欲傳遞的道德理念，也可見於她另一本書《閒暇時光》收錄的短篇故事〈富有的本質〉（The Nature of True Riches），故事圍繞於五個中國角色。故事中，中國皇帝偍宏（Ti-Hoang）

---

28 有關孝道的討論，可參見李國良、楊國樞之著作。十八世紀最有名漢學家之一的波西（Thomas Percy, 1729-1811）對孝道價值有不同的看法，也對孝道的實踐提出個人批判，他在《好逑傳》（Hau Kiou Choaan, 1761）中指出，「中國人看重孝道，是他們與其他國家差異的一大特點，但他們對孝道的價值理念有過分的偶像崇拜」（Porter 159）。

認為：「辛勤與機智，並不足以讓一個人成為對國家有用的人，除非他們能以公共福利為核心來思考，進一步做出貢獻。」（*Leisure* 197）因此，農夫侯（Hio）雖身分低微，但他身上展現的公眾利益（public benefit）特質，讓皇帝賜予官位並為之所重用。透過這兩個例子，魏客霏傳遞給讀者一個訊息：一個人的品行和道德觀，而不是社會地位或財富，才是改變命運的關鍵。

我們亦必須謹記，欲採用絕對公正客觀的角度來詮釋歷史，是一件相當難達成的事，因觀察後作出的判斷和描寫，背後依循著一套相當複雜的意識形態與思想系統。從魏客霏的書寫中，我們也可體認到其異國書寫雖難以脫離西方本位思考，但其文句中充分表現出自我反省的思維。前文提及的例子也顯現出，魏客霏的異國書寫持續對當時的「種族中心主義」（ethnocentrism，又譯作民族中心主義），提出反省、修正的思考批判。正因如此，《少年旅人》書末，在理解「文化相對論」（cultural relativism）的核心概念後，故事的少年主角們才可能以「恭敬和謙遜的態度，來對待周遭所見各式各樣的人」（*Juvenile* 421）。

結語

本文最後想強調，魏客霏的書寫及其文字呈現出的「中國

想像」，不能被視為當時英國主流共識，也不應被理解成多數人的看法。事實上，猶如眾多歷史文獻所載，西方對異文化的想像千變萬化，也因歷史、文化脈絡等差異，而抱持不同的想法。此外，當時西方人多將中國人視為一個大群體，難以考量到中國諸多族群間的相異性，對中國本身多元民族的敏感度也有所侷限。我們也必須牢記，由於魏客霏缺乏實際跨國移動與田野觀察經驗，所知的異國風俗與知識皆需倚靠他人之言（大多為男性）。正因如此，因其觀察來自男性單一視角，她的論述也容易忽略當時婦女們對自身受有形或無形侷限後產生的自覺，以及自覺後所採取的抵制或突破等面向。

本文試圖指出，魏客霏的異國書寫並非僅為向年輕讀者提供異域的所見所聞，而是直搗文化交流背後的操縱力量與敘事空間。這個錯綜複雜跨國族、跨文化的互動過程，透過女性書寫，有了新的詮釋空間，我們也得以重新反思東西交流背後隱藏的知識與權力。魏客霏透過異國書寫的文化框架去批判主流性別觀，展現了對女性弱勢的關懷，也喚醒並質疑英國社會對女性的態度，從而開展出她的「文化－性別雙重批判」。魏客霏於書寫中展現的作者話語權，乃從文化、外交互相交疊作用所滋生的力量得來。換言之，魏客霏欲傳遞的不僅是異國文化經驗，她關懷的是在英國擴張其經濟政治影響力之際對不同國家、文化、族群論述的多元性，及在這其中女性可發揮自主性及影響力的空間。

如今東西方交流繁盛之程度，與以往國境間的隔閡全然不

同，科技的進步也讓世界的距離變短了。然而，國族、文化之間的差異仍存在。透過具體分析政治文化及歷史，我們能了解外來勢力如何面對傳統文化，為中國帶來挑戰，也能更深切地感知到文學本身的多樣化，以及女性作家在轉化過程中扮演的角色。礙於當時特殊的社會文化脈絡，女性書寫在無形中多受制於傳統性別觀念的束縛。然透過研究，我們可發現這並沒有限制她們書寫實踐及對文學的想像；從另一個視角來看，反而讓女性書寫得到發揮的空間，開創多向度的延展。雖學界對中英交流和相互影響已有相當程度的討論，但筆者認為，對書寫中所呈現之女性角色的刻劃與形象，我們的了解仍顯不足，東方論述中性別觀念的重要性與獨特性，尚難以展現。[29] 近年來，學界注入了相當的能量，十八和十九世紀女性文學研究也變得活躍，但實際探討個別文本時，仍難以避免地遭遇到許多詮釋或理解上的難處。正因如此，女性書寫的相關研究實為刻不容緩之要務，為重新梳理文學史時無法迴避的問題。本文希冀向讀者呈現不同文化在歷史變革中交流呈現的多元樣貌和複雜面向，以及女性作家如何運用其文化和時代語境，開拓獨特的敘事能量，同時也反思各種論述的侷限性與可能性，在百家爭鳴的人文社會領域中，獲取新的靈感泉源。

---

29 十九世紀性別、種族、階級與東方主義及論述間的複雜關係，可見 Lewis。

參考書目

中文

〈大清皇帝為開口貿易事給英國王的敕諭〉。《英使馬戛爾尼訪華檔案史料匯編》。中國第一歷史檔案館（編）。北京：國際文化出版公司，1996。

〈世宗憲皇帝上諭內閣〉卷 56。《影印文淵閣四庫全書》，第 414 冊。臺北：臺灣商務印書館，1986。

古伯察（Évariste M. Huc）。《中華帝國：蒙藏遊記續編》。第二版，共兩冊，倫敦：Longman, Brown, Green, and Longmans，1855。

甘迺迪（Paul Kennedy）。《霸權興衰史：1500 至 2000 年的經濟變遷與軍事衝突》。第五版。張春柏、陸乃聖譯。臺北：五南，2020。

米家路。《望道與旅程：中西詩學的迷幻與幽靈》。臺北：秀威資訊，2017。

李金銓。《傳播縱橫：歷史脈絡與全球視野》。新北：聯經，2019。

李國良。〈儒家孝道思想研究〉。《女師專學報》，第 3 期，1973 年，頁 81-94。

佩雷菲特（Alan Peyrefitte）。〈序言〉。《英使馬戛爾尼訪華檔案史料匯編》。中國第一歷史檔案館（編）。北京：國際文化出版公司，1996。

周寧。《天朝遙遠：西方的中國形象研究》。北京：北京大學出版社，2006。

法蘭克（Andre G. Frank）。《白銀資本》。劉北成譯。北京：中央編譯出版社，2000。

柯文（Paul A. Cohen）。《在中國發現歷史：中國中心觀在美國的興起》。林同奇譯。北京：社會科學文獻出版社，2017。

胡維革、李書源。《衝擊與蛻變 —— 西方文化與中國政治》。臺北：萬象圖書，1993。

胡錦媛。〈返鄉敘事缺席：臺灣當代旅行文學〉。《文化越界》，第 9 期，2013 年，頁 43-74。

馬國賢。〈康熙與羅馬使節關係文書〉。《清廷十三年 —— 馬國賢在華回憶錄》。李天鋼譯。上海：上海古籍出版社，2004。

馬戛爾尼（Lord Macartney）。《出使中國：覲見乾隆皇帝日記 1793-1794 年》。收錄於羅伯茨（Roberts, J.A.G.）。《十九世紀西方人眼中的中國》。蔣重躍、劉林海譯。北京：中華書局，2006。

張其賢。〈春秋時期族群概念新探〉。《政治科學論叢》，第 39 期，2009 年，頁 85-158。

許明龍。〈馬戛爾尼使華與歐洲「中國熱」退潮〉。《中英通使兩百週年國際學術討論會論文集》。張芝聯主編。北京：中國社會科學出版社，1996。

郭成康。《十八世紀的中國政治》。臺北：昭明出版社，2001。

陳傳席。《中西文化的衝突》。臺北：時報文化，2019。

陳樺。〈客觀估價十八世紀中國社會經濟成就〉。《清史研究》，第 1 期，1993 年，頁 18-19。

凱爾柏勒（Hartmut Kaelble）。《歐洲人談歐洲：十九與二十世紀歐洲自我認識的形成》。柯燕珠譯。新北：左岸文化，2005。

單德興。《權力、政治與文化：薩依德訪談集》。臺北：麥田，
　　2012。

湯一介。〈政治與文化系列總序〉。《衝擊與蛻變 —— 西方文化與
　　中國政治》。胡維革、李書源編。臺北：萬象圖書，1993，頁
　　1-5。

黃一農。〈龍與獅對望的世界 —— 以馬戛爾尼使團訪華後的出版
　　物為例〉。《故宮學術季刊》，第 21 卷，第 2 期，2003 年，頁
　　265-306。

黃克武。〈辭彙、戰爭與東亞的國族邊界：「中國本部」概念的起
　　源與變遷〉。《思想史 專號：近代政治思想與行動》，第 10 卷，
　　2021 年，頁 47-96。

黃宗羲。〈置相〉。《明夷待訪錄》。1662。

楊國樞。〈現代社會的新孝道〉。《中國人的孝道：心理學的分
　　析》。葉光輝、楊國樞編。臺北：國立臺灣大學出版中心，
　　2008，頁 37-76。

楊瑞松。《病夫、黃禍與睡獅：「西方」視野的中國形象與近代中
　　國國族論述想像》。臺北：政大出版社，2010。

廖中和。〈淺釋明夷待訪錄〉。《腳踏中心，依稀猶學術》。臺北：
　　萬卷樓，2016，頁 17-32。

翟志成。《新儒家眼中的胡適》。香港：商務印書館，2020。

趙毅衡、胡易容。《符號學：傳媒學辭典》。臺北：新銳文創，
　　2014。

劉文彬、王彩姿。〈「法國女權之母」歐蘭普・德古菊（Olympe de
　　Gouges）的思想〉。《歷史教育》，第 22 期，2019 年 12 月，頁
　　93-140。

蔡英文。《從王權、專制到民主：西方民主思想的開展及其問題》。新北：聯經，2015。

戴逸。〈十八世紀中國的成就、局限與時代特徵〉。《清史研究》，第 1 卷，1993 年，頁 1-6。

薩依德（Edward Said）。《東方主義》。王志弘等譯。臺北：立緒，1999。

羅伯茨（Roberts, J.A.G.）。《十九世紀西方人眼中的中國》。蔣重躍、劉林海譯。北京：中華書局，2006。

羅威廉（William T. Rowe）。《中國最後的帝國：大清王朝》。臺北：國立臺灣大學出版中心，2013。

嚴復。《嚴復集》第三冊。王栻主編。臺北：中華書局，1986。

英文

Ballaster, Ros. *Fabulous Orients: Fictions of the East in England, 1662-1785*. Oxford UP, 2005.

Barrow, John. *Travels in China*. 2nd ed., T. Cadell & W. Davies, 1806.

Becchio, Giandomenica. *A History of Feminist and Gender Economics*. Routledge, 2020.

Berger, Allen N. et. al, Editors. *The Oxford Handbook of Banking*. 3rd ed., Oxford UP, 2019.

Brooks, Alasdair. *The Importance of British Material Culture to Historical Archaeologies of the Nineteenth Century*. U of Nebraska P and the Society for Historical Archaeology, 2015.

Burton, A. *Burdens of History: British Feminists, Indian Women, and Imperial Culture, 1865-1915*. U of North Carolina P, 1994.

Chaudhuri, N. and M. Strobel. *Western Women and Imperialism: Complicity and Resistance*. Indiana UP, 1992.

Cohen, Paul. *Discovering History in China: American Historical Writing on the Recent Chinese Past*. Columbia UP, 1984.

Corley, T. A. B. "Changing Quaker attitudes to wealth, 1690-1950." *Religion, Business and Wealth in Modern Britain*, Ed. David J. Jeremy, Routledge, 1998, pp. 137-52.

Crossley, Pamela Kyle. *A Translucent Mirror: History and Identity in Qing Imperial Ideology*. U of California P, 1999.

Davies, Adrian. *The Quakers in English Society, 1655-1725*. Oxford UP, 2000.

Fairbank, John K., editor. *The Cambridge History of China*. Cambridge UP, 1978-1985.

Hall, Stuart. "The Spectacle of the Other." *Representation: Cultural Representations and Signifying Practices*, Ed. Stuart Hall, Sage, 1997.

Hanley, Kirstin Collins. *Mary Wollstonecraft, Pedagogy, and the Practice of Feminism*. Routledge, 2013.

Hill, Bridget. "Priscilla Wakefield as a Writer of Children's Educational Books." *Women's Writing*, vol. 4, issue 1, 2006, pp. 3-15.

Hsu, Immanuel C. Y. *The Rise of Modern China* (《現代中國的興起》). Oxford UP, 1970.

Jones, David Martin. *The Image of China in Western Social and Political Thought*. Palgrave, 2001.

Kelley, Gary. *Revolutionary Feminism: The Mind and Career of Mary Wollstonecraft*. St. Martin's Press. 1996.

Kelley, Theresa M. *Clandestine Marriage: Botany and Romantic Culture.* The John Hopkins UP, 2012.

Lewis, Reina. *Gendering Orientalism: Race, Femininity and Representation.* Routledge, 1996.

Lowe, Lisa. *Critical Terrains: French and British Orientalisms.* Cornell UP, 1991.

MacKenzie, John M. *Orientalism: History, Theory, and the Arts.* Manchester UP, 1995.

Mackerras, Colin. *Western Images of China.* Oxford UP, 1989.

Mcinnes, Andrew. *Wollstonecraft's Ghost: The Fate of the Female Philosopher in the Romantic Period.* Routledge, 2019.

Midgley, Clare. "Introduction: Gender and imperialism: mapping the connections." *Gender and Imperialism*, Ed. Clare Midgley, Manchester UP, 1998, pp. 1-18.

Percy, Thomas. *Hau Kiou Choaan; or, The Pleasing History. A Translation from The Chinese Language*, 4 vols., R. and J. Dodsley, 1761.

Porter, David. *The Chinese Taste in Eighteenth-Century England.* Cambridge UP, 2010.

Rostek, Joanna. *Women's Economic Thought in the Romantic Age: Towards a Transdisciplinary Herstory of Economic Thought.* Routledge, 2021.

Sangari, K. and S. Vaid. *Recasting Women: Essays in Indian Colonial History.* Rutgers UP, 1990.

Shepherd, John Robert. *Footbinding as Fashion: Ethnicity, Labor, and*

Status in Traditional China. U of Washington P, 2018.

Shoemaker, Robert B. *Gender in English Society 1650-1850: The Emergence of Separate Spheres?*. Routledge, 2013.

Spence, Jonathan. *The Search for Modern China*. Norton, 1990.

Spies-Gans, Paris Amanda. "'The Air of a Real Tour': Women writers and the First Narrative Geographies for Children, 1790-1828." *The Princeton University Library Chronicle*, vol. 74, issue 2, 2013, pp. 210-51.

Staunton, Sir George. *An Authentic Account of an Embassy from the King of Great Britain to the Emperor of China; Including Cursory Observations Made, and Information Obtained, in Travelling Through That Ancient Empire, and a Small Part of Chinese Tartary*. F. Nicol, 1797.

Taylor, Barbara. *Mary Wollstonecraft and the Feminist Imagination*. Cambridge UP, 2003.

Venn, Couze. *Occidentalism: Modernity and Subjectivity*. Sage, 2000.

Wakefield, Priscilla. *Leisure Hours; or, Entertaining Dialogues, Between Persons Eminent for Virtue and Magnanimity. The Characters Drawn from Ancient and Modern History: Designed as Lessons of Morality for Youth (1794-6)*, 7th ed., Darvey and Dayton, 1821.

——. *Reflections on the Present Condition of the Female Sex; with Suggestions for Its Improvement*. J. Johnson and Darton and Harvey, 1798.

——. *Sketches of Human Manners, Delineated in Stories, Intended to Illustrate the Characters, Religion, and Singular Customs, of the*

Inhabitants of Different Parts of the World (1807). 7th ed., Harvey and Darton, 1826.

——. *The Juvenile Travellers; Containing the Remarks of a Family During a Tour Through the Principal States and Kingdoms of Europe: With an Account of Their Inhabitants, Natural Productions, and Curiosities.* 11th ed., Darton, Harvey, and Darton, 1815.

——. *The Traveller in Asia: or, a Visit to the Most Celebrated Parts of the East Indies and China, with an Account of the Manners of the Inhabitants, Natural Productions, and Curiosities. For the Instruction and Entertainment of Young Persons.* Darton, Harvey, and Darton, 1817.

Walker, Gina Luria, editor. *The Feminist Controversy in England, 1788-1830.* Garland, 1974.

Withers, Charles W. J. "Eighteenth-century Geography: Texts, Practices, Sites." *Progress in Human Geography*, vol. 30, issue 6, 2006, pp. 711-29.

阿比恩的女性之夢
——威廉·布雷克的夢境書寫與十八世紀性別意識[1]

陳岡伯

　　在英國浪漫主義文學中，詩歌的創造似乎是來自於一種特異的意識。詩人必須要進入此種類似「外於物我」的特殊境界，脫離受到理性、日常與社會身分所束縛的外在世界，才能夠下筆。浪漫主義先驅威廉·布雷克（William Blake）認為「詩歌天賦」（Poetic Genius）不能被人類對外在世界的感知所限制，而是要超脫正常的感官經驗。所以布雷克拒絕十八世紀自然神論（deism）中相信神性彰顯於自然世界的說法，

1　本文內容口頭發表於 2020 年第二十八屆中華民國英美文學學術研討會「夢境、夢想與異態意識」。另外，本文第四節「夢與雄渾美學：陽剛身分崩解的異質快感」中的討論延伸改寫自本文作者的博士論文 *Rethinking the Concept of Obscenity: The Erotic Subject and Self-Annihilation in the Works of Blake, Shelley and Keats*（愛丁堡大學，2019）第一章的部分內容。

因為這樣的思維束縛了理應超越身體感官的詩歌靈感；他在《無自然宗教》（*There is No Natural Religion*）中寫道「在萬物中能看見無限之人，就能看見上帝」，進而讓「上帝與我等相似，我等亦能與上帝比肩」（Erdman 3）。[2] 布雷克所謂的「看見」其實代表了五種感官的暫時失能，脫離日常的意識狀態，才能夠進入「詩歌天賦」的神聖領域。另一位浪漫主義的代表性詩人約翰‧濟慈（John Keats）也同樣強調了詩歌創作時的特異心理狀態。他在書信中提出「負面能為」（Negative Capability）此一在浪漫主義文學中極為重要且著名的概念；詩人所要感知的是「無常、神祕、疑惑，而非煩躁地追求真實和理性」（*Letters* 1 193），強調的是被動的感受，而非主動的分析、評判。詩歌的力量來自於脫離理性知識和實證主義式的真理，而這兩者建構了自我身分和社會秩序的真實。換句話說，濟慈認為詩人必須要放棄社會身分，才能夠進入詩歌創造的獨特意識狀態，消解真實與非真實、自我與他者之間的界線。

而雪萊（Percy Bysshe Shelley）在《為詩歌辯護》（*A Defence of Poetry*）中，將詩人定位為「世界的立法者」（legislators of the world）（701）。雖然雪萊以此申明了詩歌

2　在本文中，所有布雷克的作品皆引自厄德曼（David V. Erdman）所編之 *The Complete Poetry and Prose of William Blake*，在文中以（Erdman 頁數）標注之。中譯文（包含其他英文一手與二手資料）皆為筆者自譯。

對於社會有著積極正面的功能，彰顯了同理心和對於世界逐漸蛻變向善的信念，他依然在詩歌創作中探查到一種不可名狀的負面驅力，「以神聖且無可理解的方式運作，超越了意識」（608）。即使是立意要以詩歌呈現「日常生活」（common life）（596）的華茲華斯（William Wordsworth），在寫詩的過程中也察覺到一股異乎尋常且令人不安的驚厥（fits），來自於那些無法駕馭的情思（573）。在《序曲》中，他鼓勵詩人要「一探人類靈魂的深處」，因為「在世俗目光中，靈魂毫無深度可言」（573）。韓德森（Andrea K. Henderson）認為華茲華斯在此展現了「主體性的深度模式」（depth model of subjectivity），強化了詩人的獨立自主。然而，如果要探索靈魂深處，勢必要揭開浮於表面的正向情感，窺視那些日常感知（也就是華茲華斯所言的「世俗目光」）所無法體會的潛意識慾望。

如上所述，詩歌創造代表了一種異質心理狀態的現象。而於睡眠中所發生的夢境，在所有感官知覺都失去作用的情況下，也能夠歸類為上述這種逸軌意識。論者如福特（Jennifer Ford）和林多普（Grevel Lindop）皆已指出在浪漫主義詩人的書寫思維中，夢境扮演了極為重要的角色，其中又以柯立芝（Samuel Taylor Coleridge）為最。而濟慈在 1819 年 4 月寫給弟妹的書信中提到他與柯立芝的會面，兩位詩人在漫談中觸及對於夢境的理解：做夢不但給予身體感官上的刺激，還會產生「第二意識」（second consciousness），其與普通狀態的「第

一意識」（first consciousness）差異在於失去對於意志的掌控（*Letters* 2 312-13），讓做夢者沉浸在「怪物、海怪與人魚」（Monster－the Kraken－Mermaids）的奇思幻想之中（*Letters* 2 313）。換言之，夢作為無法控制的另類意識流動，也成為了詩歌創作的泉源之一。

然而，浪漫主義詩人也意識到，夢與瘋狂之間的界線是何等模糊與脆弱。在浪漫主義文學關於夢境的書寫中，我們可以感受詩人們對喪失意志控制（volitional control）的憂懼。本文試圖以歷史文化的角度，論證此憂懼其實根植於十八世紀思維中陽剛與陰柔特質的二元對立思維，而做夢在本質上即被視為一種陰性經驗。本文進一步以浪漫主義先驅詩人威廉・布雷克為例，檢視其創作生涯中早期抒情詩、中期預言書（prophetic books）、晚期長篇史詩以及畫作，探討這些作品對於做夢和夢境的再現，並指出布雷克將夢視為有限的被動經驗，無法如靈視（visionary）經驗那樣進行主動的藝術創造。雖然在布雷克所想望的原初神聖境界中，人性並無男女之分，但是以靈視經驗創作詩歌而達到這樣的完美狀態卻是只有男性詩人才能擔起的重責大任。與之相對，做夢則是一種被動且自體慾望（autoerotic）的低等經驗，甚至會貶損浪漫主義美學中的陽剛性。本文最後指出，布雷克的夢境書寫的確反映出了十八世紀文人對於自我與陽剛身分崩壞的恐懼，然而，一種不可言說的異質快感也同時潛伏其中。

壹、十八世紀思潮的夢境論述

　　從歷史的角度來看，隨著科學和人體醫學在歐洲的快速發展，十八和十九世紀見證了人類對夢境理解的重大轉變。夢從希臘古典時期以來，一直都與藝術創造的靈感有著深切的關係。而在以往，人們相信夢通常是由外在超自然力量如神祇、惡魔或鬼魂所造成。一直到啟蒙時期，夢才逐漸被視為是人類身心異常狀態下的產物。針對夢境的起因，宗教／靈魂觀點與科學／醫學觀點之間的爭論，也連帶影響到浪漫主義文學對於夢的詮釋。

　　活躍於蘇格蘭阿伯丁的形而上學家安德魯‧巴克斯特（Andrew Baxter）在其出版於 1733 年的論著《論人類靈魂的本質》（*An Enquiry into the Nature of Human Soul*）中試圖藉由討論夢境的成因來駁斥霍布斯（Thomas Hobbes）、史賓諾莎（Baruch Spinoza）以及洛克（John Locke）等「堅持靈魂物質性的作家」（the materiality of the soul）（1）。巴克斯特抗拒以身體為中心的新興唯物科學論述，認為物質世界基本上是處於一種惰性狀態，唯有一股永存不滅且不斷變動的神聖力量在驅使自然和人類世界的運行。夢境也同樣是這股外在力量的產物，而非源自於人的心靈或身體，因為「靈魂的行動伴隨著意識（consciousness），意識由靈魂所創造，並且因意志（will）而作用」（13），而夢境作為多變不穩定的異常狀態，絕對不是來自於靈魂本身或者由身體反應所造成。巴克斯特進一步指

出：「在睡夢中造訪人類靈魂的夢境形象，不是由靈魂所產生，……它們是在違反意志的情況之下，強壓於（obtruded）靈魂之上。」（14-15）

　　與巴克斯特形而上論述相對的唯物主義夢境解釋，則是來自於自然哲學家伊拉斯謨斯·達爾文（Erasmus Darwin）的《動物論：有機生命的法則》（*Zoonomia; or the Laws of Organic Life*, 1794）。達爾文以一個章節的篇幅來探討睡眠與夢；他指出：「我們對於想像力的理解是來自於由外在刺激所引發的神經重複動作。」（221）在睡眠中，夢境由想像力所激發，所以夢也是身體機制在外在刺激下進行反應時的產物。達爾文認為人類意識是由理性和情感的運作所構成，受身體感覺器官的重複動作所驅動（231）。達爾文對於生理條件的重視，也反映在他對夢魘的解釋中：人體在經歷疲勞、飢餓、暴食或酒醉之後，特別容易受到惡夢的侵擾。對於人類意識狀態的生理醫學詮釋也在浪漫主義詩人之間造成不同的迴響。布雷克拒絕培根（Francis Bacon）、牛頓（Isaac Newton）以及洛克對人性和感知的理性科學解釋；濟慈在敘事詩《拉米亞》（*Lamia*）中，也曾悲嘆科學分析和「冰冷的哲學」（cold philosophy）摧殘了詩人對彩虹之美的深刻體會。不過也並非所有浪漫詩人都保持負面的態度。林多普指出，柯立芝就從醫學論述獲取靈感，將夢境描寫為一種恐怖、令人不安但卻同時帶有情慾快感的誘人經驗（25）。[3]

　　雖然巴克斯特和達爾文對於夢的成因有完全不同的理解，

兩者都認為在夢境中，人類喪失了自我意志，處在一種完全被動無助的狀態。達爾文認為人類所有思想和動作都是由意志所制約（subjected to volition），而人在睡夢中完全中止了對於意志的掌控（216），進而喪失理性和記憶，導致做夢者無法區別現實中的事物與夢中所見的流動影像。除此之外，做夢者也無法釐清夢境中事件發生的先後順序，時間呈現失序和扭曲的現象；夢中所發生的事情似乎在一瞬間就閃過做夢者的意識（224）。[4] 除了時間的變化之外，達爾文指出在睡夢中，思想和影像違背了現實中的邏輯法則與正常的聯想：「在意志的終止之下，原本互相關聯的連續想法在夢中被切斷成上千段，然後重新組成新的連續。」（223）[5] 最後，達爾文強調，在睡

3　關於柯立芝對夢境的理解如何受到巴克斯特和達爾文的影響，亦可參見福特的專書 Coleridge on Dreaming（劍橋大學出版社，2009），頁18-20。

4　時間的延長和壓縮，也出現在浪漫主義詩人對於夢境的書寫中。在布雷克的《歐洲：一個預言》（Europe: a Prophecy）中，神話人物伊妮薩萌（Enitharmon）的「女性之夢」（Female Dream）就代表了人類一千八百年來的墮落。拜倫（Lord Byron）在長詩〈夢〉（The Dream）中也寫道：「一段夢思可橫亙數載，／將一生的時光凝結於一刻」（25-26）。

5　濟慈在寫給好友約翰・漢米爾頓・雷諾（John Hamilton Reynolds）的詩裡，也描繪了在睡夢恍惚中，各種五花八門、毫無邏輯關聯甚至時代錯亂的意象混雜並置的現象。關於對濟慈這首著名書信詩的詳細解讀，可參閱發表於期刊 Romantik: Journal for the Study of Romanticisms 的拙作 "'Sick within the rose's just domain': the 'Material Sublime' and Pathological Poetics in Keats's Isabella; or, the Pot of Basil"，頁38-43。

夢中理性不復存在的情況下，「我們感知到更生動的愉悅和痛苦」（217）。夢中自由意志的失能，最終將導致「對於自我存在和身分的意識」也消失殆盡（226）。

　　從達爾文生理學的角度來理解，做夢乃是一種集紊亂幻想、時間錯亂、知覺放大和喪失自我控制的經驗。換言之，做夢者放棄了理性思考的能力和對自我身分的認知。另一方面，巴克斯特儘管在夢境的成因上與達爾文意見相左，他也同樣強調了人在夢境中墮落至一種完全被動，受到未知強大力量宰制的無助狀態：「〔夢〕暴烈地強壓在心靈之上，使心靈感受到痛苦和不安，只能盡力不去意識到〔夢的力量〕。」（14）巴克斯特甚至運用了一連串愛德蒙・柏克（Edmund Burke）式的雄渾（the sublime）意象來描述做夢者遭受的侵犯：「令人恐懼的崇山峻嶺、陡峭的滑坡，使我們感受到墜落的恐怖」（15）、「詭異且險惡的洪水匯流」以及「令人膽戰心驚的無情野獸」（17）。

　　從「雄渾」美學論述的角度來考量夢境，如果納入柏克論著中雄渾和柔美（the beautiful）的陽剛／陰柔二元對立，我們可以說人在夢中是處於一個陰柔而受到宰制的被害者位置，甚至呼應到了風行於當時的情色書寫（erotica）中，性愛場景裡男女之間的權力關係。哈維（Karen Harvey）指出，十七與十八世紀浪蕩主義（libertinism）情色文學作家大多將女人描繪成幾乎靜止不動的模樣（stationary figure），順從地呈現身體的每一個誘人部位，然後被動地接受男人的各種主動進攻（192）。史都

華（Philip Stewart）也認為十七與十八世紀的情色書寫「在形式上就是象徵性的強暴」，女人只能被動地被「取用」（taken），無法主動地索求（190）。論者如桑卻斯（Melissa E. Sanchez）也觀察到浪蕩主義文學如羅切斯特伯爵（John Wilmot, Second Earl of Rochester）的詩作甚至預示了現代色情（pornography）中時常出現的「強暴幻想」（rape fantasy）主題，也就是女性受害者在被侵犯的過程中其實感受到性愉悅。在巴克斯特的夢境論述中，做夢者遭受各種陽剛的雄渾意象「暴烈的強壓」，呼應了當代情色文學裡性愛描寫的女性位置。而倘若做夢者為男性，他可以說是經歷了性別權力關係的倒轉，進入了無助被動的陰柔狀態。這樣的倒錯固然使十八世紀男性文人對做夢心生憂懼，但就如同浪蕩主義情色文學中的強暴幻想，似乎也隱約流瀉出一種不可言說的愉悅與快感。

男女性別和陽剛／陰柔特質的二元對立也隱含在十八世紀的醫學論述中。醫學家約翰・邦德（John Bond）在其出版於 1753 年的《論夢魘》（*An Essay on Incubus, or Night-mare*）中，以生理醫學的角度來探討惡夢的成因。邦德援引牛頓的第二力學和水力學（hydraulics）原理，指出在睡眠時人體的姿勢會導致血液從心臟湧入脊椎動脈和頸動脈的速度大幅升高（10），而在仰臥時，血液無法從腦部回流至心臟，腦血管會因此而過度擴張，神經流動隨之阻塞，身體的許多機能和動作也跟著停擺，這就是惡夢發作的真正條件（20）。換言之，惡夢被視為身體狀態異常時發生的現象，會進而造成各種

不適的症狀，包括呼吸困難、強烈的胸悶以及肢體癱瘓。邦德的論述確實符合十八世紀興起的科學實證精神，但如果仔細檢視他對於實際案例的描述，就會發現這乍看之下極為理性客觀的醫學分析，其實也不可避免地參雜了性別偏見和隨之產生的道德評判。在《論夢魘》的第五章〈夢魘的共同成因〉裡，邦德指出除了睡眠姿勢所造成的血液循環異常之外，患者各自不同的條件與習慣也對惡夢的生成有重要的影響，例如行為放肆和縱情享樂的年輕人特別容易受到惡夢侵襲。但我們可以注意到，在針對男性患者時，邦德的描述大體上維持中性，有時甚至會讚揚對方有著「天生強健的體魄，以及高尚的榮譽感和正直品格」（36）。但是當他在面對女性案例時，卻時常使用「lax habits」這個詞來描述病患鬆弛無生氣的身體，同時也隱含了行為浪蕩不檢點的意味。除此之外，邦德似乎認為女性的惡夢在本質上是與性有關的失調。在《論夢魘》中的諸多案例都是女性在月經來潮之前為惡夢所苦，然後在患者夢見與男人交歡，甚至受到粗野侵犯之後，症狀才會消失；邦德如此描述其中一個女性案例：「她想像某個高大壯碩的男子來到床邊，無禮地將身體壓了上來〔……〕在夢見自己被那個男人壓制的隔天，她流出大量經血，然後不再抱怨惡夢的侵擾。」（47-48）

　　從以上的討論我們可以發現，在十八世紀，夢境中的人類主體是處於非理性、全然被動、自體慾望且易受外力影響的陰性狀態。「做夢」在本質上，就是一種女性經驗。而男人如

果沉溺於夢境，就有可能被置於性別光譜中陰柔的一端，不但貶損了男性陽剛特質，更可能破壞社會的和諧和穩定，甚至危及英國國族意識。[6] 十八世紀的做夢者典型形象，就如同亨利・傅賽利（Henry Fuseli）那幅發表於 1781 年的著名畫作〈夢魘〉（*The Nightmare*）所呈現的無意識女體，在睡夢中擺出迎合男性目光的姿態，等待著神祕陽剛力量的侵犯，同時似乎也滿足她渴求的慾望。馬修斯（Susan Matthews）提到皇家學會成員對傅賽利的批判，認為他的畫作主題是「輕挑、怪誕且毫無意義」，因為夢與神聖純潔的想像力不同，乃是危險且不受控制的（41）。馬修斯認為，〈夢魘〉反映了當時在「布爾喬亞式禮節」（bourgeois politeness）文化下受到壓抑的女性性慾。布雷克本人對傅賽利的作品評價頗高，曾經有過以下這段評論：「傅賽利是我所識之人中，唯一一不讓我感到作嘔的一位。」（*Notebook* 50）他對〈夢魘〉這幅畫作應也十分熟悉（Matthews 30）。本文接下來將探討布雷克對於夢的理解、

6　論者如麥科馬克（Matthew McCormack）已經指出，十七與十八世紀帶有愛國情感的「英國性」（Englishness）其實就是建立在代表堅毅、簡樸和共和思想的男性陽剛特質上，與之相對的是來自外國（尤其是法國）的柔弱、女性化、奢靡縱慾和王權專制的形象。關於喬治（Georgian）時期英國／陽剛與法國／陰柔的性別化政治修辭，可參閱麥科考克的 *The Independent Man: Citizenship and Gender Politics in Georgian England*（曼徹斯特大學出版社，2005），頁 104-139，以及柯罕（Michèle Cohen）收錄於 *English Masculinities, 1660-11800*（Longman，1999）的文章 "Manliness, Effeminacy, and the French"。

夢境在其神話體系中的位置以及夢對於人性所造成的曖昧影響，指出布雷克的夢境書寫一方面呼應了十八世紀的性別特質分野，一方面也回應了柏克式的雄渾／柔美二元對立。在他的作品中，夢代表了可能侵蝕陽剛特質，並且殄滅自我的意識狀態。布雷克的夢境書寫如傅賽利的〈夢魘〉一般，顯示當代男性文人對做夢的憂懼，但也同時也透露出毀棄自我身分時那一股不可言說的異質快感。

貳、布雷克與天真之夢

　　早期布雷克研究的重要學者傅萊（Northrop Frye）指出，布雷克神話體系中人類的精神狀態被分為四個層次，由下而上為烏爾洛（Ulro）、繁生世（Generation）、布由拉（Beulah）和伊甸（Eden）。烏爾洛是布雷克心中真正的地獄，但並不是傳統基督教描述中的烈火深淵，而是一片受過度抽象化（abstraction）和總體化（generalization）思考影響的貧瘠大地。第二層的繁生世則是一個查爾斯·達爾文式（Darwinian）、受生物本能所限制的世界，裡面的一切事物都是如植物般無意識地生長（vegetative）。烏爾洛和繁生世代表了人性中的物質面向（materialistic），布由拉和伊甸則是想像力開始運作的精神領域，但兩者之間也有高低之分。較低等的布由拉是潛意識流動之處，也就是夢的境界（Damon 42）。

人的心靈在此休憩，無數仙女般的「布由拉之女」（Daughters of Beulah）獻上性愛的歡愉。這樣的描述承接了傅賽利畫作中的女性春夢傳統。對布雷克來說，性愛的自由與慾望的滿足確實是詩歌靈感的泉源之一，但布由拉之女所提供的僅是受限於身體感官的不完滿經驗，人類主體在這個「布由拉之甕」（Urns of Beulah）中呈現如死亡般毫無生氣的萎靡狀態。夢境就像是基督教文明建立之前，異教大地之母所代表的溫柔鄉（bower of bliss），人類在此儘管能夠享受感官的性愉悅，但卻處於一種被動接受外力的狀態，無法得到神聖的靈視與想像力，進而創造真正的詩歌藝術（Frye 49）。雖然在布由拉／夢境中，男女兩性能夠透過性愛與婚姻結合，這樣的經驗依舊離異於原初的神聖境界，因為最高層的伊甸體現的是詩歌創造：「完美結合的並非愛人者與被愛者，而是創造者與創造物、力量與形式。」（Frye 49）伊甸的概念也呼應了新約聖經《馬太福音》中對於天國的描述：「在復活的時候，人們既不娶也不嫁，就像是天堂中上帝的天使一般。」（22.30）

　　一直到晚期的長篇史詩，布雷克才較為明確地描寫此一包含夢境的四層結構。但是在早期帶有田園風的抒情詩中，夢已經是一個重要的元素。論者如考佛（Elaine M. Kauver）援用佛洛伊德（Sigmund Freud）的精神分析理論檢視匹克林手稿（Pickering Manuscript）中的〈夢之地〉（The Land of Dreams）以及《天真與經驗之歌》（*The Songs of Innocence and of Experience*）中的〈夢〉（A Dream）和〈天使〉（The

Angel）等短詩，將夢中意象視為潛在慾望的表徵。考佛認為〈夢之地〉暗示了對母性在場（maternal presence）的追求，同時結合了潛意識中的亂倫慾望（32）。依循精神分析的脈絡，讀者也能夠注意到〈夢〉和〈天使〉中親子監護關係的曖昧本質：孩童在成長的過程勢必要切斷對父母的慾望連結，否則將會面對伊底帕斯進程失敗的可怕後果。除了考佛之外，論者如休姆‧喬治（Diana Hume George）也已經詳盡探討過布雷克和佛洛伊德之間跨時代的思想對話。精神分析理論確實提供布雷克研究者一條頗具價值的詮釋路徑，但是精神分析閱讀大體上環繞於布雷克對於性壓抑的批判。如此一來，論者通常將布雷克的夢境書寫僅視為性壓抑的其中一種表徵，而未能探究詩人對於夢本身的理解。考佛強調布雷克詩作中夢和「真理、智慧、預言、靈視以及藝術靈感」的連結（19）。然而，同樣不可忽視的是夢境與欺騙、愚昧、惰性和紊亂之間的緊密關係。

我們可以在布雷克的早期作品中進一步探究夢的負面意涵。在《筆記》（*The Notebook*）和《天真之歌》裡各有一首〈搖籃曲〉（A Cradle Song）[7] 在《天真之歌》的〈搖籃曲〉

7　布雷克的《筆記》包含了《天真與經驗之歌》裡多首詩作的初稿已及其他短詩。後拉斐爾派詩人但丁‧加百列‧羅賽蒂（Dante Gabriel Rossetti）於 1847 年從布雷克密友山謬爾‧帕爾姆（Samuel Palmer）之弟威廉（William）處購得，是以又稱為「羅賽蒂手稿」（The Rossetti Manuscript）。詳見厄德曼所編之 *The Notebook of William Blake* 的導論。

裡，母親細心溫柔地呵護著睡夢中的嬰孩，但是這樣一個甜蜜和諧的景象卻令人不安地交織著「誆騙」（beguiles）、「悲鳴」（moans）和「嘆息」（sighs）等字眼。而在《筆記》的〈搖籃曲〉中，「誆騙」變成了「可愛孩童的奸詐把戲」（Little pretty infant wiles）（line 8），在「暗夜的竊喜中做著美夢」（Dreaming o'er the joys of night）（line 2）。這個貌似純真的孩童之夢充滿了「溫柔的慾望」（Soft desires）以及「祕密的愉悅和祕密的微笑」（Secret joys & secret smiles）（line 7 Erdman 468）。馬修斯指出，「soft」一詞在十八世紀英國社會的語境中，廣泛地被用於描述女性吸引力和溫和節制（temperateness）的美德，但是在布雷克的作品裡，「soft」帶有強烈的負面意涵，它代表了男性詩人在女性化之後的矯揉造作和偽善。[8] 布雷克隱約點出做夢所帶有的情慾與陰柔特質，即使是在孩童時期，就已經潛伏在人類的心理狀態中。而〈搖籃曲〉的孩童之夢也充斥著互相衝突的情緒：哀傷與愉悅、悲鳴與微笑。在作為敘事者的母親眼中，孩童睡夢中的素

8　關於布雷克詩作中「softness」的概念以及其與威廉・海雷（William Hayley）的《中庸的勝利》（*The Triumph of Temper*）之間的關聯，參見馬修斯的 *Blake, Sexuality and Bourgeois Politeness*（劍橋大學出版社，2011），頁 56-61。海雷原先是布雷克的友人兼贊助者，但是因為布雷克厭惡對方以友誼和關懷之名強行介入自己的創作，兩人最終反目。關於兩人之間複雜曖昧的關係，以及布雷克如何將之寫入晚期長篇史詩《米爾頓》（*Milton: a Poem*），可參見傅萊，頁 325-32。

亂情感狀態形成了「在你那小小心靈睡夢中蔓生的狡詐把戲」（the cunning wiles that creep / In thy little heart asleep）（lines 13-4）。因為當「小小心靈從夢中醒來」之後，孩童就能夠取得他「唾手可得的年幼收穫」（the youthful harvest nigh）（line 18 Erdman 468）。布雷克在原本純真的搖籃曲中以「狡詐的把戲」、「收穫」等詞物質化了親情，顯示出做夢不但是自欺，同時也能夠欺人，甚至成為了父母和孩童之間情緒勒索的手段，將親子之情扭曲成了一種經濟交換。

在《天真之歌》的〈掃煙囪的孩子〉（The Chimney Sweeper）一詩中，夢表面上是童工在惡劣勞動環境下的心靈慰藉。其中一位孩童湯姆‧達克爾（Tom Dacre）夢見天使從天而降，將所有童工從「黑色的棺木」（coffins of black）解放出來。他們在陽光下的綠色原野上歡欣鼓舞，最後飛昇進入天堂。湯姆得到了美夢帶來的安慰，他和其他孩童在夢醒之後，滿足地繼續他們受剝削的勞動。早期學者如卜倫（Harold Bloom）認為本詩結尾的樂觀態度事實上反映了教會對受剝削者的管訓（7）。普萊斯（Martin Price）則是對湯姆的夢有較為正面的解讀，認為孩童的純真信念儘管在面對苦難時顯得脆弱，依然能夠讓他們在精神上超越現實世界的殘酷（45）。然而，湯姆所做的不僅是願望實現的安慰之夢，還是一個傳達宗教道德教條的夢：「天使告訴湯姆要做一個乖孩子，／上帝就會成為他的父親，再也不缺喜樂」（And the Angel told Tom of he'd be a good boy, / He'd have God for his father & never want joy）（lines 19-20 Erdman 10）。夢在本詩中顯示出宗教教條與道德規訓已經內化進潛意識中，使受壓迫者忘卻自身遭受的剝削，消解了他們起而反抗體制的意志。同時，湯姆的美夢所呈現的是孩童們死後的場景，也是來世的喜樂，這意味著夢讓做夢者嚮往一個在現世中不可觸及的天堂，堅信自己唯有對現實的壓迫逆來順受，才得以在死後獲救，所以無法激起任何改善悲慘現狀的動機。夢在〈掃煙囪的孩子〉中，代表了對一個異離於人世的外部（external）神祇的錯誤信仰，馴化做夢者使其接受道德教條的奴役。

在這種尤理臣式（Urizenic）的夢深深根植於潛意識之後，如布雷克在《天堂與地獄的結合》（*The Marriage of Heaven and Hell*）中的警語所言，「人就忘卻所有神性皆存在於人心之中」（Thus men forget that all deities reside in the human breast）（Erdman 38）。

參、布雷克與女性之夢

布雷克創作中期的預言書之一《歐洲：一個預言》（*Europe: a Prophecy*）同樣呈現了一個受到夢所宰制的墮落世界。更有甚者，本詩中的夢乃是一個持續了一千八百年的「女性之夢」（female dream）。布雷克於 1794 年以凸板印刷製作出第一版的《歐洲》，在哲學和政治意識上可說是前

年出版的《美洲：一個預言》（*America: a Prophecy*）的強烈對照。《美洲》是以代表性慾的神話人物傲克（Orc）為中心，以性解放象徵激進的政治宗教改革，描繪出席捲美洲的獨立革命之火。反之，《歐洲》則是環繞著女性人物伊妮薩萌（Enitharmon）。她是一位暗夜的女王、禁制之母，她所帶來的「女性之夢」撲滅了革命的烈火，象徵著當前英國和歐洲反動且毫無生氣的社會氛圍。[9] 在《歐洲》，讀者可以觀察到男性／覺醒／主動靈視和女性／睡眠／被動做夢的二元對立，呼應了激進改革與保守主義的衝突。儘管布雷克讚頌性慾解放和自由情感（free love），本詩中對伊妮薩萌的描寫顯示他並未能夠完全超越當代的性別意識。以下的分析也將進一步指出，布雷克透過「女性之夢」探索了慾望與禁制之間的衝突張力，並再一次驗證了夢在十八世紀被視為有限負面經驗的思維。

布雷克以一段短詩作為《歐洲》的開頭，描述一位仙子（Fairy）唱著歌謠，隨後被第一人稱的敘事者所捕捉，接著在與敘事者一番帶有性意味的條件交換之後，仙子才吟誦出了整

9　法隆（David Fallon）指出，布雷克透過《歐洲》探討潘恩（Thomas Paine）所指謫的「政治迷信」（political superstition），試圖以陽剛的共和政治論述，來破解王權、貴族和宗教權威所帶來的迷思，這同樣也反映了十八世紀許多英國政治派別推崇「公民人本主義」，強調陽剛的獨立性、主動且公正的公民思想以及對國家的軍事貢獻來對抗腐敗且女性化的奢靡風氣。詳見法隆的 *Blake, Myth, and Enlightenment*（Palgrave Macmillan 2017）第五章。

首《歐洲》預言書。[10] 在這段貌似輕快愉悅的短詩中，仙子首先依序歌詠了人類的五種感官：「那點亮空洞人類的五扇窗」（Five windows light the carven'd Man）。讀者能夠從仙子的敘述中輕易地辨識出嗅覺（thro' one he breathes the air）、聽覺（Thro' one hears music of the spheres）、味覺（thro' one, the eternal vine / Flourishes, that he may receive the grapes）以及視覺（thro' one can look / And see small portions of the eternal world that ever groweth）（iii. 1-4）。但最後一種知覺卻不是那麼容易解讀：「透過這個知覺，他隨時都能昏厥過去。但他不會如此，／因為偷享的喜樂甜美，偷嘗的麵包令人愉悅」（iii. 5 Erdman 60）。學者如林肯（Andrew Lincoln）和馬修斯皆認為這兩句詩描寫的是觸覺，並且進一步引申為身體接觸後的性快感（"Virtue and Blake's *Europe*" 630；Matthews 52）。詩句中的「昏厥」（pass out）指的是性愛時那種恍惚迷離的精神狀態，而那句「但他不會如此」似乎暗指在當時的宗教禁制之下，人與人之間無法真正以性愛交流，只能獨自在暗夜睡夢中偷嘗禁果。

這種「隱密的愉悅」（secret joy）透露出夢境中浮現的是那些在現實中無法滿足的慾望。這也延續了〈掃煙囪的孩子〉

---

10 在現存的九個《歐洲》版本中，只有製作於 1795 年的版本 H 和 1821 年的版本 K 有收錄包含這段序言的版頁（厄德曼的布雷克全集將其編號為 Plate iii），詳見布雷克線上資料庫 *The Blake Archive*。

中天真之夢的思維，並且成為《歐洲》裡伊妮薩萌「女性之夢」背後的關鍵機制。在布雷克的神話體系中，伊妮薩萌是洛斯（Los）的女性離異分身（Emanation），洛斯乃是代表詩歌靈感的神靈，而代表性慾和革命的傲克則是兩者所產下的孩子。[11] 論者也在伊妮薩萌身上觀察到許多十八世紀政治宗教脈絡中的人物，包括了童貞瑪莉（Virgin Mary）和在 1793 年被處決的法國王后瑪莉・安東涅（Marie Antoinette）以及英王喬治三世的王后夏洛特（Queen Charlotte），甚至在某方面還反映了布雷克的妻子凱薩琳（Catherine Blake）。[12] 總體來說，伊妮薩萌一方面代表了基督教意識形態中的女性價值，包括母性之愛、專注於家務和貞潔等抑制個人身分和慾望的美德（"From *America* to *The Four Zoas*" 212），一方面卻也彰顯出女人篡奪政治權力，踰越進男性領域後所帶來的紊亂狀態。[13]

---

11 在布雷克的神話體系中，每一個主要靈體原初都是不分男女的完滿狀態，在經歷墮落之後，女性的部分才離異而出（emanate）。論者如休姆・喬治已經指出三者之間愛、嫉妒和叛逆交織的親子關係與佛洛伊德的伊底帕斯模式有著驚人的相似，詳見其專書 *Blake and Freud*（康乃爾大學出版社，1980），頁 114-21。

12 關於對伊妮薩萌的歷史詮釋，可參見強森（Mary Lynn Johnson）和葛蘭（John E. Grant）在 *Blake's Poetry and Designs*（W. W. Norton, 2007）對《歐洲》的導論，頁 96-97、厄德曼的 *Blake: Prophet Against Empire*（Dover, 1954），頁 395-96、傅萊的 *Fearful Symmetry*（普林斯頓大學出版社，1947），頁 261-66、戴蒙（S. Foster Damon）的 *A Blake Dictionary*（Dartmouth College, 2013），頁 124-25，以及法隆，頁 134-35。

除了以上的解讀之外，如前所述，布雷克之所以以「女性之夢」來作為伊妮薩萌宰制世界的手段，乃是因為夢境能夠彰顯出慾望與禁制之間的衝突與共生，這也同樣反映了十八世紀將夢視為陰性經驗的思維。

在《歐洲》的序曲（Preludium）中，「無名的幽暗女人」（the nameless shadowy female）與傲克並未延續他們在《美洲》裡象徵革命的激情擁抱，她「從傲克的胸懷起身／如蛇般的亂髮在伊妮薩萌吹起的風中飛舞」（1.1-2 Erdman 60），她訴說著自身覺醒的生命與慾望：「我的根基在穹蒼中搖動，我的果實藏於地下／我挺起身軀，口吐白沫，費力地降生在這世上，第一位被慾火吞噬之人！／不但吞噬自我也吞噬他人」（1.8-10 Erdman 60）。法隆指出，幽暗女人代表了那些被當時主流社會所驅除在外、不符合貞潔美德與溫良特質的女性（134），她的呼告也暗示出她與受基督教父權排斥的異教母性神祇「大地之母」（Mother Earth）或「自然之母」

---

13 梅洛（Anne K. Mellor）指出，布雷克在其神話體系中將包括伊妮薩萌在內的諸多女性角色描繪為脆弱但又渴求權力，當她們不順服男性時，就是以邪惡的姿態展現極端的控制慾（"Blake's Portrayal of Women" 148）。亞爾斯（David Aers）認為布雷克作品中的女性時常成為性壓抑的代表，拒絕給予男性正面的性滿足（36）。布魯德（Helen P. Bruder）則對《歐洲》中的伊妮薩萌持較為正面的評價，認為她保守的言語和行動是在幫助當時父權社會下的女性保護自己不受男性的傷害，詳見其著作 *William Blake and the Daughter of Albion*，頁172-75。

（Mother Nature）的關聯。幽暗女人如烈火般的性慾望和生命力在《美洲》裡是激進改革的象徵，然而在《歐洲》，這股革命的力量為伊妮薩萌所抑制、湮滅；所以她悲嘆地發出呼告：

> 無數火焰自我多產的胸脯中竄出。
> 而汝卻以印記將之悶熄，餘火四散
> 置我於死亡般的虛空中：
> 啊！我為陰暗的悲哀和虛幻的愉悅所淹沒。
> （2.9-12 Erdman 61）

幽暗女人對於禁制的反應是「陰暗的悲哀和虛幻的愉悅」（shady woe, and visionary joy）。這樣一種痛苦與快感交織的矛盾情感來自於夢中對於禁制的有限踰越，這也是伊妮薩萌「女性之夢」運作的機制。在《歐洲》中，女性之夢隨著「伊妮薩萌愉悅的暗夜」（the night of Enitharmon's joy）降臨，從此「女人，柔媚的女人，將能成為主宰」（5.3 Erdman 62）。在這個由伊妮薩萌所掌控的世界裡，女性藉由禁制性慾望來篡奪權柄：「去吧：告訴人類女人之愛乃是罪過」，並且「禁絕所有愉悅，年輕的女人自孩提起／就將在每條祕密的道路上撒下羅網」（5.5, 10-11 Erdman 62）。此處布雷克似乎暗示，在受伊妮薩萌「女性之夢」所主宰的世界裡，女人掌控男人的方式乃是以柔媚的姿態激起男性慾望，然後以虔誠和貞潔之名拒絕交歡。換言之，夢境乃是一種惡性的羅網，在其中人性慾望

被挑起，並且得到虛幻的滿足。人在夢中踰越了宗教道德禁制，而踰越本身帶來了有限的快感，消弭了在現實世界中去真正滿足慾望的動機；禁制與踰越之間的關係並非全然對立，有限的踰越能夠保持禁制的持續存在。「女性之夢」中的有限踰越在本質上與〈掃煙囪的孩子〉裡的天真之夢相仿，都是在夢中虛幻且暫時地滿足願望，癱瘓人類主體在真實生活中的能動性，繼而維持壓迫的體制和現狀於不墜。

同時，布雷克也透過伊妮薩萌的女性之夢揭露基督教貞潔美德之下的慾望暗流。那些以宗教之名實行禁慾的人必須將性慾望轉化昇華為對上帝的愛，例如當時信奉「聖母崇拜」（Mariolatry）的信徒將守貞視為與耶穌基督的神聖婚姻。然而，這樣的轉化並非意味著慾望就被消除殆盡，而是被壓抑進潛意識中，在夢裡以更令人無法抗拒的方式浮現。自中世紀以來，基督教中都存在著提倡靈視經驗的神祕主義（mysticism），對這種所謂能與神進行親密接觸與交流的恍惚狂喜狀態（transport）的紀錄，通常都充滿了高度官能化且具情色意味的描述。而古代的聖人傳記（hagiography）傳統中，這種「盈滿的情慾」（exuberant eroticism）乃是表達對上帝敬愛的有力方式，是神聖論述中不可或缺的重要部分（Williams 530）。[14] 性慾望投射的對象由人轉移到了上帝或是耶穌身上；

---

14 其中最出名的當屬十五世紀自傳體文獻《瑪格麗．坎普之書》（*The Book of Margery Kempe*）。坎普原為一城鎮公僕之妻，育有十餘名子

這樣的情節弔詭之處就在於，信仰越虔誠，與神接觸的夢就越激情放蕩。對布雷克而言，如果人只能在夢中踰越禁制，在現實中毫無作為，就等於體現了《天堂與地獄的結合》中的那句箴言「僅有慾望而不以行動實現者，將會成為疫病的溫床」（Erdman 35）。在布雷克眼中，「女性之夢」這樣一個病態且阻礙人性完滿的有限經驗，代表了一千八百餘年來受扭曲基督教教義宰制的人類歷史：

> 一千八百年：人類就是一場夢！
> 自然之夜和那鬆弛的琴弦：
> 她在暗夜之歌中沉睡，
> 一千八百年，一場女性之夢！
> （9.2-5 Erdman 63）

當人類只有在潛意識的夢境中有限地踰越禁制，滿足虛幻的慾望時，他再也無法擁有主動的靈視經驗，藝術創造的動能

女，她聲稱在一次重病的昏迷中得到上帝的啟示，從此放棄世俗生活，成為虔誠的朝聖者。在書中，坎普表示自己厭惡與丈夫行房，視性慾為罪惡，但是她卻以十分露骨的情色化語言來描述自己與耶穌的心靈互動。論者如威廉斯（Ted Williams）指出，坎普希望透過身體情慾來將自身作為母親和妻子的世俗身分納入她與耶穌的關係中，建立一種能夠超越聖母瑪利亞的神聖親密狀態。詳見威廉斯的文章 "Manipulating Mary: Maternal, Sexual, and Textual Authority in *The Book of Margery Kempe*"（2010）。

也隨之廢弛（「鬆弛的琴弦」）。布雷克以「女性之夢」來呈現人性反動保守、柔弱疲軟、虛矯且毫無藝術靈性的面向，再次反映了十八世紀文人將夢視為陰性負面經驗的思維，以及對男性主體陰柔化的憂慮與恐懼。

布雷克的晚期長篇史詩重新詮釋／改寫了聖經創世和墮落的描述，夢在其中同樣扮演了重要的角色。我們也可以發現，在這些作品中，陽剛／陰柔特質的二元對立越發明顯，他的夢境書寫似乎也延續這樣的性別意識。布雷克生前未能完成的《瓦拉，四靈體》（*Vala, or The Four Zoas*）原標題乃是《瓦拉，遠古人類的死亡與審判：一場九夜的幻夢》（*Vala, or the Death and Judgment of the Ancient Man: A Dream of Nine Nights*）。在布雷克的神話體系中，人類的墮落並非肇因於偷嘗禁果和被驅逐出伊甸園，而是內在心靈的崩解，分裂成四個各自爭戰不休的離異靈體：烏索納（Urthona，代表想像力）、路瓦（Luvah，代表身體感官）、薩瑪斯（Tharmas，代表情感）以及尤理臣（Urizen，代表理性和律法）。布雷克以巨人阿比恩（Albion）的睡眠和夢境來呈現此一混沌的狀態。阿比恩除了在政治上是英國的代稱，同時也代表了總體的人性。布雷克所嚮往的原初神聖狀態乃是四靈體的重新結合為「完人」（Universal Man）。雖然在這個完美境界中人類已無男女之分，但是所謂的「完人」依舊是一個 he：「四位強大的神靈存在於每一個人心中；完美的結合唯有來自於伊甸的普世情誼」（3.4-5 Erdman 300）。布雷克以「Brotherhood」一詞來描述

人類與原初神聖的連結，在一定程度上將女性排除在「完人」之外。[15] 換言之，布雷克透過「男性陷入睡夢中」這樣一個意象來表示整體人性的墮落與敗壞，因為做夢在本質上乃是陰柔的女性經驗，男性沉湎於夢境中其實意味著性別的倒錯，以及陽剛／陰柔之間界線的踰越。

阿比恩睡夢的主題延續到布雷克最後一部巨作《耶路撒冷：巨人阿比恩的離異分身》（*Jerusalem: The Emanation of the Giant Albion*）。在這部長篇史詩的開頭，阿比恩依舊長睡不醒，此一狀態被稱為「汝之心靈疾病」（thy soul's disease），其陰影籠罩住了「神聖的靈視」（the Divine Vision），所以他對耶穌籲請覺醒的呼告毫無反應，繼續沉浸於充滿情色幻想的夢境之地，「在布由拉，女人敞開她柔媚的床第」（44.34 Erdman 193）：

---

15 雖然 brotherhood 一詞在現代語境中也有較為中性的意義，可以被用來指稱志向相同的夥伴關係。但如果查閱山謬爾·約翰遜（Samuel Johnson）的《英語辭典》（*A Dictionary of English Language*, 1755），我們可發現無論是哪一種釋義，這個詞彙都是男性所獨用。早期女性主義批評家如佛克斯（Susan Fox）和梅洛也認為布雷克理想中不分性別、雌雄同體（androgynous）的神聖狀態並不等同於性別平等，因為這樣的完滿狀態依舊是由男性面向所主宰。參見佛克斯的 "The Female as Metaphor in William Blake's Poetry" 和梅洛的 *Romanticism and Gender*。

每一名女人都愉悦地將處子之身獻給丈夫。

女人在天地間尋求

能給予男性天賦詩才的滿足：而男人將以寶石和黃金妝

點她，

並且以伊甸的果實餵養她，作為回報。

（69.15-18, Erdman 223）

在阿比恩的夢裡，布雷克以服膺父權思維的方式描寫出女人主動地投懷送抱、獻出身體，讓身負以藝術創作回歸「完人」的男性詩人沉溺於肉體感官的享樂中，將自己神聖的創造能量（伊甸的果實）耗費在虛幻的性快感之上。而寶石和黃金這種代表物質奢靡（luxury）的意象，在當時也與男性柔弱化（effeminacy）和道德敗壞有著負面的聯想，甚至會貶損「英國性」並且危及國族身分（Harvey 60）。[16] 布雷克將阿比恩之夢塑造為人類墮落和現實中宗教與政治亂象的表徵，再一次呼應了當代思潮將夢境理解為男性陽剛主體遭受威脅、瀕臨崩解的異常心理狀態。

---

16 關於十八與十九世紀詩歌中的「奢靡」語言與意象，以及它們如何由奢華的物質享受衍生到肉體感官的刺激，也可參見唐提普拉佛（Betsy Winakur Tontiplaphol）的專著 *Poetics of Luxury in the Nineteenth Century*（Routledge, 2016）。

肆、夢與雄渾美學：
陽剛身分崩解的異質快感

本文在先前已有數次強調，男性詩人對夢的憂懼來自於陽剛主體的陰柔化，但是同時也透露出一絲不可言說的快感。以下的討論將夢與陽剛／陰柔性別意識同時置於十八世紀雄渾美學論述的脈絡之中，並且以布雷克為《約伯記》（*The Book of Job*）繪製的兩幅插圖〈以利法的幻象〉（The Vision of Eliphaz）與〈約伯的邪惡之夢〉（Job's Evil Dream）為例，試圖闡明此一異質快感的運作機制。十八世紀文化語境中陽剛主體受到貶損的憂慮和男性陰柔化的汙名，在美學的層面上與柏克對雄渾與柔美兩種二元對立的美學感受有密切的關聯。在《雄渾與柔美概念起源的哲學探討》（*A Philosophical Enquiry into the Origin of Our Ideas of the Sublime and Beautiful,* 1757）中，柏克認為任何能夠在觀者心中造成恐怖（terror）的事物，都能以雄渾稱之，而力量（power）則是營造出雄渾的其中一個關鍵要素。柏克對力量的理解反映了認同與慾望的機制。力量之所以能激起雄渾的美學感受，乃是因為觀者在面對強大未知力量時，體會到自身安全受到威脅，主體面臨毀滅的恐怖。力量壓倒了觀者的意志（will），迫使他被動地接受宰制。與雄渾相對，柏克將柔美定義為「那些能夠激起愛意的身體特徵」（91）。儘管柏克在探討柔美時，有意識地將「愛意」與性慾區分開來，他對柔美的論述依舊是與女性身體外貌

高度相關，且帶有情色的意味（Furniss 34）。梅洛指出，柏克透過分析女性身體來解釋柔美的概念，對那些特別能彰顯當時陰柔特質的部位多有著墨，例如頸部和胸部（107-09）。克蘭尼克（Isaac Kramnick）從人物生平的角度出發，認為柏克對雄渾的描述是根基於他嚴厲無情的父親，而柔美則是來自於溫和柔弱的母親（Mellor 87）。換言之，柏克式的雄渾／柔美二元對立無可避免地與十八世紀陽剛／陰柔性別意識互相呼應，而雄渾和柔美所激起的不同美學感受也就自然而然與性慾張力有密切的關係。

　　當觀者面對以嬌小（smallness）、滑順（smoothness）、和緩變化（gradual variation）以及細緻（delicacy）為表徵的柔美景象時，他處於一個優越的位置，並且擁有掌控眼前一切事物的能力。觀者自柔美所得到的快感是以自我為中心，強化了自身的陽剛身分與主體性。在此一情境中，景觀臣服於觀者，如柏克所言：「我臣服於我所仰慕者；我喜愛臣服於我者。」（113）「仰慕」（admire）與「喜愛」（love）這兩種貌似皆為正面的情感，在本質上指涉了權力慾望關係中兩個完全對立的位置。當觀者面對雄渾景象時，他從原本觀看柔美的主動「喜愛」，轉變成被動的「仰慕」；從原本掌控局勢的高位，轉移至受到宰制的低位。換言之，在體會雄渾美學的同時，觀者進入了原先柔美的位置，放棄了自身的陽剛主體性，深切感受到自我受到威脅瀕臨崩解的恐怖。如前所言，這呼應到了十八世紀的夢境論述，例如巴克斯特以一系列雄渾的意象

來描述做夢者受到未知強大力量壓倒的被動處境。然而，面對雄渾的美學經驗毫無疑問為觀者帶來了另類的快感，柏克使用「delight」一詞稱之，與柔美所帶來的喜樂（pleasure）作出區分。面對雄渾的觀者沉浸在這種遺忘自我、毀棄自我的陰性快感之中：「我被貶低至無足輕重的地步，然後以某種方式被殄滅殆盡。」（68）雄渾所帶來的快感與十八世紀做夢者的經驗相似，皆是來自於貶損男性主體的陽剛特質以及自我身分，甚至可以說是來自於陰柔化的性倒錯，預示了現代情色論述中被虐（masochist）的性愉悅。

布雷克對於柏克的《哲學探討》十分熟悉，並且在對約書亞・雷諾茲（Joshua Reynolds）《藝術雜談》（*Discourses on Art*）的注解中將柏克與洛克和牛頓相提並論。布雷克對他感到「同等的蔑視和厭惡」，因為「這些人嘲弄靈感和靈視」（Erdman 660）。布雷克之所以對柏克有如此負面的評價，原因在於《哲學探討》倚賴實證主義式的經驗，過度強調身體官能和感知。至於何謂雄渾美學，布雷克在寫給贊助人湯瑪斯・巴茲（Thomas Butts）的信中如此定義：「物質經驗所探知不到，唯有心靈智識力量能夠理解的寓言，才是我所認為最雄渾的詩歌。」（Erdman 730）[17] 雖然身體感官也能夠激發想像

---

17 布雷克詩歌中的雄渾意象在學界已有諸多討論和研究。可參見培里（Morton D. Paley）的 *Energy and the Imagination*（Clarendon, 1970），頁 19、魏斯克爾（Thomas Weiskel）的 *The Romantic Sublime: Studies*

力，但想像力本身不能受到對外在事物感知的限制。對布雷克而言，柏克的雄渾／柔美二元論述完全建構在感官認知和「偽生理學解釋」（pseudo-physiological explanation）（Paley 19）之上，與牛頓對世界的物質化理解和洛克的「五感的哲學」（philosophy of five senses）（Damon 298）不謀而合，否定了布雷克所提倡的詩歌預言傳統和靈視經驗。

　　布雷克在長篇史詩《米爾頓》（*Milton: a Poem*）的前言中，表示自己的目標是要恢復讀者對於「聖經的雄渾」（the Sublime of the Bible）的認知，而柏克的《哲學探討》同樣也是以聖經作為雄渾美學的例證。在《哲學探討》中，柏克提出「隱晦不清」（obscurity）也是營造雄渾的關鍵要素：「所謂『清晰』，只不過是渺小的另一個說法……雄渾原則上是來自於恐怖的不確定性。」（63）柏克以舊約《約伯記》第四章以利法（Eliphaz）對自身夢境的描述來佐證以上的論點。以利法面對受苦難折磨的約伯，表示任何人都不可能毫無罪過，並且

---

in the Structure of Psychology and Transcendence（約翰霍普金斯大學出版社，1976），頁 68、德路卡（Vincent de Luca）的 *Words of Eternity: Blake and the Poetics of the Sublime*（普林斯頓大學出版社，1991）。較為近期的研究包括彼得・奧托（Peter Otto）的 *Blake's Critique of Transcendence: Love, Jealousy, and the Subline in the Four Zoas*（牛津大學出版社，2000）、凡恩（Steven Vine）的 "Blake's Material Sublime"（2002）以及席倫貝克（Daniel Schierenbeck）的 "Sublime Labours: Aesthetics and Political Economy in Blake's *Jerusalem*"（2007）。

要約伯盡速坦承他不為人知的踰越行為。以利法告訴約伯，他在夢裡曾受到一個代表上帝的神靈質問：「難道凡人會比上帝更為公正嗎？」（Job 4.17）此一神靈隱身於黑暗中而不可得見，令以利法驚嚇得毛髮直豎。舊約上帝能造成人類苦難的強大懲罰性力量以及人所難以理解的神祕意圖，都會帶來無與倫比的恐怖感。這對柏克而言，就是聖經雄渾美學的來源。布雷克同樣視聖經為代表雄渾美學的文本，認為其中高度的戲劇張力、上帝的無限性（infinity）能夠激起讀者的熱情，並且以充滿力量的形式和具強烈對比的意象來傳達神聖的訊息（Paley 19）。我們可以從布雷克為《約伯記》繪製的插畫來探討他所認知的聖經式雄渾，並且進一步印證夢境與雄渾在十八世紀性別意識中的關聯以及男性陽剛主體崩解的異質快感。

布雷克為巴茲和林奈爾（John Linnell）製作的《約伯記》插畫包含了兩個版本的水彩畫和一個版本的版畫，皆包含了二十一幅圖像，從〈約伯與其家人〉（*Job and His Family*）起到〈約伯與其家人重獲幸福〉（*Job and His Family Restored to Prosperity*），描繪了整個故事的每個重要部分，也包括了柏克在《哲學探討》中引述的以利法之夢。在〈以利法的幻象〉這幅畫中，仰臥在床上的以利法挺起上身，驚恐地看著在一團炫目白光中怒目瞪視著他的神靈。與柏克不同，布雷克並不認為「隱晦不清」是構成雄渾的要素（Erdman 638）。雖然聖經原文中以利法表示「那神靈駐足在我眼前，但我無法辨別其身形」（Job 4.16），布雷克以極為清晰的線條描繪出神靈的

圖 3-1 〈以利法的幻象〉[18]　　**圖 3-2** 〈約伯的邪惡之夢〉

樣貌和其嚴厲的神情，他雙臂環抱，眼神充滿怒氣，充分傳達
出舊約上帝以禁制和懲罰為核心的信仰體系。而神靈長鬚老人
的樣貌是布雷克作品中很典型的尤理臣式父權形象，代表了過
度理性和道德律法對人性的禁錮。以利法如此轉述上帝的言
語：「難道凡人會比上帝更為公正嗎？難道凡人能比他的創造
者更純粹嗎？」接著他補充說道：「看啊，祂並不信任祂的僕

18　這兩張圖像來自 1826 年的版畫版本，經 The Blake Archive 授權於本
　　文重製使用。

人。」（Job 4:17）柏克認為《約伯記》的雄渾美學來自於上帝的無上權威，以及人所無法探知且不容質疑的神祕意圖，但〈以利法的幻象〉顯示出，布雷克認為以利法所描述的上帝乃是遠離人性的外在神祇。他以清晰的圖像直接揭露舊約上帝威逼人性的猙獰臉孔，反向駁斥柏克所言的以「隱晦不清」為雄渾要素的論調。因為這樣的神只能帶來身體感官上的恐怖（以利法毛髮直豎），無法真正激發出雄渾美學中的崇高心境，也就是人心中原初存在的內在神性（immanence）。布雷克對以利法夢境的描繪，也再一次暗示人在睡夢中的被動陰性狀態之下，更容易受到外在力量的宰制，這一點也可以透過分析另一幅插圖〈約伯的邪惡之夢〉來加以闡明。

〈約伯的邪惡之夢〉對應的是《約伯記》第四章第十三與十四節。約伯對以利法等三名前來勸慰的友人表示，他在睡夢中也受到上帝的侵擾：「當我說，我的床將帶給我慰藉、緩解我的苦難；祢便以夢驚嚇我，以幻象令我感到恐怖。」（Job 4.13-14）在這幅插圖中，飽受疾病折磨的約伯倒臥於床上，上帝的神靈壓迫著他。這裡的神靈已經沒有一絲一毫遮掩其惡意；祂身上纏繞著五彩的巨蛇，上方雷電交加，右手指著代表十誡的石碑，腳上長有象徵惡魔的蹄。祂逼近約伯的臉孔，彷彿要加以強吻。在約伯下方則是烈火焚燒，有無數魔鬼攫住他的下腹部和腳踝。布雷克對於神靈的形象設計其實點明了舊約上帝以禁制和懲罰為信仰基礎，在本質上與惡魔撒旦無異。而約伯的形象也值得注意；他的頭偏向一旁，似乎在閃躲神靈緊

湊上來的臉龐，他的雙手小臂舉起，試圖作出無力的抗拒。約伯的夢境情景營造出雄渾的恐怖感，同時也對應到十八世紀做夢者的被動位置。約伯作為雄渾景象的觀者，受到夢境強大力量的宰制，顯露出陰柔化的受害者姿態。

　　〈約伯的邪惡之夢〉的構圖，也呼應到傅賽利的〈夢魘〉；兩者都生動地反映了夢中意象與做夢者之間的權力關係，以及做夢者男性陽剛主體性遭受威脅、接近崩解的狀態。約伯的無助身體和〈夢魘〉裡受夢魔（incubus）侵犯的女體相呼應，他臉部的恍惚出神表情更是隱約透出一種痛苦與愉悅交織的曖昧快感。布雷克對約伯夢境的情色化圖像詮釋超越了聖經文本。他藉由將夢中神靈描繪為魔鬼本身，批判舊約上帝的專斷與暴虐，進一步指謫以此偽信仰為根基、闡揚禁制與懲罰的政治宗教體制與權威。而在這個脈絡之下，原本身為代表對上帝堅貞信念、為之堅忍承受苦難的基督教英雄，約伯在布雷克筆下被陰柔化，反而呈現出十八世紀性文化中女性受害者的姿態，甚至在一定程度上呼應了當代情色書寫中受侵犯者感到愉悅的強暴幻想，也暗示男性主體在夢境中經歷性別倒錯時所可能獲得的不可言說的快感。這種異質快感也能夠與柏克雄渾論述中，觀者面對雄渾景象時感受到的「delight」互相印證，兩者皆由自我與身分的毀滅所觸發。

伍、結語

本文以歷史文化的角度檢視了十八世紀思維對於夢境的理解，並且指出其與當代陽剛／陰柔二元對立的性別意識有著高度的關聯。而透過重新詮釋布雷克的夢境書寫，本文也印證了十八世紀至浪漫時期男性文人對於陽剛身分遭受威脅的憂懼。夢在布雷克的作品中乃是提供虛幻滿足、消弭現實中主體動能的負面經驗，也象徵了他認為必須突破的當代政治宗教困境。布雷克以「女性之夢」來彰顯人性消極反動的面向，一定程度上反映了布雷克研究中關於性別議題的辯論。布雷克對於伊妮薩萌的描寫顯然服膺了當代對女性的刻板偏見，也面對女性主義論者性別歧視和厭女的批判。但他同時也點出以教會為中心的父權體制與社會道德規範，才是造就了陽剛／陰柔二元對立的元凶。布雷克對於夢中情色意象的描寫，也顯露出他對於性慾望的曖昧態度。宗教對性的禁制令他深痛惡絕，所以他在作品中讚揚解放與自由，但在藝術層面上，夢境所激起的身體慾望，卻妨礙了詩人以詩歌創造回歸原初神聖的志業。最後，透過布雷克的《約伯記》插畫，我們可以觀察到，夢境中憂懼與愉悅交雜的複雜情結和柏克式雄渾美學感知兩者之間的關聯。夢作為一種逸軌的意識，在歷史上驗證了十八世紀的性別思維，同時也彰顯出藝術與文學經驗中主體的不穩固性，以及自我面臨崩解所帶來的異質快感。以此觀點來閱讀布雷克以及其他所謂「六大」（The Big Six）清一色為男性的浪漫主義詩

人，¹⁹ 挖掘出其中男性主體對於陰性逸軌意識的壓抑與恐懼，也許更能夠解構文學作品正典化過程中的陽剛霸權，彰顯出異於傳統性別價值的審美經驗與慾望論述。

19　學界一般認定英國浪漫主義時期有六位最具代表性的詩人：布雷克、華茲華斯、柯立芝、雪萊、拜倫（Lord Byron）以及濟慈。誠然，此一說法已經普遍受到質疑，被視為男性霸權宰制文學作品正典化的產物。而近數十年來，浪漫主義文學研究也已經納入許多重要的女性作家，例如瑪利・羅賓遜（Mary Robinson）、夏洛特・史密斯（Charlotte Smith）以及安娜・巴鮑德（Anna Laetitia Barbauld）。關於女性主義學者對於浪漫主義文學研究中男性霸權的批判，可參閱梅洛的 *Romanticism and Gender*，頁 17-29。

參考書目

Baxter, Andrew. *An Enquiry into the Nature of Human Soul*. London, 1733. *Eighteenth Century Collection Online*. link.gale.com/apps/doc/ CW0120240068/ECCO?u=twnsc039&sid=bookmark-ECCO&xid =25d738d3&pg=1. Accessed 31 Aug. 2023.

Blake, William. "Job's Evil Dream."*The Blake Archive*, https:// blakearchive.org/copy/bb421.1?descId=bb421.1.spb.13.

——. *The Complete Poetry & Prose of William Blake*. Ed. David V. Erdman, Doubleday, 1988.

——. "The Vision of Eliphaz."*The Blake Archive*, https://blakearchive. org/copy/bb421.1?descId=bb421.1.spb.11.

Bond, John. *An Essay on Incubus, or Night-mare*. London, 1753. *Eighteenth Century Collection Online*. https://link.gale.com/apps/ doc/CB0127652209/GDCS?u=ed_itw&sid=GDCS&xid=9c4fe2e9. Accessed 22 Apr. 2020

Burke, Edmund. *A Philosophical Enquiry into the Origin of our Ideas of the Sublime and Beautiful*. Ed. James T. Boulton, Basil Blackwell, 1990.

Byron, George Gordon. *The Major Works*. Ed. Jerome J. McGann, Oxford UP, 2008.

Damon, S. Foster. *A Blake Dictionary: The Ideas and Symbols of William Blake*. Dartmouth College Press, 2013.

Darwin, Erasmus. *Zoonomia; or the Laws of Organic Life*. Dublin, 1794. *Eighteenth Century Collection Online*. https://link.gale.com/apps/ doc/CW0107547438/GDCS?u=ed_itw&sid=GDCS&xid=8628d95b.

Accessed 18 Apr. 2020

Ford, Jennifer. *Coleridge on Dreaming*. Cambridge UP, 2009.

Frye, Northrop. *Fearful Symmetry: A Study of William Blake*. Princeton UP, 1947.

Furniss, Tom. *Edmund Burke's Aesthetic Ideology: Language, Gender and Political Economy in Revolution*. Cambridge UP, 1993.

Harvey, Karen. *Reading Sex in the Eighteenth Century: Bodies and Gender in English Erotic Culture*. Cambridge UP, 2004.

Kauver, Elaine M. "Blake's Interpretation of Dreams: 'Mental Forms Creating'." *American Imago*, vol. 41, no. 1, 1984, pp. 19-45.

Keats, John. *The Letters of John Keats, 1814-1821*. Ed. Hyder Edward Rollins, Harvard UP, 1958. 2 vols.

Lindop, Grevel. "Romantic Poetry and the Idea of Dream." *The Keats-Shelley Reviews*, vol. 18, no. 1, 2004, pp. 20-37.

McCormack, Matthew. *The Independent Man: Citizenship and Gender Politics in Georgian England*. Manchester UP, 2005.

Matthews, Susan. *Blake, Sexuality and Bourgeois Politeness*. Cambridge UP, 2014.

Mellor, Anne K. *Romanticism and Gender*. Routledge, 1993.

Paley, Morton D. *Energy and Imagination: A Study of the Development of Blake's Thought*. Oxford UP, 1970.

Price, Martin. "Blake: Vision and Satire." *William Blake's Songs of Innocence and of Experience*. Ed. Harold Bloom, Chelsea House, 1987.

Shelley, Percy Bysshe. *The Major Works*. Ed. Zachary Leader and Michael O'Neill, Oxford UP, 2009.

The Bible: Authorized King James Version with Apocrypha. Ed. Robert Carroll and Stephen Prickett, Oxford UP, 2008.

Weiskel, Thomas. *The Romantic Sublime: Studies in the Structure and Psychology of Transcendence*. The Johns Hopkins UP, 1976.

Williams, Tara. "Manipulating Mary: Maternal, Sexual, and Textual Authority in *The Book of Margery Kempe.*"*Modern Philology*, vol. 107, no. 4, 2010, pp. 528-55.

Wordsworth, William. *The Major Work*. Ed. Stephen Gill, Oxford UP, 2008.

鄉野道德與性別勞動
── 十八世紀英國牛奶女工的視覺再現 [1]

黃桂瑩

　　在十八世紀下半葉的英國畫壇中，儘管有來自皇家藝術學院（Royal Academy of Arts）對於歷史畫（history painting）的推崇鼓勵，但在每年展覽中有一類介於肖像畫、風俗畫之間的人物畫作，數量持續增長，顯然頗受當時藝壇與市場歡迎。在題材上，這類作品接近荷蘭風俗畫中，呈現底層人物的「人像」（tronie），這些獨像式或雙人像式作品，描繪的多為無名的市井小民，說明這些畫作雖然可能取材自真人，但人物的名字並非畫作的焦點。相對於此，這些畫作多以人物的工作（牛奶女工、賣花女、掃煙囪男孩……），或是正在進行的活動（採草莓、與小動物相伴、撿拾漿果……）為題。[2] 從上述

1　本文為國科會補助專題研究計畫「道德鄉野與性別勞動：18-19 世紀中期英國牛奶女工的形象意涵，編號（111-2410-H-A49-083-）」之成果。兩位匿名審查人提供寶貴意見使本文減少疏漏，謹致謝忱。

2　此類例子繁多，僅列舉若干畫名說明此時期常見的取材類型：如 Johan Joseph Zoffany 的 *Girl with Water Cresses*（1780 年展出），John Russell 的 *A Girl with Cherries*（1781 年展出），以及此時活躍的風俗

例子可初步見出，這種「類肖像畫」，或在當時論者以「fancy picture」概括而論的類別，[3] 常以年輕女性或天真的孩童為主角。相較於具有明確敘事主題或道德意涵的風俗畫，這類描繪女工或孩童的作品僅以簡單的標題點出人物身分，並不以敘事為目的，重點在於擷取特定生活場景供人欣賞。而在描繪他們所從事的工作或活動時，畫家多半捨去真實情況裡體力勞動的艱辛樣態，而是呈現帶著潔整、美好，甚或優雅暗示的情景。他們所身處的背景，則常取材自鄉野景致、田園風光。這些題旨與背景，搭配上年輕女子的姿態或純真孩童的笑容，風格素樸宜人，足可推敲出這類畫作有一定的市場利基。

在這類人物風俗畫中，年輕女性勞動者的形象 —— 特別是牛奶女工（milkmaid，dairymaid）—— 是一個獨特題材，且有相當豐富的視覺淵源。以歐洲圖像傳統而言，羅列各行各業的傳統叫賣圖（cries）是最早呈現女性勞工的素材之一。叫賣圖中的人物多具有明顯的性別與年齡區隔，以類似圖鑑的方式映照過往街頭經濟運作的真實樣貌，[4] 例如在叫賣圖裡，容易因

畫家 Francis Wheatley 的許多作品包括 *The Charitable Milk-Maid*（1790 年展出），B. West 的 *A Woman Selling Rosemary*（1793 年展出）。Sir Joshua Reynolds 的 *A Gypsy Fortune Teller*（1777 年展出）亦可視為屬於此畫類。以上畫名均直接引自各年度皇家藝術學院展覽目錄。

3　見 Martin Postle. *Angels and Urchins: the Fancy Picture in 18th-Century British Art*. London, Djanogly Art Gallery, 1998）。

4　Sean Shesgreen. *Images of the Outcast: the Urban Poor in the Cries of London*, Manchester UP, 2002).

強烈氣味而招人嫌惡的魚販多為中老年女性，相對於此，鮮花、水果、牛奶、麵包等較為輕便整潔的品項則多由年輕女性販售，在這些種類不勝枚舉的職業形象中，牛奶女工尤其是一個固定出現、不可或缺的角色。在先前學者發表的論文中曾指出，[5] 從十八世紀英國叫賣圖的流變，可發現牛奶女工的形象獨樹一格，有別於傳統叫賣圖中其他人物多以群像的方式呈現（圖 4-1），牛奶女工往往獨立出現，成為圖像創作者持續回應、挪用、改造的重要形象。例如在當時印刷文化與大眾娛樂的脈絡裡，透過版畫家拉隆（Marcellus Laroon, 1653-1702，圖 4-2）、霍加斯（William Hogarth, 1697-1764，圖 4-3）或梅西耶（Philip Mercier, 1689-1760，圖 4-4）等創作者的演繹，牛奶女工的形象逐漸從素樸轉向優雅動人，甚至被轉化為如同維納斯的姿態，成為藝術家眼中美的象徵。另一方面，在油畫等高雅藝術的範疇裡，在十七世紀之後隨著風景畫的興起，點綴在鄉野景致中的牛奶女工亦成為畫家援引的素材。例如在歐陸作品中，牛奶女工便在魯本斯（Sir Peter Paul Rubens, 1577-1640）的畫作中成為打造田園牧歌場景的元素之一。[6] 而

---

5 黃桂瑩。〈從勤奮到自立：霍加斯版畫中的勞動者形象與工作倫理觀〉。《新史學》，第 29 卷，第 3 期，2018 年 9 月，頁 125-26。此論文以霍加斯作品為主，僅初步點出牛奶女工的形象特徵，相關議題尚待本文深入探討。

6 Sir Peter Paul Rubens. *Milkmaids with Cattle in a Landscape. 'The Farm at Laken'* (1617-18).

在十八世紀英國，知名風景畫、肖像畫家根茲巴羅（Thomas Gainsborough, 1727-1788）的鄉村茅舍主題畫作中亦常出現牛奶女工努力工作的情景（圖4-6），[7] 並且成為後續畫家仿效的題材。

從上述的初步整理，可見不論是在高雅藝術或是大眾化的圖像範疇裡，牛奶女工儼然是一個恆常出現的主題，但她們的樣貌、意義經常發生變化，取決於圖像的媒材差異與受眾區隔。究竟是什麼樣的背景，促成對於牛奶女工形象的偏愛，以及其形象的演變？這樣的再現、轉化，除了回應當時藝術市場與印刷文化中，對於精緻優雅女性形象的喜好之外，是否也包含了更為複雜的階級與性別想像？風俗畫、風景畫中的牛奶女工形象，又與大眾化的印刷圖像、歌謠主題中的牛奶女工樣貌，有哪些交會或衝突之處？[8]

在藝術史與視覺文化的研究裡，學者們對於牛奶女工主題的關注起源雖早，但論述成果仍有限，或僅約略提及而未能深化。巴羅（John Barrell）在其1972年研究英國風景畫與社會文化的專書中，曾注意到在十八世紀下半葉之後，牛奶女工取

---

7 例如 Thomas Gainsborough. *Landscape with Milkmaid* (1754-56)。類似的畫題在後續的皇家藝術學院展覽中亦常出現，如 J. Miller 的 *Landscape with a Milk Girl*（1782年展出），L.B. Coilers 的 *A Dutch Milk-Maid Scoring a Kettle*（1784年展出）。以上畫名均直接引自各年度皇家藝術學院展覽目錄。

8 牛奶女工的圖像在歐陸圖像中亦經常出現，考量研究範疇的可行性，本文將以英國的情況為重點，適時參照歐陸畫家的材料以進行比對。

代過往的牧羊人，成為受歡迎的繪畫主題。她介於鄉村與城市之間的形象，讓觀畫的文雅階級得以投射各自的想像。[9] 巴羅的論點，持續影響後續研究者對此角色的基礎定義。例如，加涅夫（Robin Ganev）的研究便在此背景下，考察當時流行的歌謠內容，分析在此時期文化想像中牛奶女工與農夫形象所帶有的性意涵。[10] 加涅夫的研究並無特別考察此時期牛奶女工圖像，但提供豐富的背景脈絡，以及此時期從醫學、社會科學、道德觀、性別觀等角度，所定義的牛奶女工概念。布魯克絲（Emily Brooks）則從階級文化的觀點出發，提出牛奶女工富有裝飾性的形貌，恰恰符合此時上層階級所追尋的自然優雅之美，對於男性觀者而言具有無限的性吸引力。[11] 此看法亦呼應了波索（Martin Postle）對此時期風俗畫中女性勞動者（包括女僕、女販）的解讀：作為多半來自鄉村的供給者、販售者，年輕女工天真美麗的外表不僅在現實生活中富有魅惑力，亦常在繪畫、文學作品中成為吸引中上階層目光的焦點。[12] 晚近則有索金（David Solkin）專書，在討論到十九世紀初期風

---

9 John Barrell. *The Dark Side of the Landscape: the Rural Poor in English Painting, 1730-1840*. Cambridge, Cambridge UP, 1972, pp. 51-59, 74.

10 Robin Ganev. "Milkmaids, Ploughmen, and Sex in Eighteenth-Century Britain." *Journal of the History of Sexuality*, vol. 16, no.1, Jan., 2007, pp. 40-67.

11 Emily Brooks. "The Milkmaid's Tale," *National Trust Magazine*, vol. 93, no. 4, 2001, pp. 42-43.

12 Postle. *Angels and Urchins*, pp. 18-20.

俗畫中的寫實性時，以希菲（Thomas Heaphy）的〈搶劫市場女販〉（*Robbing a Market Girl*, 1807）、〈從麵包鋪回來〉（*Return from the Baker's,* 1808）等作品中的鄉村女性／男性互動為例，說明畫家如何直白地呈現年輕女性勞動者容易遭受性與暴力威脅的生活環境。[13] 希菲的作品與索金之論述，與本研究所欲關注的牛奶女工屬於相近的女性勞動者圖像脈絡，但筆者欲指出，以牛奶女工為命題的圖像傳統相當豐厚，說明了她的形像內涵與其他流於單一的女性勞動者樣貌相當不同，她所表徵的文化意涵需被獨立看待，並進行深入的專屬論述。

筆者認為，牛奶女工之所以成為十八世紀中期之後一個持續受到圖文創作者關注的主題，除了上述以性別權力或性吸引力為焦點的論述，仍有其他層面的因素需深入探討。如前文所列舉的，此時期年輕女性勞動者的形象並不限於牛奶女工，賣花女、賣草莓者、麵包女販在圖像上同樣常以年輕女子為代表，但唯有牛奶女工在歌謠單張（ballad）、印刷圖像以及油畫作品中形成一個特殊典型。不論其形象的演變走向為何，創作者對牛奶女工角色的持續產出、變化、調整，都暗示著此時期的觀者／讀者對此題材的興趣與市場需求。而這樣的演變，也反映出此時期對於性別、城鄉交會、階級關係的看法。本文將爬梳自十八世紀下半至十九世紀中葉相關圖像中牛奶女工形

13　David H. Solkin. *Painting out of the Ordinary: Morality and the Art of Everyday Life in Early Nineteenth-Century Britain.* Yale UP, 2008, pp. 79-109.

象的變化，企圖拓展過往二手研究的視角，並以上述三個面向為範疇，探討此形象與當時社會變遷的關係。

壹、聰明且潔整：勞動中的牛奶女工

與其他勞動者相比，牛奶女工在性別區隔上的特殊性，從其名稱「dairy-maid」（乳品女販／工）、「milkmaid」（牛奶女販／工）[14] 便可見出。若考察叫賣圖所呈現的工作類型與性別形象，可發現大部分以出賣勞力為主的職業均有其固定的性別、年齡期待。例如打鐵、修鞋……容易髒汙的粗重工作由男性從事，清掃煙囪則由身材瘦小的少年或男孩進行。以販售類的工作而言，女性占大多數，但亦有男性商販（如針線布料商）參與其中，性別與工作的連結仍有若干彈性。然而，相較於眾多勞動者的性別區隔，製作乳品、販售牛奶這門行業特別與女性密不可分，幾無例外。這項顯而易見的傳統慣例，在蘇格蘭農業改革家史蒂芬生（Henry Stephens, 1795-1874）的著作中再次得到確認。在《農場之書》（*The Book of the Farm*,

---

14 不論是將乳製品帶到市集販售以求取商業利潤，或在受雇於農場、莊園裡從事乳品工作者，在英文中均以 dairy maid 或 milk maid 稱之，為顧及這兩個面向，在此翻譯為女販／工。文中他處為求行文簡潔，均以牛奶女工翻譯之。

1841）這本教導年輕農人如何規劃、管理農場的指導書裡，史
蒂芬生提及若要打造一座運作良好的農場，應配署以下人員：

> 在農場上勞動的人是這裡最重要的部分，他們是推動農
> 場運作的精神。〔……〕他們包括農人本身、管理人、犁
> 田人、種樹籬人或長工、牧羊人、放牛者、田間工人，以
> 及牛奶女工。**15**

　　史蒂芬生羅列的農場勞動者均為男性，只有名列末位的牛
奶女工是唯一的女性，使其角色在農場上格外突出。有別於其
他偏重勞力、分工明確的工作，牛奶女工負責的勞務顯得多
元、繁雜，所需照看的對象也不限於牛隻動物。史蒂芬生寫
道，牛奶女工是農場上的「室內僕傭」（domestic servant），
主要的工作包含「擠乳、處理不同階段的牛乳、養育小牛、從
小牛斷奶之後的母牛取得牛奶製作成奶油和乳酪」。此外，
「如果有喪母的小羊，牛奶女工負責以牛奶餵養茁壯，直到牠
斷奶回到羊群中。牧羊人手下的羊隻如果乳量不足，可向牛奶
女工申請牛奶來餵養幼羊」。其餘的工作尚且包含餵雞、拾
蛋、管理雞舍作息，在人手不足時尚需為農人準備吃食、整理

15　Henry Stephens. *The Book of the Farm: Detailing the Labours of the Farmer, Farm-Steward, Ploughman, Shepherd, Hedger, Cattle-man, Field-worker and Dairy-Maid*, Edinburgh, W. Blackwood, vol. 1, 1844, p. 220.

床鋪。為了勝任上述繁瑣多樣的工作內容，牛奶女工必須是一位「積極、認真且聰明的人」，以靈巧熟練的姿態穿梭在農場之中，維持諸多瑣事的正常運作。[16]

　　史蒂芬生的農業指導專書於 1841 年出版，其中對於牛奶女工負責的工作內容、人格特質的定義並非創見，而是承襲許多前期指導書的相關論述。值得注意的是，從上述文字可看出牛奶女工的工作已超越單純的身體勞動，涉及更多農場管理以及乳品生產的實際方法。不論是「處理不同階段的牛乳」，或是將牛乳製作成更具有經濟價值的奶油和乳酪等事項，她都需具備相當程度的專業知識，方能妥善運用牛乳這項農場上重要的食材資源。類似的說法在 1741 年由農業家艾里司（William Ellis, 1700-1758）所作的《農業改良，或畜牧實作說明》（*Agriculture Improve'd Or the Practice of Husbandry Display'd*）中已經出現，在「牛奶女工的特點」一節他提出：

> 一個好的牛奶女工是非常寶貴的僕人，她準時早起上工，勤奮，且擁有製作最好的奶油與乳酪的技巧，在製作過程中保持整潔，善加利用她的牛乳，且會盡她所能增加雇主的收益。[17]

16　Stephens. *The Book of the Farm*. p. 228.

17　William Ellis. *Agriculture Improv'd Or the Practice of Husbandry Display'd*. London, T. Osborne, vol. 2, 1745, p. 92.

可見，牛奶女工雖然在農場上是極少數的受雇女性勞動者，她的技術與其創造的經濟收益並不亞於其他勞動者，可說是屬於相當關鍵的地位，因為同位作者在另一本指導書點明，「在英格蘭大部分地區，奶油、乳製品被視為收益最高的產品」。[18] 而在另一本十八世紀關於牛奶女工的指導書裡，作者則數次提醒女工不應將剩餘的牛奶、製作奶油乳酪殘餘的乳清隨意送人，特別是遊手好閒的懶散之人。[19] 這項告誡，也恰恰說明了牛奶女工在農場上是一個擁有物資餘裕，且有機會透過給予資源的方式與他人產生關係的角色。

此外，正如史蒂芬生的文字點出農場上由女性擔任牛奶工的情形，相關乳製品知識的傳承與流通，也向來是一項女性專屬的專業領域。在十八世紀的農業指導書中甚至指出，如果小型農家只有兒子，沒有女兒可免費擔任牛奶女工，他們只能被迫放棄收益較高的製乳業，改飼養其他家畜以增加經濟來

18　William Ellis. *The Country Housewife's Family Companion: Or, Profitable Directions for Whatever Relates to the Management and Good Economy of the Domestic Concerns of a Country Life*. London, James Hodges, 1750, p. 306. 乳品成為高收益產品的原因，與此時人口增加、食物需求上升、土地租金提高有關，Deborah Valenze. "The Art of Women and the Business of Men: Women's Work and the Dairy Industry c. 1740-1840," *Past and Present*. No. 130, Feb., 1991, p. 148。

19　Hannah Woolley. *The Compleat Servant-maid, or, the Young Maidens Tutor: Directing them how they may fit, and Qualifie Themselves*[...]. Pamphlet, 4th edition, 1685, p.137.

源。[20] 而牛奶女工之間透過彼此實作觀察、口耳相傳等方式學習製乳知識，這也使得製乳方法有著極高的排外性，極少訴諸文字或對外流傳。然而，這樣高度性別區隔之下的「專業性」固然映襯出製乳勞動對於農場經濟的重要程度，卻也對於牛奶女工的形象產生了正反不一的影響。就正向意義來看，一般咸認女性較注重整潔，動作輕柔且任勞任怨，這些特質均使她們比男性更適合從事需要細心操作的乳品工作。而乳品所象徵的潔白純淨等特質，也再度成為牛奶女工的形象特徵。[21] 但另一方面，因為製乳工作不似其他農場勞務多在開放空間進行，而是由一群女性在室內空間，以群力合作的方式進行，將單純的牛乳製作成奶油、乳酪等產品。由於結合了私密、女性化、手工操作等因素，使得製乳工作帶有濃厚的前工業化神祕色彩。[22] 在同樣的脈絡下，由於製乳工作的程序、傳統由來已久，遠早於人們理解細菌、消毒的知識，未能以文字精準記載的製作方式也與強調固定程序、量化生產的「科學」方法大相逕庭，使得已然高度性別化的製乳勞動再度加重了非科學的傾向。這樣的傾向，同樣與當時刻板的性別印象相互交織：女性

---

20 William Ellis. *Modern Husbandman.* 4 vols., London, 1744, iii. p. 64, 引自 Valenze. "The Art of Women." pp. 146-47.

21 Alicia Carroll. "Human Milk in the Modern World: Breastfeeding and the Cult of the Dairy in *Adam Bede* and *Tess of the d'Urbervilles*." *Women's Studies*, vol. 31, issue 2, 2002, p. 168.

22 Valenze. "The Art of Women." pp. 152-53.

常被視為不若男性穩健理性、重視方法與原則，且格外容易受到情感左右。因此，由女性主導的製乳過程經常被視為與科學程序對反，充滿了個人直覺以及非理性法則，尚待以（男性主導的）標準化、科學化且有效率的生產方式取而代之。[23]

上述對於牛奶女工勞動內容的界定與想像，見證了傳統上製乳業與女性之間牢不可分的關係。其他街頭行業如水果、麵包、魚貝等食物販售者雖同樣以女性居多，也不乏將販售的商品與女性販售者本身相提並論的圖文傳統，但這些業別多為單純的販售行為，涉及的技術面、知識傳承面乃至於在勞動社群裡扮演的角色，都與牛奶女工這個專屬女性的角色截然不同。因此，儘管她們的形象不可免地摻雜許多十八世紀性別氣質想像，牛奶女工的整體定位仍是根基於實際工作內容與勞動市場需求，與當時描述其他工作者的行文方式並無太大差異。[24]

然而，讓牛奶女工與其他女性勞動者格外不同之處，則是一連串由此工作形象演繹而來的文化想像，且此類想像經常超

---

23 Sally McMurry. "Women's Work in Agriculture: Divergent Trends in England and America, 1800-1930." *Comparative Studies in Society and History*, vol. 34, issue 2, April 1992, pp. 248-70.

24 例如在《倫敦百工》這本青年求職指導書中，作者簡要述及各類工作內容、薪資水準，以及所需的經驗與人格特質，平鋪直述、口吻切實。Rebert Campbell. *London Tradesman: Being an Historical Account of all the Trades, Professions, Arts, Both Liberal and Mechanic*, London: T. Gardner, 1747.

越牛奶女工的年齡、外貌與人格特質。透過圖像與文字等材料的比較，可發現牛奶女工的實際樣貌與她們被再現的形象之間，往往有著顯而易見的差距。例如，牛奶女工多以「maid」（多指未婚年輕女子）為名，但正如上述經驗傳承與協力合作的傳統所暗示的，在實際製乳操作與販售的過程中，年長女性的知識傳授、勞力參與均不可或缺。儘管如此，在以牛奶女工為名的圖文傳統中，年長女性的形象樣貌多半付之闕如，而由年輕女子的形象取而代之，成為固定樣貌。在其中，牛奶女工的專業性或是她們辛勤勞動的實際樣貌並非呈現的重點，而是如下文將提出的，轉而成為鄉野女性、自然道德與替代母職的聚合點。

貳、城市裡美麗的牛奶女工

相較於在鄉間農場與其他女性一同參與製乳過程，牛奶女工以年輕女性之姿，獨自遊走城市街頭販售乳品的形象，與十七世紀以來的版畫再現有著密切關聯。在大眾印刷文化中，牛奶女工的早期形象多與其他人物一同出現於類圖鑑的版畫，特別是羅列各式販夫走卒的叫賣圖之中。例如，在十七世紀上半葉出版的〈倫敦常見叫賣〉木刻版畫中（圖4-1），牛奶女工的形貌樸素、面容模糊，和圖中其他行業的小販在衣著、樣貌上並無顯著差異。她和右側賣豌豆的女性，或是正下方販售

蕪菁的女販有著幾乎一樣的髮型、服裝,也同樣頂著滿載物品的草編籃。在版畫中可供區辨她們各自身分的特點,僅有牛奶女工手上的杯子、女販手中的蕪菁以及最關鍵的資訊 —— 圖像下方所附注的叫賣文。叫賣圖中將商販勞動者形象的區隔模糊化、平板化的描繪手法,可能源自此類大眾木刻版畫以低廉成本為訴求、不求精緻的取向。另一方面,這些叫賣文字生動有力,清楚表現各個勞動商販的販售習性與特點,適時地彌補了圖像的模糊粗略,且讓叫賣圖的觀者自然地產生強烈的聽覺效果,有如親臨於市街遭遇各類小販的情景。此類圖像中的牛奶女工形象並不突出,她和其他小販一樣獨立出現在空白的景框裡,共同打造出城市裡活絡商業交易的景觀。[25]

因應市場品味的轉變,類似〈倫敦常見叫賣〉的版畫形式在日後發展出畫幅較大的格式,[26] 人物的衣著形貌也漸趨精細。且相較於其他職業類別,牛奶女工的形象很早便脫離單純職業圖示的功能,她們的樣貌細節更為豐富,以豐富的細

---

25 有關此時期叫賣圖的演變,見黃桂瑩。〈從勤奮到自立:霍加斯版畫中的勞動者形象與工作倫理觀〉。《新史學》,頁 122-25。

26 Sean Shesgreen. "The Cries of London in the Seventeenth Century." *The Papers of the Bibliographical Society of America,* vol. 86, no. 3, September 1992, pp. 269-94. 有關菁英知識分子、貴族階級熱衷收藏叫賣圖的情況,見 Sean Shesgreen and David Bywaters. "The First London Cries for Children." *The Princeton University Library Chronicle*, vol. 59, no. 2, Winter 1998, pp. 223-50。這些以菁英收藏者為導向的叫賣圖,在價格、精緻度上都大幅提升。

節與肢體動作，承載了許多性別、審美與道德意涵。在此轉變過程中，版畫家拉隆（圖 4-2）是最早、也是最關鍵的創作者。在其 1687 年開始陸續創作的〈倫敦叫賣者〉（*The Cryes of London*）系列中，拉隆以單張大面幅的格式，描繪各式街頭角色。這系列版畫價格較一般木刻版畫高昂，人物刻劃精細，在此拉隆特別將牛奶女工的樣貌大幅變造，成為一個可供欣賞的女性形貌。例如，牛奶女工不再如過往版畫中常見的頭頂編籃，衣著平淡素樸。在拉隆筆下，她頭上的牛奶桶與供人飲用的各式杯子看起來做工精緻，帶有波浪狀的捲邊紋樣，且閃耀著金屬材質的亮麗光澤，甚至尚有類似緞帶的繁複裝飾。這些用具與現實生活中勞動階級使用的儉樸器皿相去甚遠，與其說是街頭商業活動的工具，更像是一頂貴族女性的華麗頭飾，妝點著牛奶女工的姿態。此外，儘管這位頂著生財工具的牛奶女工有著一對看來健壯有力的手臂，她愉悅的面容依然帶著從容優雅的微笑。女工頭頂上飄揚的緞帶、臉龐下方的頭巾領結、雙肩上的綁帶、腰間馬甲的繩結、在纖巧小腳上顯得格外誇耀的結飾，乃至隨著她輕盈腳步飄揚的群擺，都在她身軀上形成相互呼應的視覺裝飾，引導觀者以欣賞優美女性樣貌的角度，來看待這位似乎樂於工作的「快樂牛奶女工」（The Merry Milkmaid）。

拉隆所打造的牛奶女工形象，預示了後續藝術家以這位勞動女性為主題進行演繹創作的可能途徑。例如，擅長繪製柔美女性的旅英法籍畫家梅西耶在〈牛奶女工的工作〉（*The*

Dairymaid's Occupation，後改名為 *Rural Life*，圖 4-4）中，這位牛奶女工脫離了街頭的背景，[27] 身處於一個類似室內的場景，四分之三的近身構圖強化了她的靜止性，溫婉的眼神與微笑似乎鼓勵著觀者與之親近。梅西耶以他慣用，且頗受歡迎的折衷手法，揉合古典風格肖像畫的優雅姿態，將這幅牛奶女工畫作打造為一件介於反映鄉村勞動生活的風俗肖像畫與具有情色意涵的作品：女工手中乳製品（可能為奶油或乳酪）渾圓飽滿、可口滋養的樣態，恰與她低胸線所露出的豐滿乳房相互映照，食物與乳房似乎都成為可供販售、品嘗之物，而女子帶有邀請意涵的眼神姿態，再次鼓勵、肯定了觀者進行上述的想像。

　　至此，牛奶女工的美貌與愉悅情態已成為一為人所熟悉的主題，脫離原本叫賣圖的職業形象，成為畫家表現女性之美的母題之一。例如在〈被激怒的音樂家〉（*The Enraged Musician*, 1741，圖 4-3）中，霍加斯透過呈現街頭各式勞動者此起彼落的叫賣情境，表現吵雜混亂的倫敦街頭景象。而在看來魯直無文的人群中，唯有牛奶女工翩然而至，以金字塔形的身軀線條，在畫面中間成為視覺焦點。此處牛奶女工的衣著相當素樸，白色的圍裙使她成為畫面中最為明亮顯著的人物，頭上的牛奶桶毫無拉隆版畫中的裝飾細節，但正是她的簡潔、純

---

27 拉隆的畫面中仍保留沿襲傳統叫賣圖的地平面線條，藉此暗示戶外場景。

淨的衣著使她獨樹一格，在紛擾髒亂的倫敦街頭上格外引人注目。霍加斯筆下的牛奶女工形象體現了他個人美學理論中所推崇的「簡約」／「多樣」的對比之美，[28] 更進一步而言，霍加斯的取材也說明了牛奶女工已取得獨立的視覺意涵，她的樣貌除了傳達街頭職業的身分認同，亦足以成為藝術之美的象徵。

另一方面，畫家海曼（Francis Hayman, 1708-1776）則延續了梅西耶式的美化手法來呈現牛奶女工。在這幅名為〈牛奶女工的花環〉（*The Milkmaid's Garland,* 1741，圖 4-5）的畫作裡，女工們依照習俗在 5 月 1 日當天穿上最華麗的衣裳，在街上成群歡樂地跳舞。她們會在每一戶平日販售牛奶的人家門口跳舞，並且收受來自人們的金錢或贈禮。這項五朔節傳統不僅在街頭受到歡迎，亦被認可為是一項足以在王室面前表演的風俗，例如當時報導記載，「在五朔節裡，平日為王室服務的牛奶女工們來到聖詹姆士宮，在皇家成員面前表演小步舞與利高頓舞，獲得極大讚賞」。[29] 確實，美麗精緻的衣裙、一旁由街頭雜役頂著的各式銀器杯皿和上頭裝飾的鮮花（即為女工們跳舞的「花環」），以及女工們歡愉姣好的面容，都與她們一般

28　關於此作中牛奶女工形象與霍加斯的美學論述關聯，見黃桂瑩。〈從勤奮到自立〉。《新史學》，頁 125-26。

29　*Read's Weekly Journal,* 5 May, 1733. 引自 Dyer, T. F. Thiselton. *British Popular Customs, Present and Past: Illustrating the Social And Domestic Manners of the People; Arranged According to the Calendar of the Year.* London, G. Bell and Sons, 1876, p. 232.

日常工作的素樸情境相去甚遠，成為人們注視的焦點。[30] 海曼在畫面右方安排了一位看來較為年長的牛奶女工，適時地反映出從事這項行業的不只有年輕女性，但她較為豐滿的體態、略帶勉強猶豫的面容，以及處於畫面側邊的位置，使得她現身的意義更著重於烘托畫面中央年輕女工的歡樂心情與美麗姿態。海曼這幅作品原本是為當時廣受倫敦時尚人士歡迎的芙克索花園（Vauxhall Gardens）所作，本身並非獨立的油畫作品，而是一片用於賓客包廂的活動背板，可隨著人們的需求升起或降下。從海曼的選題——在街上舞蹈、迎接眾人目光的牛奶女工——到這幅作品本身在享樂花園所具備的裝飾功能，都可看出牛奶女工作為被公眾注視，被定義為年輕、美麗、可欲的形象，已經成為廣被接受的主題。她的可人形象不只在版畫中流傳，在當時享樂花園這種具有公眾性的開放視覺環境裡，也足以召喚目光，成為遊園時尚男女的精緻陪襯。

此外，除了著眼於美麗動人的外表，時人也不吝於對牛奶女工的人格特質、生活方式進行評點。在 1740 年由版畫家穆勒（J. S. Müller）所刻製的〈五朔節的牛奶女工〉（*The Milk-Maid on May-Day*）同樣呈現了此時相當受到歡迎的五朔節牛

---

30 這些精緻的銀器，以及女工身上的華服，多為借用而來，Thiselton. *British Popular Customs*. p. 231。有關此時期勞動階級的服裝形式與意涵，見 John Style. *Dress of the People: Everyday Fashion in Eighteenth-Century England*. Yale UP, 2008，女性形象、服裝、扮裝議題參考 Kathleen M. Oliver. *Samuel Richardson, Dress, and Discourse*. Palgrave Macmillan, 2008。

奶女工形象，特別值得注意的是版畫下方的歌謠對牛奶女工的
形容：

> 如清新早晨般迎來一天，
>
> 有著玫瑰色臉頰的盛裝女孩，
>
> 帶著華麗花環、伴著羅傑的提琴，
>
> 她跳著吉格舞、看年輕俊男會怎麼做。
>
> 同時也關照到給孩子們牛奶，
>
> 否則奶媽們就要為可憐的嬰孩煩惱。
>
> 在補送完所有的牛奶後，
>
> 她接著又輕快地跳起舞來。
>
> 她躺在狄克的臂彎裡度過春宵，
>
> 接著在破曉時為母牛擠乳。
>
> 她跟雲雀一同起身、早早出門：
>
> 上床時毫無憂慮、享受美好的歇息。
>
> 不像大人物管理廣大田產，
>
> 為此憂心、忍受嘈雜。
>
> 她低下而坦誠的心幸福可喜，
>
> 享受著生活所需之事，
>
> 但不須為其餘擔憂。[31]

---

31 歌謠摘錄自 *The Milk-Maid on May-Day* (1740) by J. S. Müller，圖像參考
自 Shesgreen. *Images of the Outcast*. p. 93。

這段歌謠將牛奶女工的生活描述得多彩多姿，幾乎讓人稱羨：她年輕貌美，引人注目，在城市街道上享受著五朔節跳舞的歡樂，一邊尋找心儀的男伴，同時不忘將本分工作完美達成。這位女工享受婚姻關係之外充分自主的性生活，也勤奮地早起工作、毫無掛念地在夜裡入眠，平凡生活的充實又愉快，不須像大人物般煩憂。如果此形容為真，牛奶女工可能是各種女性勞動者之中最為獨立自主，且能兼顧私生活的職業別。不過，相對於上述近乎完美的生活樣態，農場指導書對牛奶女工的形容，應該更為貼近現實：

關於牛奶女工的特點——她可能會以結實的雙臂、手掌和粗糙的手指著稱，因為在一年之中大部分的時間裡（我可以說，幾乎是一整年），她們被迫要在外頭幫母牛擠奶。而在霜凍下雪的日子裡，她們的手指幾乎要凍得無法動彈，有時她們還得站在泥地和水裡。[32]

牛奶女工真實的勞動情境，以及由此而來的身形特徵（結實手臂、粗糙手指）在當時人們眼中想必並不陌生，但有趣的是，對於她的種種美好形容與視覺呈現卻在同時期成為廣受歡迎的文化消費物，彷彿來到城市裡的女工與鄉下實際操作乳品工作的女工是截然不同處境的勞動者（事實上這些工作通常是

---

32 Ellis. *Agriculture Improv'd*. p. 92. 粗體為原文既有。

由同一位女工執行）。融合眾人想像，由畫家美化後的城市牛奶女工，已和最初提供街頭職業訊息的叫賣圖形象相去甚遠，徹底成為城市生活裡充滿裝飾性的一景。

參、鄉野裡的道德與性慾象徵

如前文所論，樣貌可人的牛奶女工在城市裡走動、舞蹈的身影，僅是她在歌謠、圖像中經常出現的面貌之一。來自鄉下農場的牛奶女工，在鄉間田野間工作、行走或休憩的情景，在十八世紀日益興盛的英國風景畫中經常出現，成為關鍵的點景角色。巴羅特別指出，過往風景畫中常見的具有理想化形象，且暗示田園詩歌傳統的牧羊女，在此時期被牛奶女工取而代之，她的樸實衣著與勞動行為，讓風景畫中的鄉村景致顯得更為真實。[33] 根茲巴羅的〈有牛奶女工的景色〉（*Landscape with Milkmaid,* 1754-56，圖 4-6）便是此時期結合風景畫、農事主題以及鄉村人物的典型作品。在畫面左側，三位男女聚集在農舍前，農舍的入門處還有另一位婦女駐足，他們都放下手邊工作，關注著眼前兩名男子與馬匹的互動情形。相較於這些暫時擺脫農務的人物，畫面中間的牛奶女工與她白色的乳牛特別顯眼，她也是此處唯一明確地在從事勞動的人物。靠近牛奶女工

33　Barrell. *The Dark Side of the Landscape.* pp.50-53.

的樹木枝幹粗壯、樹勢嶙峋，上方卻不見細枝葉片，說明了這可能是農家根據樹木栽種傳統，以截頭立剪方式修整的「去頂樹」（pollard tree）。去頂樹可持續、快速長出新生枝幹，成為農家重要的柴薪與圍籬材料，與其他放任生長的樹木相比，去頂樹受到人為刻意管理，是農場上重要的經濟作物之一，亦是生產力的象徵。[34] 根茲巴羅在此作刻意將認真工作的牛奶女工與去頂樹並列，似乎有意暗示著此處的人與樹均是認真勞動、勤奮生產的角色。

　　根茲巴羅此畫中辛勤勞動的牛奶女工，與過往風景畫傳統裡悠然自在，且多呈現休憩（idle）的牧羊人形象有別，她代表了勤奮向上、值得受到關注救濟的窮苦人物（the deserving poor）。相較於城市裡的牛奶女工成為受人注目的美麗女子，她在鄉村裡的身分定位則以內在道德為主，正如在畫面中她的面容顯得模糊，被刻意凸顯的則是她勞動的姿態。這種呈現手法，則與此時期英國城市快速發展之下，對於鄉村的道德化論述息息相關。學者佩恩（Christiana Payne）為文指出，此時期風俗畫中常見的和樂鄉野情景與當時真實鄉村生活所遭受的各種困境形成強烈對比，可說是投射了城市中上階級對於廣大自然、純真人性，甚至宗教品德的期待。鄉村不僅以其物資（例

---

34 Elise L. Smith. "'The Aged Pollard's Shade:' Gainsborough's Landscape with Woodcutter and Milkmaid." *Eighteenth-Century Studies*, vol. 41, no.1, Fall, 2007, pp. 17-39.

如牛乳）供應城市生活所需，相對於受到工商業價值汙染的城市，鄉村更被視為保有較為健康、道德的生活形態，因此在此時的圖文作品中，對於鄉村生活，乃至於鄉村人物的樣板化呈現遂成為廣受歡迎的主題。[35] 例如在一套供中上階級使用的精緻骨磁茶杯組裡（圖 4-7），茶杯上印製了有著牧牛人與牛隻的鄉村一景，在盤中則呈現一位身著藍衣黑帽，看似鄉紳階級的男性，站在兩位牛奶女工之間，正在向右方這位女工購買乳品。這幅反映鄉村悠閒情致的景象是由版畫家翰考克（Robert Hancock, 1730-1819）為瓷器公司繪製，後續亦有同樣或經過微調的版本被印製在許多茶具餐盤上，顯見頗受市場青睞。儘管自 1750 年代開始強力施行的圈地政策（enclosure）已然改變了農村地景與生存情態，在前述根茲巴羅作品中牛奶女工辛勤工作的樣貌，以及杯盤中牛奶女工與男性之間彬彬有禮的互動情節、牧牛人安分進行放牧的工作等情景，都象徵著農場上穩定發展的動力，也使得鄉村生活看似維持在一個互古不變的悠然樣貌，且不論是在高雅藝術或裝飾用品的範疇裡，均成為一個受歡迎的主題。

　　矛盾的是，鄉野所代表的自然、不受城市禮儀規範拘束的意涵，亦可能成為反面刃，連帶改變了牛奶女工在農村風景中

---

35 Christiana Payne, "Rural Virtues for Urban Consumption: Cottage Scenes in Early Victorian Painting." *Journal of Victorian Culture*, vol.3, issue 1, 1998, pp. 45-68.

的意涵。當在城市裡美貌的牛奶女工，回到她們日常工作、生活的另一場景——鄉村時，她們作為慾望象徵的形象可能比城市中的版本更為直接露骨，且有別於在城市場景裡單獨出現，女工身旁通常伴隨著男性，暗示後續可能發生的情景。例如，同樣是由根茲巴羅於 1750 年代所作，且由貝德福德公爵（Duke of Bedford, 1710-1771）委製的風俗畫〈有牛奶女工與樵夫的景色〉（*Landscape with Milkmaid and Woodcutter*, 1754-56，圖 4-8）裡，牛奶女工的形象與前述作品中勤奮的樣貌大相逕庭。在此作中，畫面左側策著馬匹犁地的農人正在辛勤工作，而在右側去頂樹下的年輕樵夫則趁著休息時刻與牛奶女工交談。牛奶女工的表情看來有些許窘迫，一旁的乳牛也似乎察覺到其中異樣的氣氛而轉頭觀望。樵夫左手攬著一束柴薪，右手和目光則指向女工懷裡的盤皿和一旁的牛奶桶，讓人猜想他是想以柴薪交換一杯牛奶解渴？或是企圖以這樣的姿態交換、誘引女工的青睞？在他們身後遠處，有另一對看似牧羊人與牛奶女工的男女組合，雙雙坐在小丘上望向遠方，似乎暗示著在鄉野情境裡男女相處交往的自然狀態——他們亦可能象徵著前景裡樵夫與牛奶女工的結果。值得注意的是，在畫面中右半部的這兩對男女，均是處於耕地邊界之外的公有地（common）——意指開放給人們從事放牧、撿柴，或是小幅耕作的共用土地，這也是許多鄉間家庭貼補家用、維繫經濟的重要資源。而在畫面中由圍籬圈起的左側土地上，可見到一位農夫（ploughman）正辛勤地犁田，對右側男女的互動毫不知覺。

在圈地裡勞動的他很可能是仰賴貴族地主的佃農，畫面遠方聳立的屋舍宅邸暗示著這片土地所歸屬、滋養的是受傳統律法所規範保障的階級與社會關係。相對於此，右方的牛奶女工、樵夫、牧羊人不僅在時間中處於農忙之外的休憩狀態，他們所處的空間亦是更為寬鬆開放的公有地，這個在時空裡均為放任自由、可自給自足、不受成規管束的領域，亦可能容納了未受規範的人性與慾望。

根茲巴羅在此一反前述作品中牛奶女工的勞動形象，改以左側圈地裡的農夫來代表「貞潔」（chastity）以及崇尚勞動的道德精神，[36] 右方的牛奶女工則是處於一個可能改變其人生命運的臨界點。事實上，在十八世紀觀者眼中，鄉野裡年輕貌美、引人慾念或易受誘惑的牛奶女工形象幾已形成固定樣貌。由於女工們的生活、勞動場域都以農村為主，因而與鄉村男性有許多接觸機會，使她們成為鄉野、自然與性慾的象徵。[37] 她們在鄉野裡與男性的互動，不論其對象為樵夫、牧羊人、農夫或是貴族仕紳，均明確呼應了長久以來的歌謠與圖像傳統。在其中，牛奶女工的女性特質、性吸引力被刻意凸顯，成為男性慾望對象。例如在一幅十七世紀標題為〈一位年輕有禮的騎士

---

36 Amal Asfour and Paul Williamson. *Gainsborough's Vision*. Liverpool UP, 1999, p. 61.

37 Robin Ganev. "Milkmaids, Ploughmen, and Sex in Eighteenth-Century Britain." *Journal of the History of Sexuality*, vol. 16, no.1, Jan. 2007, pp. 40-67.

與美麗牛奶女工之間的愉快交談〉的歌謠版畫裡（圖 4-9），
騎士一再地對牛奶女工探問挑逗，企圖向她求歡：

> 騎士：如果我親妳呢？我的漂亮女工。
> 女工：我希望您不要傷害我，大人。
> 騎士：如果我讓妳懷上孩子呢？我的漂亮女工。
> 女工：我會要求您扶養他，大人。

　　根據歌謠的後續內容，這裡的騎士與女工最後幸運地共結
連理，牛奶女工也得以透過婚姻脫離勞動者身分，成為一位上
流淑女。然而，這樣跨越階級的美滿完好結局可能僅是特例或
止於想像，在許多的歌謠版本裡，牛奶女工與男性之間的對話
更接近一場與婚姻無關的求愛、挑逗、欲拒還迎的戲碼，且如
學者加涅夫指出的，牛奶女工未必是處於被動或是無自主性的
角色，她們亦常有智取男性，或是自身性慾的表現。[38]牛奶女
工的性自主、強烈的慾望甚或放縱的形象，在諷刺畫家羅蘭森
（Thomas Rowlandson, 1757-1827）一幅名為〈牛奶女工的歡
愉〉（*The Milkmaid's Delight,* 1790-1810，圖 4-10）版畫裡表
露無遺。如標題所示，這裡的畫面呈現著牛奶女工與黑人門僕
正在製乳房（dairy）裡交歡的場景。在這個理應維持整潔、
帶有勤奮工作氣息的空間裡，牛奶女工一邊心不在焉地製作奶

---

38 Ganev. "Milkmaids, Ploughmen, and Sex." pp. 60-61.

油，一邊回頭挑逗地看著門僕。她的衣衫不整，裙襬早已被後者高高掀起，兩人看來情投意合地享受著魚水之歡。牛乳本身在民謠裡便經常是交歡的暗喻，右側偷喝牛奶的貓亦呼應了兩人偷歡的行動，而此處女工手中的製奶油工具更具有強烈的性暗示，映照著羅蘭森對門僕私處的露骨呈現。羅蘭森創作的眾多諷刺畫固然不乏挑戰社會成規者，但〈牛奶女工的歡愉〉一作仍是他少見大膽赤裸的題材，可說是直接視覺化地呈現長久以來歌謠傳統中對牛奶女工愛慾形象的描述。羅蘭森也運用了傳統上製乳房作為一個純女性私密空間的特點，作為牛奶女工性活動的理想地點。例如在稍早煽情風俗小說中的插圖〈在鄉間的倫敦花花公子〉（1773，圖4-11）中，衣冠楚楚、來自倫敦的上流人士正是在製乳房裡與牛奶女工尋歡，但不巧被門後的農人（可能正是牛奶女工之夫）撞見。相對於油畫作品中通常較為含蓄的表現手法，[39] 這些流通廣泛的版畫、插圖以更為直白的方式，展現出牛奶女工作為一個鄉間的性誘惑者，且強化她所具有的自主性，以及她可調度的空間資源。

---

39 例如，除了前述的〈有牛奶女工與樵夫的景色〉中女工對樵夫的猶豫抗拒，根茲巴羅的另一幅畫作〈鄉村愛侶〉（The Rural Lovers, 1760），看似以一片祥和鄉野為背景，呈現牛奶女工與其情人在去頂樹下自在相處的愉悅情景，但若仔細觀察，可發現女工上身的外衣綁繩是鬆脫的，引人遐想。〈鄉村愛侶〉一作目前僅存維瓦雷斯（François Vivares）所臨摹的版畫版本可參考。

肆、慈善、滋養與母性

從上述分析可見出，在歌謠圖像傳統中牛奶女工作為美的化身、慾望的聚焦點等鮮明形象，在十八世紀以前已逐漸成形，且在後續的油畫、版畫、諷刺圖像中成為創作者傳達美學觀、理想化的鄉野勞動道德或是人性情慾的象徵。另一方面，這些固然是牛奶女工在相關文本、圖像中的重要特點，但牛奶女工的形象意義不僅源自她的美麗外表，亦不限於她勞動或怠惰的生活狀態。過往研究傾向忽略她最本質的形象 ── 意即，她是城市、鄉村生活中不可或缺的營養提供者。這項關鍵且難以取代的角色，使得牛奶女工儘管有前文論及種種深植人心的情慾形象，她亦可能與行善者，甚至盡責母親的身分產生連結。

活躍於十八世紀下半英國畫壇的肖像、風俗畫家惠特利（Francis Wheatley, 1747-1801），經常在其鄉野風情的作品中以牛奶女工為主角，他畫中的柔和氛圍以及對人物理想化的形塑，展現出當時對牛奶女工的道德期待。例如在其 1799 年的四幅連作〈清晨〉、〈中午〉、〈黃昏〉、〈夜晚〉（圖4-12）中，惠特利按時序描繪出由牛奶女工維繫的農村家庭日常作息。有別於前述圖像中呈現將乳製品帶往城裡出售或鄉野裡勞動的女工，惠特利取農舍為背景，以孩童環繞母親的情境，點出這位牛奶女工另外的身分是母親與妻子，而從〈清晨〉畫中以乳品製作為早晨重心的形象可看出，這顯然是她眾

多家務中最關鍵的項目之一。此系列作品亦點出牛奶女工個人樣貌的多重性：她不僅是前文論及圖像中在樹旁勞動，或與男性交談的年輕女子，她亦可能同時身兼妻子、母親的角色，掌握牛乳這項珍貴的營養與經濟資源，且肩負起維繫家庭健全發展的責任。

除了呈現牛奶女工的居家樣貌，惠特利對牛奶女工作為食物供給者的興趣，也發展成為另一個普遍受到歡迎的主題：行善的牛奶女工。在他一幅以版畫留存的作品裡（圖4-13），這位鄉野中的牛奶女工正從桶裡倒出一碗牛奶，給坐在路邊的年邁長者和孩童飲用。相較於前文論及的鄉紳角色，撿拾柴薪的孩童與長者的經濟狀況看起來差強人意，他們眼神充滿渴望，比起向她購買乳品，更像是接受女工的贈與。而身形顯得較為高大的牛奶女工也在畫面中居於較上方的位置，亦暗示著她是以給予者的姿態行善。[40]牛奶女工行善助人的主題不僅在惠特利創作裡重複出現，且受到入選皇家藝術學院展的肯定，如〈善心的牛奶女工〉（*The Charitable Milk-Maid*, 1790），以及〈賣牛奶的女工〉（*Milk Below Maids*, 1792-95，圖4-14）所示。〈善心的牛奶女工〉原作已不可考，但畫名已清楚點出此作彰顯的是牛奶女工的助人之舉。〈賣牛奶的女工〉則呈現位

---

40 此作目前僅能尋得版畫版本，根據大英博物館線上介紹，此作呈現「一位富有同情心的牛奶女工，正從桶裡將牛奶倒進站在路邊一位男孩手中的碗裡……」

於城市的場景，[41] 衣著素樸、面容慈愛的牛奶女工將滋養的牛奶給予衣衫不整、赤腳乞討的孩童，她的眼神溫暖親切，顯露出如母親般的關愛之情。相對於在農場工作或鄉野行走，這位牛奶女工肩上擔負著兩大桶沉重的牛奶，長途跋涉來到城裡，最重要的目的便是順利出售、貼補經濟所需。城市的場景格外強化了牛乳的商品性質與可預期的金錢利益，也更加凸顯出牛奶女工無私的施捨舉動。值得注意的是，〈賣牛奶的女工〉的原畫作源自惠特利一系列描繪倫敦勞動者的油畫，這些作品共計十四幅，均以〈倫敦叫賣圖之一〉為畫名，分別呈現牛奶女工、賣花女、磨刀匠等等人物，自 1792 至 1795 年間陸續於皇家藝術學院夏季展覽展出。惠特利可能著眼於版畫可帶來的收益與知名度，因此計畫先創作油畫，再與出版商合作，發行〈倫敦叫賣圖〉的版畫。[42] 由此可推估，從創作之初惠特利便有意識地依循傳統叫賣圖的人物類型，但可能考量學院展覽的挑戰，亦可能為了拓展叫賣圖的主題內涵，惠特利在畫中增添他所擅長的敘事場景與城市建築背景，使這些作品更接近此時廣受歡迎的風俗畫，而不是圖鑑式的傳統叫賣圖。在惠特利畫

---

41 畫名中的「Milk Below」是傳統上牛奶女工叫賣時呼喊的口號，意指「牛奶在這裡，此處有牛奶出售」，用於吸引顧客注意。

42 Roberts William. *F. Wheatley, R.A., His Life and Works with a Catalogue of His Engraved Pictures*. Otto Limited, 1910, pp. 28-30. Roberts William 認為，惠特利的原作在交給出版商製作版畫之後便往往不知去向。這也造成惠特利許多相關作品只能透過版畫得見。

筆下，所有勞動者若非正在街頭叫賣、與顧客進行交易，就是在進行磨刀、修椅子等勞動活，唯有牛奶女工是暫時放下她的本務工作，捨去金錢買賣，純粹以個人情感和崇高道德在這系列叫賣圖中出現。[43]

　　深受惠特利影響的風俗畫家莫蘭（George Morland, 1763-1804），則進一步將牛奶女工提供牛奶的舉動，與上層階級的孩童育養情景相互連結（圖4-15）。在這幅以版畫形式留存的〈聖詹姆士公園〉裡，牛奶女工並非主角，但她是右側這位仕紳軍官與其家眷前來此處的重要理由。與今日位於繁忙市區的情景有別，十八世紀的聖詹姆士公園仍屬倫敦邊陲的荒郊地帶，農人、牛奶女工從鄰近鄉村帶來許多乳牛停駐於此，成為倫敦市民購買新鮮牛乳的據點。在莫蘭筆下，牛奶女工細緻姣好的面容、配戴的黑色寬邊帽以及身上衣著沉穩的色調，均與最右側的軍官夫人並沒有太大的差異。軍官夫人輕擁、照看著年紀最小的兒子飲用牛乳，左側的牛奶女工雖然忙於擠乳的工作，但同時以溫柔的眼神，微笑看著向她索討牛乳的男孩，宛如回應著子女需求的另一位母親。以乳汁哺育幼兒的舉動，成為聯繫畫面中兩位女性的關鍵行為，如同惠特利畫筆下施捨乞兒的慈善女工，莫蘭此作中的牛奶女工展現出有別於性吸引力

---

43 惠特利挑選牛奶女工作為道德代表人物並非著眼於性別。在此系列作品中，其他女性叫賣者如賣花女、賣草莓女、賣魚女等都持續進行著街頭的叫賣與交易。

的不同面向。具有母職天性,且有哺育意味的理想化女性形象,遂成為牛奶女工的另一個特質。

這種附加於牛奶女工的道德角色與性別觀,過往學者少有關注,但筆者認為與此時期對於母職(motherhood)的探論有所呼應。[44] 十八世紀中葉開始,女性感性特質、品德、自然天性與母職之間的關係成為論者關注的重點,形成學者薛帕(Alexandra Shepard)所言之「十八世紀母職感性主義」(the eighteenth-century sentimentalism of motherhood)。[45] 視女性天生身心脆弱、缺乏理性、情感易受動搖等刻板印象在此時期依然相當普遍,但論者亦開始推崇女性特有的細膩感知能力與豐沛情感,且相信這些特質所引發的道德感性足以教化人心(特別是男性),可培養出擁有優異能力與高尚德行的下一代。[46]

---

44 關於此時期母職形象與居家概念的內涵,研究相當豐碩,可參考 Lawrence Stone. *The Family, Sex and Marriage in England*, New York, Happer, 1977. Toni Bowers. *The Politics of Motherhood: British Writing and Culture 1680-1760*. Cambridge UP,1996. Harriet Guest. *Small Change: Women, Patriotism, Learning, 1750-1810*. U of Chicago P, 2000。Eve Tavor Bannet 則以文學角度出發,討論此時期女性角色與居家概念的內涵。Eve Tavor Bannet. *The Domestic Revolution: Enlightenment Feminisms and the Novel*. The John Hopkins UP, 2000. 有鑑於上述研究多以中上階層文化為考察對象,筆者透過對牛奶女工的形象考察,對此議題提出跨階級的觀點。

45 Alexandra Shepard. "The Pleasures and Pains of Brest-feeding in England, c.1600-c.1800," *Suffering and Happiness in England 1550-1850: Narratives and Representations*, edited by Braddick, M. J. and Innes, J., Oxford UP, 2017, p. 227.

作家理查森（Samuel Richardson）廣受歡迎的小說《帕梅拉》
（又名《品德得報》〔*Pamela, Or, Vitrue Rewarded*, 1740〕），
內容便描述一位名喚帕梅拉的溫順女僕，面對企圖誘姦她的雇
主，她不卑不亢地憑藉高尚德行逐步感化後者，在雇主洗心革
面後接受他的誠懇求婚，完成跨階級流動。帕梅拉的品德，在
她成為人母、肩負教養責任之後更為彰顯。她堅持親自哺乳，
而非像一般中上階層仕女將孩子交給乳母哺育，因為「親餵是
一位母親最自然（*natural*），因此也是最神聖（*divine*）的職
責。」[47] 帕梅拉在此可說是親身參與了十八世紀支持哺乳的論
辯：論者認為除了以懷孕生產定義母職，哺乳更是重要的天
職。親餵不僅對嬰孩、母體的健康有益，亦能為母親帶來生
理、心理層面的滿足感受。[48] 哺乳之舉，也進一步成為母愛的

---

46 此類女性特質對母職角色的影響，亦有正反論辯，例如 Marilyn Francus
對相關母職文化研究提出修正看法，認為此時期文化脈絡中理想母親
的形象與居家概念仍呈現不穩定、甚至缺席的情況，Marilyn Francus.
*Monstrous Motherhood: Eighteenth-Century Culture and the Ideology of
Domesticity*. The John Hopkins UP, 2012. 以及 Heather Meek. "Motherhood,
Hysteria, and the Eighteenth-Century Woman Writer." *The Secrets of
Generation: Reproduction in the Long Eighteenth Century*, edited by Raymond
Stephanson and Darren N. Wagner, U of Toronto P, 2015, pp. 238-57。

47 Samuel Richardson. *Pamela* (1742). Introduction by George Saintsbury,
Everyman's Library, New York, 1914, pp. 683-84. 斜體為原文既有（中文
以楷體標示）。

48 Valerie A. Fildes. *Breasts, Bottles and Babies: A History of Infant Feeding*.
Edinburg UP, 1986, pp. 5-6. Nora Doyle. *Maternal Bodies: Redefining
Motherhood in Early America Book*. U of North Carolina P, 2018, pp. 86-154.

直接表現，以及母親德行的證明。[49]

　　在時人熱切爭議母親應當如何哺育嬰孩、積極論述哺育與品德的關係……文化背景下，我們如何理解惠特利作品裡施予乞兒牛乳，以及莫蘭畫中與軍官夫人並列畫面兩側的牛奶女工？不可否認的是，牛奶女工與真正的母親或專職乳母不同，她沒有身分資格，在生理上亦無法提供親餵。但她供應潔白乳汁（儘管是牛乳）、作為滋養者的角色深植人心，正如在這兩幅作品裡，牛奶女工均暫時扮演著類似替代母親的形象：她代替乞兒們可能同樣流落街頭的生母，給予他們養分。她也在軍官夫人的首肯下（畫面中軍官背對牛奶女工，只有其夫人看著左方牛奶女工跟兒子的互動）提供牛乳，供後者用於餵養子女，協助她完成母職工作。牛奶女工或許並不屬於當時哺乳論辯的適用對象，然而她與哺育工作、母職概念的緊密關聯在這些作品中展露無疑，也再度使其形象有別於其他在街頭單純販售商品的女性叫賣者。[50]

49　Ruth Perry. "Colonizing the Breast: Sexuality and Maternity in Eighteenth-Century England." *Journal of the History of Sexuality*, Oct. 1991, vol. 2, no. 2, pp. 204-34. Laura Brace. "Rousseau, Maternity and the Politics of Emptiness." *Polity*, vol. 39, no. 3, July 2007, pp. 361-83. 關於親餵的重要與意義，在日後盧梭的《愛彌兒》（*Emile,* 1762）再次得到強調。

50　Isabelle Baudino editor. *The Invisible Woman: Aspects of Women's Work in the Eighteenth-Century*. Routledge, 2016, p. 164, 174. 有關勞動階級女性的生活情況、社會形象，參考如 Bridget Hill. *Women, Work, and Sexual Politics in Eighteenth-Century England*. Routledge,1993. Karen Sayer.

另一點值得注意的是，莫蘭的作品同時呈現牛奶女工與更高階級的女性共處的情景，雖然女工蹲坐勞動的姿態依然確立了兩者之間的地位落差，但事實上這樣的取景亦呼應了牛奶女工與上層仕女之間的另一種反向連繫──由仕女扮裝的牛奶女工肖像。在前文論及的如梅西耶、海曼作品裡（圖4-4、4-5），畫家以華服美飾、優雅姿態美化牛奶女工的樣貌，使她成為可供賞玩的視覺焦點。但在上層階級的肖像畫裡，卻亦有貴族女性刻意換下華服，以牛奶女工的素樸樣貌留下肖像形貌的例子。在〈昆士貝里公爵夫人，凱薩琳·海德夫人，扮為牛奶女工〉（*Lady Catherine Hyde, Duchess of Queensberry, as a Milkmaid*, 1730，圖4-16）這幅肖像裡，公爵夫人穿上素樸衣裳，腰間繫著白色圍裙，左手執一頂毫無裝飾的黑帽，右手倚在牛奶桶邊，背景遠處呈現鄉野景色。扮裝、戲劇演出在此時期貴族階級中是頗受歡迎的私人娛樂，但從公爵夫人刻意委託畫家以此形象作肖像畫來看，這其中付出的時間、金錢及慎重程度已超乎一般娛樂式的戲劇扮裝，更接近一場希望世人銘記的自我形象塑造。公爵夫人所扮裝的牛奶女工，身形纖細優

Women of the Fields: Representations of Rural Women in the Nineteenth Century. Manchester U, 1995. Nicola Verdon. *Rural Women Workers in Nineteenth-Century England: Gender, Work and Wages*. Boydell P, 2002. Helen Smith. "Gendered Labour." *The Ashgate Companion to Popular Culture in Early Modern England*, edited by Andrew Hadfield, et al., Ashgate, 2014, pp. 178-92。

雅，面容高貴，與真正的女工應有不小差異。但如凱薩琳·海德夫人這樣的貴族仕女，對於製乳過程也可能不是全然陌生：此時上層階級熱衷在私家莊園花費重金打造「雅緻製乳間」（ornamental dairy），除了可以進行較為私密的交誼活動，仕女們也在此處學習相關製乳程序，親手製作乳品分贈親友或進行慈善捐獻。如前文所論，製乳工作向來涵蓋了女性化、潔淨、輕柔動作等意象，且具有實際的生產成果，這些特點使得乳品製作成為相當合宜的貴族女性休閒活動，亦平衡了貴族不事生產的負面形象。[51] 此外，滋養的乳品與前述理想母職形象的緊密連結，也可能是公爵夫人在扮演牛奶女工時所欲傳達的道德意識。在這幅沒有真正牛奶女工的肖像畫裡，上層貴族仕女挪用了前者的種種正面形象：素樸、潔整、勤奮、哺育，甚至慈善。公爵夫人背後的鄉野風景，也同樣傳達出對於美好自然秩序的嚮往。

---

51 Ashlee Whitaker. "Dairy Culture: Industry, Nature and Liminality in the Eighteenth-Century English Ornamental Dairy." BYU, MA thesis, 2008. *Brigham Young University-Provo*, scholarsarchive.byu.edu/etd/1327/. Accessed 26 July 2022.

伍、結語

穿梭於鄉村與城市之間的牛奶女工，在十八世紀人們的日常生活中是不陌生的形象。如同圖 4-17 的版畫所描繪的，一位來自鄉間的牛奶女工一手提著牛奶桶，一邊正趕著兩頭母牛穿越倫敦城裡文雅的布盧姆茨伯里廣場（Bloomsbury Square）。街道上仕紳淑女悠閒散步來往，對於女工的出現看似不以為意。畫家刻意將女工和母牛置於畫面中央之處，此處井然有序、人為打造的宏偉建築環繞四周，與女工經常出現的鄉村風景截然不同，形成略帶衝突感的點景效果。而在本文論述的脈絡裡，這位女工在城裡的身影可說是具體呈現出她與城市的關係，以及她在時人眼光中的位置。她往復穿梭鄉野與城市，在自然到文明之間遊走，既是提供乳品的滋養者，但也可能是以其形象吸引目光的誘惑者。她來自鄉野，具有不經規範、帶有強烈自然原欲般的性吸引力與敗德可能，而在論述女性本質的文人雅士眼中，她也可以轉為溫暖、慈愛的理想母親形象，甚至成為中上階層文化所打造的理想女性形貌。

值得注意的是，儘管這些意象看來彼此衝突，但彼此之間並無明確的前後出現順序，或是演變軌跡。例如，畫出牛奶女工照顧乞兒的惠特利，也同時期畫出以〈不謹慎的牛奶女工〉（*The Careless Milkmaid,* 1791）為題的作品，呈現出牛奶女工在樹下與情人相擁，一旁的狗兒趁機偷喝牛奶的情景。畫家可以同時創作截然不同的牛奶女工形象，也印證時人對於牛奶女

工的想像盡管相當多樣，但確實有並存的情形。她所從事的工作內容、販售的商品，以及所穿梭活動的地點，乃至於她被界定的年紀、身體、階級，均涉及許多二元相對的概念，如學者法希克（Laura Fasick）在討論十八世紀女性角色時所提出的，成為一個「意義的容器」（vessels of meaning），承載來自各方投射的目光，持續在歌謠文本、版畫、油畫或是裝飾器物上出現，成為創作者永不耗竭的主題，以及觀者百看不厭的形象。透過研究牛奶女工這個看似單一、恆久常見的圖像人物主題，本研究期待以小見大，為此時期的階級、性別與視覺文化增添更為豐富的理解與解讀。

參考書目

一手史料

Campbell, Rebert. *London Tradesman: Being an Historical Account of all the Trades, Professions, Arts, Both Liberal and Mechanic.* London, T. Gardner, 1747.

Ellis, William. *Agriculture Improv'd Or the Practice of Husbandry Display'd.* 2 vols., London, T. Osborne, 1745.

——. *The Country Housewife's Family Companion: Or, Profitable Directions for Whatever Relates to the Management and Good Economy of the Domestic Concerns of a Country Life.* London, James Hodges, 1750.

Richardson, Samuel. *Pamela (1742)*. Introduction by George Saintsbury, Everyman's Library, New York, 1914, pp. 683-84.

Stephens, Henry. *The Book of the Farm: Detailing the Labours of the Farmer, Farm-Steward, Ploughman, Shepherd, Hedger, Cattle-man, Field-worker and Dairy-Maid*. 3 vols., Edinburgh, W. Blackwood, 1844.

Thiselton, T. F. *British Popular Customs, Present and Past: Illustrating the Social And Domestic Manners of the People; Arranged According to the Calendar of the Year*. London, G. Bell and Sons, 1876.

Woolley, Hannah. *The Compleat Servant-maid, or, the Young Maidens Tutor: Directing them how they may fit, and Qualifie Themselves*[...]. Pamphlet, 4th ed., 1685.

二手研究

黃桂瑩。〈從勤奮到自立：霍加斯版畫中的勞動者形象與工作倫理觀〉。《新史學》，第 29 卷，第 3 期，2018 年 9 月，頁 125-26。

Asfour, Amal and Paul Williamson. *Gainsborough's Vision*. Liverpool UP, 1999.

Bannet, Eve Tavor. *The Domestic Revolution: Enlightenment Feminisms and the Novel*. The John Hopkins UP, 2000.

Barrell, John. *The Dark Side of the Landscape: the Rural Poor in English Painting, 1730-1840*. Cambridge UP, 1972.

Baudino, Isabelle, editor. *The Invisible Woman: Aspects of Women's Work in the Eighteenth-Century*. Routledge, 2016.

Bowers, Toni. *The Politics of Motherhood: British Writing and Culture*

1680-1760. Cambridge UP, 1996.

Brace, Laura. "Rousseau, Maternity and the Politics of Emptiness." *Polity*, vol. 39, no. 3, July 2007, pp. 361-83.

Brooks, Emily. "The Milkmaid's Tale," *National Trust Magazine*, vol. 93, no. 4, 2001, pp. 42-43.

Carroll, Alicia. "Human Milk in the Modern World: Breastfeeding and the Cult of the Dairy in *Adam Bede* and *Tess of the d'Urbervilles*." *Women's Studies*, vol. 31, issue 2, 2002, pp. 165-97.

Doyle, Nora. *Maternal Bodies: Redefining Motherhood in Early America Book*. U of North Carolina P, 2018.

Ganev, Robin. "Milkmaids, Ploughmen, and Sex in Eighteenth-Century Britain." *Journal of the History of Sexuality*, vol. 16, no.1, Jan. 2007, pp. 40-67.

Guest, Harriet. *Small Change: Women, Patriotism, Learning, 1750-1810*. U of Chicago P, 2000.

Fildes, Valerie A. *Breasts, Bottles and Babies: A History of Infant Feeding*. Edinburg UP, 1986.

Francus, Marilyn. *Monstrous Motherhood: Eighteenth-Century Culture and the Ideology of Domesticity*. The John Hopkins UP, 2012.

Hill, Bridget. *Women, Work, and Sexual Politics in Eighteenth-Century England*. Routledge, 1993.

McMurry, Sally. "Women's Work in Agriculture: Divergent Trends in England and America, 1800-1930." *Comparative Studies in Society and History*, vol. 34, no. 2, April 1992, pp. 248-70.

Oliver, Kathleen M. *Samuel Richardson, Dress, and Discourse*. Palgrave

Macmillan, 2008.

Postle, Martin. *Angels and Urchins: The Fancy Picture in 18th-Century British Art.* Djanogly Art Gallery, 1998.

Payne, Christiana. "Rural Virtues for Urban Consumption: Cottage Scenes in Early Victorian Painting." *Journal of Victorian Culture*, vol. 3, issue 1, 1998, pp. 45-68.

Meek, Heather. "Motherhood, Hysteria, and the Eighteenth-Century Woman Writer." *The Secrets of Generation: Reproduction in the Long Eighteenth Century*, Ed. Raymond Stephanson and Darren N. Wagner, U of Toronto P, 2015, pp. 238-57.

Perry, Ruth. "Colonizing the Breast: Sexuality and Maternity in Eighteenth-Century England." *Journal of the History of Sexuality*, Oct. 1991, vol. 2, no.2, pp. 204-34.

Sayer, Karen. *Women of the Fields: Representations of Rural Women in the Nineteenth Century.* Manchester U, 1995.

Shesgreen, Sean. *Images of the Outcast: the Urban Poor in the Cries of London.* Manchester UP, 2002.

——. " The Cries of London in the Seventeenth Century." *The Papers of the Bibliographical Society of America,* vol. 86, no. 3, Sept. 1992, pp. 269-94.

Shesgreen, Sean and David Bywaters, "The First London Cries for Children." *The Princeton University Library Chronicle*, vol. 59, no. 2, Winter 1998, pp. 223-50.

Shepard, Alexandra. "The Pleasures and Pains of Brest-feeding in England, c. 1600-c.1800," *Suffering and Happiness in England 1550-*

1850: Narratives and Representations, Ed. Braddick, M. J. and Innes, J.,Oxford UP, 2017.

Smith, Elise L. "'The Aged Pollard's Shade': Gainsborough's *Landscape with Woodcutter and Milkmaid*." *Eighteenth-Century Studies*, vol. 41, no.1, Fall 2007, pp. 17-39.

Smith, Helen. "Gendered Labour." *The Ashgate Companion to Popular Culture in Early Modern England*, Ed. Andrew Hadfield, et al., Ashgate, 2014, pp. 178 92.

Solkin, David H. *Painting out of the Ordinary: Morality and the Art of Everyday Life in Early Nineteenth-Century Britain*. Yale UP, 2008.

Style, John. *Dress of the People: Everyday Fashion in Eighteenth-Century England*. Yale UP, 2008.

Stone, Lawrence. *The Family, Sex and Marriage in England*. New York, Happer, 1977.

Valenze, Deborah. "The Art of Women and the Business of Men: Women's Work and the Dairy Industry c. 1740-1840." *Past and Present*, no. 130, Feb. 1991, pp. 142-69.

Verdon, Nicola. *Rural Women Workers in Nineteenth-Century England: Gender, Work and Wages*. Boydell P, 2002.

Whitaker, Ashlee. "Dairy Culture: Industry, Nature and Liminality in the Eighteenth-Century English Ornamental Dairy." BYU, MA thesis, 2008. *Brigham Young University-Provo*, scholarsarchive.byu.edu/etd/1327/. Accessed 26 July 2022.

William, Roberts. *F. Wheatley, R.A., His Life and Works with a Catalogue of His Engraved Pictures*. Otto Limited, 1910, pp. 28-30.

圖 **4-1** *The Common Cryes of London*, by John Overton, 1640.

圖 4-2　*The Merry Milk Maid* from *The Cryes of London* series, by Marcellus Laroon. 1688.

圖 4-3　*The Enraged Musician*, William Hogarth, 1741.

圖 **4-4** *Rural Life*（原名 *The Dairymaid's Occupation*），John Faber the Younger after Philippe Mercier, 1710-1756.

圖 **4-5** *The Milkmaid's Garland, or Humours of Mayday*, Francis Hayman, 1741.

圖 4-6 *Landscape with Milkmaid*, Thomas Gainsborough, 1754-56.

圖 4-7 *The Milkmaids*，茶杯與茶盤，1765 年製造。Robert Hancock 設計，Worcester Porcelain Factory 製作。

圖 **4-8** *Landscape with Milkmaid and Woodcutter*, Thomas Gainsborough, 1755.

A Merry new Dialogue

BETWEEN A
Courteous young Knight, and a gallant Milk-Maid

Expressing in a discourse of their happy meeting and the words the Milk-maid answered the
Knight, and how at last the Knight married the Milk maid and of the portion her father the
Blacksmith gave her to the admiration of all other Black-smith's.

You merry Milk-maids that dabbles in the dew
Between the Knight and's Milk maid pray you view,
And here you'l find their discourse was very rare
Which may a pattern be to Virgins fair,

To a new Tune, called Adams fall, or Jockey and Jenny, or where art thou going my pritty mai

AS I walked forth one Summers day
By a green Meadow I took my way,
I met with a bonny lass fresh and gap,
  with a fa la la la la le ro.
This bonny Lass was of a handsome glee
I ask't her questions above two or thre,
Word for word she answered me,
  with a fa, &c.

Where art thou going my pritty Maid
I milking good sir she said
Shall I go with thee my pritty Maid
  with a fa, &c.
What will you do with me sir she said
Talk of old stories my pritty Maid
Sir't kindly welcome sir she said,
  with a fa, &c.

But what if I kiss thee my pritty Maid
I hope you'l not hurt me sir she said,
I of a man pet ne're was afraid,
  with a fa, &c.
How if I get thee with child my pritty Maid
I'l give you the bearing on't sir she said
Thou art to be commended my pritty Maid
  with a fa, &c.

But what if I unto the wars do go
My pritty Maiden then what wilt thou do
I'd put on Armor and travel with you
  with a fa, &c.
Alas pretty Maiden that must not be
The bloody wars is not fitting for thee
Yet I commend thee for thy constancy,
  with a fa, &c.

 4-9 *A Merry New Dialogue between a Courteous Young Knight, and
a Gallant Milk-maid.* Printed for W. Thackeray at the Sugar loaf in Duck
lane, between 1688 and 1689.

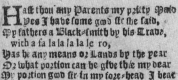

Haſt thou any Parents my pretty Maid
Yes I have ſome good ſir ſhe ſaid,
My fathers a Black-ſmith by his Trade,
    with a fa la la la la la le ro,
Has he any means or Lands by the year
Or what portion can he give thee my dear
My portion good ſir in my fore-head I bear
    with a fa la &c.

But what if I marry thee my pretty Maid
What you will good ſir ſhe ſaid,
Thy wit and thy beauty my heart hath betrayd
    with a fa &c.
I'le make thee a Lady of high degree,
If thou my love and my wife wilt be
o ronders fine Bower is mine thou doſt ſee
    with a fa &c.

Then let us walk to it my deareſt quoth he
Nay pray you ſtay ſir that muſt not be
My father and Mother firſt let us go ſee
    with a fa &c.   (Knight
But when they came there this courteous young
The old coupl in him did take ſuch delight
They made him ſo welcome he tarried all night
    with a fa &c.

And in their diſcourſe the Knight was ſo kind
Unto this old couple he told his mind
Where he much love and reſpect did find
    with a fa &c.

The old man re lyed ſir Knight quoth he
My daughters not fitting your bride to be
Yet the weight of her in Gold i'l give to thee
    with a fa &c.

Then wed her and bed her and take her away
And if you can love her by night and by day
Three thouſand more I'le be bound you to pay
    with a fa &c.
The courteous Knight then ſtrait he replyed
Your pretty Milk-Maid ſhall be my Bride,
She'l ne're carry pale more what e're betide
    with a fa &c.
                              (Old
The Black-ſmith his daughter be cloathed
The Knight was moſt rich and brave to behold
They ſeem like two ſaints cut out of one mould
    with a fa, &c.
Thus unto the church they ſtrait took their way
And joyn'd both their loves in one night and day
whereby made this Milk Maid a Lady ſo gay
    with a fa, &c.

So farewel to Mary, to Peg, and to Sue
And all pretty Maidens that dabbles i'th dew,
See that in your Loves you ever prove true,
    with a fa, &c.
No credit you'l get if ſcornful you be
For this pretty Milk-Maid did humble you ſee
Which made this young Knight & her to agree
    with a fa la la la la le ro.

Printed for W. Thackery at the Sugar loaf in Duck lane.

圖 4-10 Thomas Rowlandson,
The Milkmaids Delight, 1790-
1810.

圖 4-11 *The London Beau in
the Country, or the Dairy-house
Gallant*, 1773.

圖 4-12　Francis Wheatley, *Morning, Noon, Evening, Night,* 1799.

圖 **4-13** Untitled, engraved by John Murphy after Francis Wheatley, 1748-1820.

圖 **4-14** *Milk below Maids*, engraved by Luigi Schiavonetti after Francis Wheatley, 1793.

圖 **4-15** *St. James's Park*, engraved by François David Soiron after George Morland, 1790.

圖 4-14

圖 4-15

圖 **4-16** *Lady Catherine Hyde, Duchess of Queensberry, as a Milkmaid*, Charles Jervas, 1730.

圖 **4-17** Print by Pollard and Jukes, after Edward Dayes, 1787.

醉漢與春醪
—— 蘭姆與梁遇春的隨筆寫作 [1]

黃柏源

壹、緒論

出生於 1775 年、卒於 1834 年的英國作家蘭姆（Charles Lamb），在浪漫主義時期以詩作為主的時期，選擇了「隨筆」（familiar essay）作為主要的寫作文類。雖然稱不上異類，但卻是獨樹一格的選擇。在其寫作生涯早年，蘭姆曾與洛伊德（Charles Lloyd）合作，出版一系列的詩作；此外，蘭姆也曾寫過小說與喜劇，但這些作品未獲讀者或觀眾青睞。自 1820 年始，已屆 45 歲的蘭姆，以「以籟雅」（Elia）的筆名，為

---

1 本文中所使用之蘭姆（Charles Lamb）引文，皆來自 E. V. Lucas 於 1925 年編著出版的蘭姆全集（*The Works of Charles and Mary Lamb*），是當前蘭姆研究最有公信力的版本之一。引文皆以卷數與頁數標記之。另，針對蘭姆的文章翻譯，除一處使用梁遇春的翻譯外，餘皆筆者自譯，特此說明。

《倫敦雜誌》（*The London Magazine*）撰寫一系列的隨筆，並於 1823 年以《以籟雅隨筆》（*Essays of Elia*）之名出版；事隔十年後，於 1833 年，《以籟雅的最後隨筆》（*Last Essays of Elia*）出版。這一系列的寫作，終於奠定蘭姆自成一家的名聲，也讓有別於浪漫詩的隨筆，得以成為當時蔚為風行的次文類。

筆名「秋心」、「馭聰」的中國民初隨筆作家梁遇春，被郁達夫譽為「中國的愛利亞」[2]，因為其行文風格，常與約一百年前的蘭姆相提並論。梁遇春生於 1906 年，而於 1932 年感染猩紅熱而驟然離世，留下兩部散文集《春醪集》（1930）與《淚與笑》（1934）。梁遇春就讀北京大學英文系期間，便開始翻譯西方文學作品，雖然主要以英國文學為主，但也有少量俄羅斯或波蘭文學的譯著。梁遇春的散文寫作風格受到十八、十九世紀的英語世界的作家影響，在其行文之中，處處可見對於這些作品的引用。論者往往認為梁遇春的寫作風格另闢蹊

---

2 「愛利亞」一詞乃郁達夫編選《中國新文學大系：散文二集》〈導言〉中所用（11），實則指的是 Elia，係蘭姆寫作隨筆時所採用的敘事者之名。需注意的是，雖今通用之譯名多為「伊利亞」，但誠如 E. V. Lucas 所爬梳，蘭姆自承此名靈感來自於早年工作一名義大利同事 Ellia（6：558）。而有許多學者也指出，蘭姆選擇其名不僅是玩弄了變序字（anagram）的概念，實則為「一則謊言」（a lie）；此外，蘭姆也是巧妙運用了此名的發音近似於「說謊之人」（a liar）。凡此種種，筆者將在此文中將此敘事者之名譯為「以籟雅」，以求音近。

徑，雖然總數不過五十餘篇，卻能在中文散文發展中獨樹一格。梁遇春對於蘭姆的喜愛其來有自，甚至在《春醪集》中撰寫〈查理斯·蘭姆評傳〉，係最早系統化將蘭姆介紹給中文讀者的篇章。

本文將透過研究英國作家蘭姆與中國作家梁遇春的作品，以兩位作家談論「酒」與「醉」的數篇隨筆，藉以了解隨筆的文類定義，並討論隨筆在民初中國的發展與影響。無可否認的，隨筆在歐洲啟蒙時期萌芽，並延伸到浪漫主義時期，更在民初五四時期，成為白話文運動推行的助力，並在書寫體裁上賦予作者表達形式上的自由，裨益當時對於語言與思想上的革新。透過對於蘭姆與梁遇春的交叉閱讀與比較，本文希望能夠跨越中英文學界的界線，讓蘭姆與梁遇春的討論不再侷限於各自的語種與語境裡，讓現代讀者更進一步認識兩位作家，並思索關於當代隨筆寫作的邊界。

貳、隨筆與蘭姆的〈醉漢自白〉

欲了解「隨筆」的發展，便不得不回歸到隨筆作為單一文類（genre）的源頭。「隨筆」先由十六世紀法國作家蒙田（Michel de Montaigne, 1533-1592）創建，在法文中採取了 *essai* 一詞，中文早先或譯為「試筆集」，或譯為「隨想錄」，恰恰說明了蒙田寫作此文類的精神，因為此字源來自法文動詞

essayer，本就是「考察」、「驗證」、「嘗試」、「試驗」，也是作家透過書寫對自身進行思索，隨性為之的雜談。[3] 作為書寫的載體，「隨筆」給予書寫者相當程度的自由，在書寫長度上可長可短，議題也無須故作高深。蒙田的創見，在於將此文類有別於高深的議論，而將書寫回歸自身。學者哈托（Ann Hartle）認為，蒙田之所以寫作隨筆，是因為其自承「我被一種欲望所擄獲：忍不住要將自身的生活方式公諸於世」（I was seized with the desire to give a public account of [my ways of life]）。哈托在其專著裡，針對蒙田寫作隨筆的目的性加以探查，並認為除了形式與體裁上的自由之外，蒙田寫作隨筆的目的性之二，乃是將己身日常慣習（*moeurs*）作為寫作的驅動性，也是前述的「欲望」。誠如蒙田在〈致讀者〉一文中所展現，一開始的私人絮語，逐漸在文中轉向對於公眾的讀者。哈托認為，正是這樣的精神，使得一般讀者得以一窺作家的私我，也讓作家得以透過書寫的公眾性，與讀者進行思辨上的交換（65）。換言之，在隨筆作為文類的初始，作者的寫作便已將讀者帶入書寫的考量。隨筆的書寫，本身便存在作者與讀者之間的相互滲透與交流。

3　在哈托的專著《蒙恬：偶然成為哲學家》（*Michel de Montaigne: Accidental Philosopher*, 2003）一書中，爬梳歷來關於「隨筆」文類的討論。哈托引用孔舍（Marcel Conche）的想法，認為隨筆即是「試圖獨自思考」（to try to think by oneself）（63），似乎也暗示了隨筆的獨立性與自白的書寫形式。

作為十六世紀的法國作家，蒙田對於「隨筆」文類的貢獻，首先是在體裁上的「嘗試」精神，文體可長可短，可議論可抒情，不再受到形式上的限制；再者，透過書寫，蒙田雖稱不上「文以載道」，但將隨筆的書寫作為知識分子思想珠玉結晶的載體；此外，也因為隨筆本身的私我性，寫作風格得到相當程度的豐潤與滋養，成就了寫作者風格的自我展現。也因此，正如同學者黃科安所言，蒙田的隨筆在「創造性」、「自由性」、「多樣性」（377-8），對後世作家發揮了相當程度的啟發作用。然而正是因為這樣的創造性、自由性與多樣性，散文作為文類的本質也引發無休止的爭辯。近年由卡杉（Thomas Karshan）與莫非（Kathryn Murphy）所編纂的《論散文》（*On Essays: Montaigne to the Present*）一書中，透過邀集許多學者探究「散文作為文類」的歷史與發展。莫非便注意到，當英哲培根（Francis Bacon, 1561-1626）將此文類從蒙田手中移轉至英語世界時，培根選擇了以節制且平實的語言、簡明扼要的篇幅，將書寫的中心思想傳遞給讀者。培根的寫作風格強烈影響了十七世紀起的英文寫作，讓隨筆成為客觀的、智識論的體驗（88）。在十八世紀的作家埃迪森（Joseph Addison, 1672-1719）與史狄爾（Richard Steele, 1672-1729）的推波助瀾之下，隨筆作為面向閱讀大眾的文類與寫作風格，逐步得到了普及。例如艾利思（Markman Ellis）便認為，正是期刊與報章的普及與流通，提供散文作者在書寫題材與讀者間建立「物質證據」（material evidence），也使得隨筆文類在讀

者的日常生活中占有一席之地（107）。艾利思也認為，在埃迪生與史狄爾發行的期刊隨筆中，既主張新聞報導的即時性（immediacy）與現在性（presentism）；但同一時間，卻又讓不受限於時間向度的哲學性與道德性思考的隨筆併陳並置，使得隨筆在屬性上得到了模稜兩可的歧異性，卻也讓隨筆的寫作越形開闊（113）。因而自十八世紀開始，隨著期刊的快速流通與高度發展，隨筆得到了更多的機會走出知識分子的書房，而進入尋常百姓家。這裡提及的尋常百姓，是在十八世紀識字率普及、社階流動（social mobility）提高，以及人口逐漸集中於大都市的閱讀大眾。在這些隨筆作家與期刊的努力之下，隨筆的題材更形寬廣自由，脫離了倫理與哲思的範疇，大至政治議論、小至生活細瑣，都能進入隨筆作家的筆下。

　　若說十八世紀的文化，提供隨筆肥沃的土壤容許其在英語世界逐漸茁壯，十八世紀末、十九世紀初的隨筆的發展更是攀到了顛峰，蘭姆、海茲利特（William Hazlitt, 1778-1830）、杭特（Leigh Hunt, 1784-1859）、德昆西（Thomas De Quincey, 1785-1859）等隨筆作家，讓輕薄短小的隨筆，在以詩作見長的浪漫主義時期，另闢蹊徑地得到了新的可能性。吉甘特（Denise Gigante）主張，在十八世紀裡的咖啡廳與吸菸室等空間，英文的隨筆傳統，藉由參與閒談的「社交性」（sociability）中得到更完善的發展，直到浪漫主義時期，散文中常見的日常性才逐漸讓步給「脫離日常生活的、較為崇高的藝術理想」（loftier ideal of art detached from everyday life）

（151）。達特（Gregory Dart）則作出細分，認為浪漫主義時期的文學發展雖略可分成「都市期刊隨筆」與「農村隱居詩作」兩種傳統（167），但兩者之間也並非截然二分的。達特論述道，隨筆雖然常以都會生活為主要書寫題材，但其行文「也常具備了隱居的驅力」（an impulse to retirement）（170），頗有「大隱隱於市」之風。達特指出，包括蘭姆、海茲利特、杭特、德昆西等隨筆作家，更是在都市隨筆中憶往述懷。綜合以上的觀點，不難發現隨筆在浪漫主義時期的發展，不僅是作者個人抒發己見或己思的書寫工具，更是面向消費主義下新興的都會讀者群，因而隨筆作為書寫的載體，在書寫者與讀者之間的默契，建立在日常生活與共同經驗上。米爾涅司（Tim Milnes）則在著作《理智的見證》（*The Testimony of Sense*, 2019）中認為，浪漫時期的隨筆文類，或許無意之中解決十八世紀如埃迪森或哲學家休謨所試圖達成的結果：透過隨筆作為文化溝通的形式與載體，藉由隨筆統合了哲學與詩學的範疇，並且橋接智識（the intellectual）與日常（the quotidian）（192）。

　　此時期的隨筆作家中，被海茲利特讚賞最能掌握時代精神（spirit of the age）的便是蘭姆，尤其是其透過隨筆展現出此文類「familiar」的一面。對此「familiar」，既是「熟悉」、市井可見的題材，同時也以「閒適」的筆調，不高談闊論，也不戴道德的高帽，而是描繪隨手可得的光景。蘭姆以「以籟雅」的筆名與角色（persona），穿梭在倫敦中心的街頭巷

尾，或談工作與消遣，或憶過往及現下，或虛或實，似近似遠，夾敘夾議，時而譏諷時而嘆息，隨筆寫作在他的妙筆生花下產生了時代的共感，特別在倫敦都會區的讀者群裡蔚為風尚。在《以籟雅隨筆》刊載於《倫敦雜誌》的 1820 至 1830 年代，蘭姆以隨筆寫作，譜寫了倫敦日常的浮世繪；或用蘭姆更喜歡的字眼，這是充滿了街聲、幽默、奇特與童稚之趣的「化妝舞會」（masquerade）與「嬉鬧劇」（pantomime）。**4** 前述學者達特認為蘭姆的隨筆簡直就是「大都會的抒情歌謠集」（metropolitan lyrical ballads），特別是〈南海貿易公司〉一文（173）。在蘭姆的在地情感與記憶敘事中，古往今來見證的倫敦，記憶的參考點也是標誌物，廢墟卻在他眼裡成了壯麗的遺跡。在題為〈倫敦人〉的一篇短文裡，蘭姆自認：「的確，我也在某種程度上算是倫敦市長。」（Indeed I consider myself in some sort a speculative Lord Mayor of London.）（6: 224）這樣的宣言，在接下來的段落裡得到更細緻的討論。無論是在「珠瑞巷的劇場」（Drury Lane Theatre）看見「烏合

4　迄今，中文學界常將 pantomime 此一字眼譯為「啞劇」，但此譯法實在是忽略了 pantomime 在英國文化中的意涵，尤其與聖誕風俗有關，音樂、魔術、歌唱、扮裝等，以及與小觀眾之間的強烈互動，正是 pantomime 不能僅譯為「啞劇」的原因。再者，研究蘭姆的學者應知悉，蘭姆對於童年與童稚的趣味特別緬懷，童年在其作品裡更是扮演不可或缺的角色，特別在以籟雅隨筆中可見端倪。因此，筆者主張以「嬉鬧劇」取代「啞劇」，或許是掌握蘭姆作品更為恰當的譯法。

之眾的歡快臉龐」（a mob of happy faces），或是在弗禮特街（Fleet Street）見著忙碌紛擾的群眾，對蘭姆而言，群眾與街市生活，他都將之視為延伸的家庭空間。下文他提到「很常當我在家覺得煩膩或愁倦，我跑到倫敦的熱鬧大街上，任情觀察，等到我的雙頰給眼淚淌溼，因為對著倫敦無時不有像啞劇（pantomime）各幕的動人擁擠的景況的同情」（梁遇春，《春醪集·淚與笑》，38）。也因之，蘭姆對於倫敦都會所產生的「在地情感」（local attachment）自不待言，甚至連他人眼中所見倫敦之「缺陷」（deformities）或「卑劣」（meanness），無論給予他人怎樣的「厭惡」（distaste）、「反感」（aversion）抑或「憎厭」（disgust），都無法使他背離倫敦。他甚至放膽直言：「我就愛倫敦的煙霧，正因為這是我放眼所見最熟悉的生活環境。」（I love the very smoke of London, because it has been the medium most familiar to my vision.）（6: 224）

透過與讀者預設立場的辯證，蘭姆如此直言大白話對於倫敦的喜愛，也就讓作者的獨特性與在地性牢牢地綁在一起了。時移事往間，蘭姆殷殷召喚的，既是經歷大疫與大火之後重建的倫敦歷史，也是他對於過往私歷史的流連忘返。蘭姆對於倫敦的包容與喜愛，貫串了兩冊《以籟雅隨筆》。對於方興未艾的倫敦中產階級讀者而言，蘭姆筆下的「以籟雅」不僅是倫敦變化中的參與者，亦是為《倫敦雜誌》讀者群量身訂做的見證人。他調度熟悉的生活環境，以親切隨和的語氣，與讀者對

話，給予《倫敦雜誌》的讀者群特有的認同與歸屬感。[5] 海茲利特正是如此形容蘭姆的寫作：

> 在他的腦海中，想法品味著大部分的現實；或者更確切地說，他的想像力徘徊在每一頁的邊緣，他的一頁作品讓我們憶起了火爐旁的**陌生人**，帶著昏暗、若有似無地飄動著，帶著它隱約的迷信和好客的歡迎！〔……〕他沒有宏大的高調理論來吸引有遠見之人和狂熱分子，亦無過時的話題來吸引輕率和虛榮之人。他逃避現下，他嘲笑未來。他的感情總是回溯並定錨在過去，但即便如此，也必須有些私我性與在地性的東西才能讓他深深地、徹底地感興趣。（"Elia and Geoffrey Crayon" pp. 413-14.）

海茲利特掌握了蘭姆書寫中特有的猶豫不決與不一致性，他的隨筆正如夜晚的鬼魂，徘徊穿梭、絮絮叨叨，但這裡頭卻還是具備了自嘲的成分。學者茹叟（Brent L. Russo）認為，蘭姆獨有的瑰異觀點（eccentricity）與幽默，使得蘭姆對於隨

5　關於《以籟雅隨筆》與《倫敦雜誌》之間相輔相成又密不可分的關係，請卓參學者邵恩菲爾德（Mark Schoenfield）的文章 "Voices Together: Lamb, Hazlitt, and the 'London'"，以及赫爾（Simon P. Hull）的專著 *Charles Lamb, Elia, and the London Magazine*。亦可參酌黃柏源的篇章〈蘭姆（Charles Lamb）的在地情感與記憶敘事〉。筆者在此不再贅述。

筆的貢獻悠遠深長。之所以蘭姆隨筆的瑰異能夠成為讀者喜愛的特色，主要展現在三個層面上：當瑰異成為理智判斷的弱點，不僅不成為阻礙，反而招來讀者的喜愛；對於寫作帶有瑰異色彩的自覺，卻不吝展現幽默自嘲，反倒創造出暖意；而以籟雅這古怪的角色具備獨特性（singularity），更使得讀者對於蘭姆產生了情感上的連結（438）。個性怪奇的蘭姆，不就在《以籟雅的最後隨筆》序言〈故以籟雅行述〉（Preface: By a Friend of the Late Elia）中，偽託以籟雅已亡故，並以友人的身分「非爾—以籟雅」（Phil-Elia）作序成為悼祭之書？生死之間，蘭姆筆下的非爾—以籟雅，卻能拉出客觀距離凝視自身的寫作。先是將以籟雅描述為「奇特」（singular）之人（2: 151），非爾—以籟雅又如此接續寫道：

> 我現在終於可以放膽直言，許多我所聽聞、對我這位亡友作品的反對意見，倒是有憑有據的。首先我招認，這些文章寫得粗糙、不假修飾、生硬拙劣、壞鬧一場，但卻在句式與詞藻上頗見古風。不過，它們若非如此，估計也就算不得是他的文章了。（2: 151）

在這樣的悼祭之書中，非爾—以籟雅沒有歌功頌德，卻是一再拆解蘭姆自身的寫作動機。在這篇序言中，非爾—以籟雅占據了特殊的發言地位：既近又遠，既親近又疏離，既扮演批判的評論者，但同時也是詐死的作者。這樣多重懸置自身身分

的策略，同時接近蒙田以來的「自白」（confession）傳統，卻又在技法上賦予了體物言志的抒情性。近年來研究蘭姆最不遺餘力的學者之一詹姆絲（Felicity James）則在〈蘭姆、以籟雅與隨筆〉（Charles Lamb, Elia, and Essays in Familiarity）中，認為非爾—以籟雅捕捉了蘭姆對於隨筆中，關於「familiar」概念的秀異之處：「既親密又陌生，表面上友善但實際上令人不安，不斷躁動的期望。」（at once intimate and alien, ostensibly friendly but in fact disconcerting, continually unsettling expectation.）（187）

　　據詹姆絲所言，蘭姆的「親和」其實充滿矛盾的角力，也有別於同代作家。在隨筆體物言志鋪陳的「親和」筆調背後，蘭姆比誰都還更忸怩自覺。這樣的忸怩自覺，或許正如米爾涅司所言，係因蘭姆隨筆中所調度的日常，其實無意導正哲學的抽象概念，而是企圖以日常超越（transcend）哲學（221）。也因之，蘭姆無意於調度智識論，而是以自身的私人情感作為行文的真理，取代思考的客觀性目標（221）。換言之，蘭姆正因為這樣對於「情真」，而非單純的智識論的探索與追求，使其行文美學落在了「懷疑的昏蒙狀態」（twilight of dubiety）（221）。也因為這樣對於智識論的漠然，使得蘭姆的寫作缺乏迫切回應現實的衝動，即便蘭姆的寫作仍具有與當代讀者共享的共時性（synchronicity），卻不見期刊隨筆所常見、具備類似於新聞價值的「即時性」與「現在性」。藉由以籟雅的（以及其他多種）虛構身分，蘭姆有意拉出作者與讀者

的距離；然而透過這樣虛實遠近的操作，蘭姆尋求的或許是回到散文的原初形式：自白。而自白，以語言或書寫招認內心的思緒與探索，不免是帶著內省式的色彩的。

如此內省式的、「不斷躁動的期望」，或可從蘭姆於1822 年，署名以籍雅出版的〈醉漢自白〉（Confessions of a Drunkard）中略見一二。[6]〈醉漢自白〉的前四段，蘭姆面對「雄辯家」、「論客」、「道德分子」等等，不說之以理，而是動之以情，冀望這些責難酒鬼之人能「流露幾許同情或諒解」（1: 133）。然而，到了第五、六段，作者直接招認：

> 我知道有位仁兄處在這種情況，他曾經嘗試過滴酒不沾，不過也只持續了一晚 —— 其實對他而言，那害人的汁液早已失去原有的魅惑，他也早知道它非但無法減輕自己的苦悶，反過來更是加深這苦悶 —— 然而，在那劇烈爭鬥的時刻，由於身心痛苦交相煎迫，為擺脫那煩躁不安，就我所知，他仁兄竟然急出聲大叫哀號。
>
> 我還在猶豫什麼，我看我就此招認算了：我說的這位仁

6　根據蘭姆全集的編輯 E. V. Lucas 爬梳，此文歷經多次改寫與出版，最早可見於 1813 年的 *The Philanthropist* 上，並於隔年再度改寫收錄於 *Some Enquiries into the Effects of Fermented Liquors*，1822 年再度出版於 *The London Magazine* 之上，最終收錄於 1835 年改版的 *The Last Essays of Elia* 之中。請參酌 Lucas 編選的蘭姆全集第一卷頁 430-34，有非常詳盡的說明，筆者在此不再贅述。

兄便是我自己。我倒不覺得我需要向全人類道歉，因為我看芸芸眾生也多少有些偏離理性的時刻。這害人的東西可是我給自己帶來的苦惱，我只消對自己負責。（1: 134）

在面對道德分子的責難，這位醉漢的自白先是面對著讀者群眾的，而後才是向內面對著自我的內省。在此文中，蘭姆自承是「有些神經質的弱者」、「口吃」，也是個「菸槍」。作為「膽小怯懦」的個體，作者與朋友的交遊往來，總得靠酒精與菸草這些「不良嗜好」，才能讓他在社交場合放鬆自在，得以妙語如珠、插科打諢（1: 134-35）。然而筆鋒一轉，醉漢開始進一步自白，菸草對其產生的作用「先是如光明墮入黑暗，從迅速的寬慰轉為負面的緩解，又轉入煩躁與不滿，最後則是徹底的悲慘」（1: 136），抑或酗酒無度的不斷影響，終究使其智慧精力「脫離了有條不紊的生活軌道，背棄了朗朗白晝的各種職責，因為精力逐漸耗盡，最終只得依賴清醒時的癲狂，這癲狂的毀滅卻又是自找的」（1: 138）。無論酒精與菸草曾具備如何好處，醉漢卻向讀者這樣勸慰：

且看看我吧，本應是年富力強的我，如今卻痴呆衰朽。諸君且聽我娓娓道來，這午夜的酒杯所帶來的益處。

僅僅十二年前，我身心健康。雖說不上身強體健，但體質卻能倖免於疾患。然而現在呢，除了我泅泳於酒海裡的時刻，我頭上與胃裡的不適之感總形影不離。這可比那些

明確的病症或疼痛還要難受得多。（1: 138）

　　由社交所引發的焦慮，談笑風生的唯一可能，便是在酒精與菸草的催化之下才能感受自在。作為自白與告解之言，越過隨筆邊界的虛構與誇飾，其實只是修辭調度的必要，而終究得面對寫作核心的情真。[7]作者毫不掩飾地說：「我常常發現自己動不動就獨自在那兒掉淚。這種毛病又使我增添了多少羞愧之念和整個的頹喪之感，我自己也說不清了。」（1: 139）情動於中而形於言，羞愧與頹喪，成了作者的自白書寫的原初驅力。正如同〈醉漢自白〉一文是這樣結束文章的：

　　　　我這個可憐而默默無聞的孤獨人，寫這篇〈自白〉也沒
　　　　什麼好自負的。我如此自白，讀者諸君究竟是報之以嘲

7　學者黃錦樹曾多次以學術論文探究散文的倫理性問題。在《論嘗試文》一書中，黃錦樹從中國小說家王安憶的提問發想探究，主張中文現代散文的表達倫理，或許是在「修辭立其誠」的倫理訴求上（88）。在〈文心凋零？：抒情散文的倫理界限〉中，黃錦樹認為：「自五四以來，慣例形成默契，抒情散文的體裁協約（虛構契約）是對虛構的拒絕，等同於自傳契約。」然而，這樣的自傳契約因為高度主觀，也高度自傳化，當中的真實性（或抒情、或質地等對於文類的規範）終究是「自由心證」的，但也堅持「抒情散文以經驗及情感的本真性作為價值支撐」（417-18）。在探究爬梳抒情傳統與主體性後，黃錦樹亦在〈面具的奧祕——現代抒情散文的主體問題〉得出結論，亦即中文現代散文的書寫，必須仰賴作者的「道德自律」（140）。

笑，還是認真諦聽，實在無從得知。反正情況就是如此：倘若讀者覺得在下說中一二，便請當心為是。我的下場已和盤托出，也請勒馬懸崖了。（1: 139）

作為隨筆的原型，自白承載的本是作者與讀者的相互滲透性。然而在這個充滿道德諷喻的結尾，蘭姆再度拉出讀者與作者間的距離（他人的反應是無從得知的），畢竟這已是作者「和盤托出」的，讀者需「當心為是」、「勒馬懸崖」，因為此等建議並非作者真正關心的。換言之，動之以情的作者，主要是將內省的自我揭露，讓情真成為抒情的核心。當〈醉漢自白〉認為「我倒不覺得我需要向全人類道歉」，而是對自我負責的時候，正是不讓他人的道德論述參與抒情主體的言說。因此作者的抒情自覺阻擋了外在論述與思辨介入的可能性，無論自白的語氣是如何的隨和親切。全文的倒數第二段，作者甚至對著讀者直言：「我需要進一步揭開掩蓋著我弱點的面紗嗎？這揭露夠充分了吧？」（1: 139）如此不假辭色的言明，正是保留了寫作者亟欲保護、不讓讀者掀起蓋頭、對於抒情主體的最後一層防衛機制。如此一來，作者的〈醉漢自白〉，無論是在自傳性或真實性上做了如何的退讓，但終究實為情真所主宰、出發於己身的經驗。也因之，此文並未完全訴諸於哲學思辨的抽象性，而是以日常題材的親身經驗作為調度。在美學上，文章得以從十八世紀先驅的啟蒙智識論裡被切割出來，並以個人的抒情主體主導了隨筆寫作的質地。自白如斯，不僅奠

定了蘭姆在後來出版《以籟雅隨筆》系列的基本寫作風格，也在美學上建立了蘭姆的秀異之處。正如同所有蘭姆學者都熟知的，蘭姆經常以自己與朋友的書信作為骨幹，或增添或刪修血肉而成就了以籟雅系列的隨筆。換個角度想，這一篇篇隨筆，都帶了點私密對話的（惡）趣味；但不也是一封封公開信？絮語叨叨，收信人或許是蘭姆在時間向度上從未來調度而來，成為退休老叟的以籟雅。[8]

那有「中國的愛利亞」之稱的梁遇春，又是怎樣衡斷隨筆寫作的美學觀點的呢？

參、梁遇春的春醪與小品文

蘭姆首先被譯成中文的作品，是與姊姊瑪麗合著的《莎士比亞故事集》（*Tales from Shakespeare*, 1807），以散文的方式改寫莎士比亞的戲劇多種，成為十九世紀最為流通的兒童讀物之一。清光緒年間，先有出版未署名譯者，由上海達文出版社

---

8 「退休老叟」一詞，來自於《以籟雅最後隨筆》的 "The Superannuated Man"。但實際上在《以籟雅隨筆》的第一篇〈南海貿易公司〉（The South-Sea House）中，以籟雅便自稱「是個靠領養老金過日子的窮漢」（2:1），並以此角色自居，娓娓道來過往虛實。值得注意的是，蘭姆在出版以籟雅系列隨筆時，不過中年歲數，行文卻以退休老叟自居。請參酌黃柏源在〈蘭姆書寫中的老年與退休〉詳盡的探討。

出版的《英國索士比亞澥外奇譚》（1903），在「敘例」中提到：「是書原係詩體。經英儒蘭卜行以散文，定名曰 *Tales From Shakespere*，茲選譯其最佳者十章。名以今名。」[9] 由此譯本不難看見，除了莎士比亞的名字拼法與現代不同，蘭姆之名亦被誤讀為「蘭卜」。隔年，由林紓與魏易合譯的《吟邊燕語》（1904），封面作者直接印製為「英國莎士比原著」，略去蘭姆姊弟之名。蘭姆的隨筆在中國的譯介，主要到了1920、30 年代才藉由大學教育普及開來。畢業於北京大學英文系的梁遇春，作為蘭姆忠實的讀者與譯者，最是不遺餘力，將蘭姆多篇隨筆引介入中文世界。

在進一步討論梁遇春與蘭姆的關聯性之前，或許更值得關注的是梁遇春對於「隨筆」文類的定義。梁遇春對於 Essay 的偏好其來有自。在 1929 年出版的《英國小品文選》[10] 的〈譯者序〉中，梁遇春大白話直接表明：

> 在大學時候，除詩歌外，我最喜歡念的是 Essay。對於小說，我看時自然也感到興趣，可是翻過最後一頁以後，

9　請參酌李偉昉〈接受與流變：莎士比亞在近現代中國〉或彭鏡禧〈莎劇譯本概述〉兩篇專文裡都提及《澥外奇譚》一書係二十世紀最早介紹莎翁作品進入中文語境之譯作。

10　筆者在此文使用的版本，係將 1929 年出版的《英國小品文選》、1930 年出版的《小品文選》、1935 年出版的《小品文續選》三書集合成冊。因此引文頁數皆以此版本為主，特此說明。

我照例把它好好地放在書架後面那一排，預備以後每星期
用拂塵把書頂的灰塵掃一下，不敢再勞動它在我手裡翻身
打滾了。（1）

梁遇春對於此文類的喜好可見一斑。縱使其對於小品文的
偏愛看似還排在詩歌之後；但或編纂或翻譯或寫作，梁遇春都
特別以此文類為主要的選擇。然而，正如同前述的西方學界對
此文類的定義，梁遇春也遭遇到怎樣將之譯介至中文語境的問
題。在 1929 年的《英國小品文選》中，梁認為「把 Essay 這
字譯作『小品』，自然不甚妥當。但是 Essay 這字含意非常複
雜，在中國文學裡，帶有 Essay 色彩的東西又很少，要找個確
當字眼來翻，真不容易。只好暫譯作『小品』」（1）。**11** 梁將
文類「essay」譯為「小品文」，對於此文類的定義與翻譯，也
隨著三冊小品文選的出版越形明確。隔年在《小品文選》中，
梁遇春花了更長的篇幅去解釋「小品文」的定義（但他已暫且
懸置對於「essay」一字的翻譯）。他認為小品文用「輕鬆的文

---

11 臺灣學者劉正忠爬梳「essay」一字在中文的譯名，注意到此字的歧異
性。在〈「散」與「文」的辯證：「說話」與現代中國的散文美學〉
中，劉正忠便整理出來至少如下六種：「雜體」散文（傅斯年）、論
文（周作人、王統照）、隨筆（周作人、魯迅）、小品（周作人、梁
遇春、林語堂）、試筆（李素伯、朱光潛）、散文等（125）。這些
不同的翻譯，大抵都反映出使用者對此文類的期待，但也可由此看出
此文體體裁的寬闊與概念的紛雜。

筆，隨隨便便地來談人生」，因此這些「漫話絮語」「沒有儼然地排出冠冕堂皇的神氣」，也因此「很能夠分明地將作者的性格烘托出來」。梁更說道：

> 許多批評家拿抒情詩同小品文相比，這的確是一對很可喜的孿生兄弟，不過小品文是更瀟脫、更胡鬧些吧！小品文家信手拈來，信筆寫去，好似是漫不經心的，可是他們自己奇特的性格會把這些零碎的話兒熔成一氣，使他們所寫的篇篇小品文都彷彿是在那裡對著我們拈花微笑。(71)

在此，梁遇春很清楚地注意到此文類的殊異之處：其一、這始終是「輕鬆的文筆」、「漫話絮語」、「漫不經心」、「零碎的話兒」，而非儼然的肅穆之氣，提醒讀者小品文的閒適、隨和、輕鬆語氣與體裁，似乎也呼應了不戴道德高帽、不故作高深的特質；其二、小品文所欲品的，正是作者的寫作風格與個人性格，也就是作者的獨特觀點與「奇特的性格」（這也回應前述學者茹叟所言）；其三、如果小品文與抒情詩是孿生兄弟，梁遇春似乎見著兩者共享的「抒情性」，但小品文在寫作層次上更無所拘束；其四、「瀟脫」與「胡鬧」，更是強調了小品文中的自然風韻與情趣幽默。甚至在下一個段落，梁遇春說明「小品文同定期出版物幾乎可說是相依為命的。〔……〕但是小品文的發達是同定期出版物的盛行作正比例的」（71），顯然早在 1930 年，梁遇春便注意到小品文與期

刊，甚至是讀者群的複雜關係。在 1935 年出版的《小品文續選》裡，當時梁遇春雖已過世，但編選時梁遇春更是強調其多多收錄了「思想成分居多」的文章，並進一步指出小品文大致可分成兩種：「一種是體物瀏亮，一種是精緻朗暢。前者偏於情調，多半是描寫敘事的筆墨；後者偏於思想，多半是高談闊論的文字。」（167）梁遇春更進一步認為兩者的區別其實難捨難分，因為「能夠把容易說得枯索的東西講得津津有味，能夠將我們所不可須臾離開的東西 —— 思想 —— 美化，因此使人生也盎然有趣」（167）。

值得注意的是，梁遇春雖然沒能像周作人或魯迅發展出更為宏觀的文論，[12] 但他對於隨筆（或小品文）的喜好，讓他敏

---

12 1933 年，魯迅發表短文〈小品文的危機〉，文中對於白話文新文學的「隨筆」文類，不免有種亟欲發聲振聵的焦慮。魯迅先是摘要式地爬梳小品文在傳統文學裡的發展，認為「小品文的生存，也只仗著掙扎和戰鬥的」（268）。他批評當時許多小品文都淪為「小擺設」，過度傾向風雅之勢，而失去批評革命與戰鬥的本質。魯迅將小品文視為迫切的生存需求，不僅是單單為了文類的發展，更是為了革命的本質。換言之，魯迅認為的小品文必須具有戰鬥性，必須是文以載道，將筆墨化為熱血的。而魯迅胞弟周作人在《中國新文學大系：散文二集》的〈序〉中，承繼了魯迅的想法起點，卻進一步認為，即便是言志的散文，小品文「則又在個人的文學之尖端」，「集合敘事說理抒情的分子，都浸在自己的性情裡，用了適宜的手法調理起來，所以是近代文學的一個潮頭」（7）。周作人的說法，無疑是更圓融地看待小品文作為文類載體，他甚至將民初小品文的源流視為「是公安派與英國的小品文兩者所合成」。也就是在這個地方，周作人與魯迅的觀

銳且精準地掌握了此文類在其歷史發展的內在矛盾與外在助因。[13] 阮晶在〈論梁遇春小品文翻譯對其創作的影響〉中便認為，如同他當代的許多作家，梁遇春也是「通過翻譯學習國外的文藝思潮和文學流派，借鑑外國文學作品的內容、文體風格、形式技巧甚至是語言結構，以此刺激並推進自己的文學創作，從而促進新文學的成長，構建新文學體系」（26）。[14] 阮晶並認為，作為小品文譯者，小品文對於梁遇春創作內容的影響，主要在於「主題」與「視角」兩個層面，雖然阮文稍後亦提及語言問題的影響（27-29）。因此，在新文學運動的推波助瀾與大學英文系教育生產的奧援之下，梁遇春不僅在這三篇

點產生了分歧：若魯迅認知的小品文免不了是掙扎與戰鬥，周作人直陳的公安派影響，則是清楚地點出小品文承襲公安派「獨抒性靈，不拘格套」的特性，或許也是讚揚抒情主體在書寫時的位置，以及在形式上的自由。因而黃錦樹將魯迅與周作人對於散文的看法差異，直言為「力的散文」對照「美的散文」。請卓參黃錦樹〈力的散文，美的散文——散文的世界〉，《論嘗試文》，頁 391-401。

13 此一部分，黃科安在《現代中國隨筆探賾》一書的第三章〈現代中國代表性隨筆作家〉中，將魯迅、周作人、梁遇春與巴金四人並列，討論隨筆文類之定義，且如何透過四人的寫作呈現，展現隨筆在不同作家筆下的定義與想法。黃科安引用梁遇春的文字，認為隨筆中，「讓思想『美化』的寫作策略或修辭策略一個最為關鍵性的要素，就是『思想帶上作者的性格色彩』」（210）。

14 葛桂泉的《中英文學交流史：十四至二十世紀中葉》，簡要地整理出梁遇春譯介英國文學的內容。雖然梁遇春主要從事隨筆創作，但在翻譯與推介英語文文學的工作上，則從浪漫詩到小說都有，對於當代英國文學進入中國文化語境的過程，功不可沒（683-85）。

譯序（以及三冊小品文選讀的注釋）當中，以隨筆的風格與譯筆，直面隨筆本身的文類定義、體裁與主題的複雜性，甚至以創作作為對此文類的確切實踐，自成一家。在民國16年寫就的〈醉中夢話（一）〉裡，梁遇春擬借醉態放筆寫就文章。梁遇春先以此短小篇幅自辯：「生平不常喝酒，從來沒有醉過。並非自誇量大，實是因為膽小，哪敢多灌黃湯。夢卻夜夜都做。夢裡未必說話，夢中醉話云者，裝糊塗、假痴聾，免得『文責自負』云爾。」此文接續承接著三個片段：「笑」、「做文章同用力氣」，與「抄兩句爵士說的話」，三個片段彷若無關，卻同為讀書筆記與雜思，依稀可見梁遇春在隨筆上的嘗試與譜系：那是承繼埃迪森與休謨而來，以口語的方式將智識普及的意圖；更是在形式上獲得了相當的自由，筆之所至，趣之所達。在「做文章同用力氣」一小節裡，梁遇春這樣評論道：

> 我一定勸年青作家少費些力氣，自然點罷，因為越是費力氣，常反得不到 ease 同 charm 了。
>
> 若使因為年青人力氣太足，非用不可，那麼用來去求 ease 同 charm 也行，同進來很時髦 essayist Lucas 等學 Lamb 一樣。[15] 可是賣力氣的理想目的是使人家看不出賣力氣的痕跡。我們理想中的用氣力做出的文章是天衣無縫，看不出

---

15 此處梁遇春所言及之 Lucas，就是蘭姆全集的編選者 E. V. Lucas。

來是雕琢的，所以一瞧就知道是篇用力氣做的文章，是壞的文章，沒有去學的必要。（19）

在此篇短評裡，隨筆之精髓乃是 ease 與 charm（梁於前文譯為「自然」與「風韻」）。由此，我們不難看見梁遇春的譯文與創作實在互為表裡，也能看見梁遇春不僅在抒情性上有所發揮，也能在思想上有其見地。也因此，不難理解為何學者如康富強認為梁遇春的隨筆「更是躍出散文的藝術園地直接向中國新文學建言獻策」，因為「它以白話文這種曉暢容易的形式有效地表達出一些價值經驗和人們所迫切需要的某些重要的精神品質」（96）。

正如同郁達夫在《中國新文學大系：散文二集》的〈序〉中，將梁遇春比擬為「中國的愛利亞」，梁遇春在所有的譯介作者中，最心心念念的終歸是蘭姆。在《英國小品文選》的〈譯者序〉中，梁遇春在洋洋灑灑的作家姓名中，特別提到對於蒙田與蘭姆的熱愛。梁遇春這樣說道：

> 常常當讀得入神時候，發些癡願。曾經想把 Montaigne 那一千多頁的小品全翻作中文，一回濁酒三杯後，和一位朋友說要翻 Lamb 全集，並且逐句加解釋，第二天澄心一想，若使做出來，豈不是有些像《皇清經解》把頑皮萬分的 Lamb 這樣拘束起來，Lamb 的鬼晚上也會來口吃地找我吵架了。（2）

梁遇春的幽默，或多或少能見得上蘭姆的影子，但也顯見梁遇春對於蘭姆的寫作風格與理解，較同代人深刻。雖然因為梁遇春早逝，讀者沒能等到梁遇春心心念念的蘭姆全譯注釋本；但梁遇春在編選的小品文系列裡，譯有蘭姆的〈讀書雜感〉（收錄於《英國小品文選》，1929）、〈一個單身漢對於結了婚的人們的行為的怨言〉（收錄於《小品文選》，1930）、〈除夕〉、〈夢裡的小孩（一段幻想）〉（收錄於《小品文續選》，1935）。此外梁遇春所撰寫的〈查理斯·蘭姆評傳〉（收錄於《春醪集》），不僅是梁遇春創作的隨筆中最有野心、篇幅最長的作品，更展現了梁遇春作為蘭姆讀者、譯者與創作者的多重身分。梁遇春以蘭姆的生平為此文骨幹，採用了以籬雅隨筆、蘭姆書信與詩作等為肌理，並妝點上自身閱讀蘭姆的批評，使得此文成為當代中文世界閱讀了解蘭姆寫作的重要基準。在此文中，梁遇春認為蘭姆是「Montaigne 的嫡系作家」，正因其「文章裡十分之八九是說他自己」，而且「他談自己七零八雜事情所以能夠這麼娓娓動聽，那是靠著他能夠在說閒話時節，將他全性格透露出來，使我們看見真真的蘭姆」（48）。這個「真真的蘭姆」，在寫作與思想上都流露出寫意的自然與風韻，從日常汲取靈感，正符合梁遇春所認為小品文所需兼備的「體物瀏亮」與「精緻朗暢」，因為：

> 只有真真地跑到生活裡面，把一切是都用寬大通達的眼光來細細咀嚼一番，好的自然讚美，缺陷裡頭也要去找出

美點出來；或者用法子來解釋，使這缺陷不令人討厭，這種態度才能夠使我們在人生途上受最少的苦痛，也是止血的妙方。（38）

有異於當時 1920 至 30 年代，西方學界新批評理論（New Criticism）的發端，梁遇春對於蘭姆的文論其實接近海茲利特《時代精神》中以作者為重心的風格論。也因此，梁遇春閱讀蘭姆所在意的，更偏重身為讀者面對鍾愛作家的直觀抒情性，而偏離批評家對於作品所沉澱後的批判與評論。在下文中，梁遇春更是這樣寫道：

所以他無論看什麼，心中總春氣盎然，什麼地方都生同情，都覺有趣味，所以無往而不自得。這種執著人生，看清人生然後抱著人生接吻的精神，和中國文人逢場作戲，遊戲人間的態度，外表有些彷彿，實在骨子裡有天壤之隔。（38-39）

在此段文字中，梁遇春與同代新文化運動的許多作者一樣，意欲在西方文學或文化裡找出與當時中國的文學、文化傳統的比較文學方法開端。[16] 但或許更重要的，這段文字見證了

---

16 在《世界文學的視野》（*On the Horizon of World Literature*, 2021）一書中，孫宓便認為「二十一世紀初中國文學現代性的萌芽，同樣引發

蘭姆的隨筆寫作風格是如何在梁遇春的寫作美學上產生影響：
作者的人生作為孕育寫作經驗的肥沃土壤，並以「同情」與
「趣味」作為寫作的風格發展。換言之，梁遇春所欲闡明的，
其實是包藏在語言與修辭策略背後的蘭姆隨筆，是有異於「偽
君子對道德沒有真真情感」（47），因而依舊是前文討論的
「情真」，並且萌芽於書寫者自身經驗的抒情主體。

在梁遇春存世的隨筆中，共得《春醪集》與《淚與笑》兩
本，合計三十六篇。黃科安認為梁遇春隨筆創作時間不長，但
主要是承繼著蘭姆的影響而嘗試「創作中國的『伊利亞』文
體」。黃文認為中國的散文（尤以議論性散文）「多半是中心
突出、主旨明確」，但梁遇春的隨筆卻是「發散性思維」，具
備「卓越的文化聯想能力」，因其「雜學功底」對於其「隨筆
形成『快談、縱談、放談』的文體特性提供了基礎保障」；並
且由於梁遇春對於西方隨筆文體特性的嫻熟，使其得以「拉
閒扯散」，而能在「快談、縱談、放談」上成就其隨筆特性

了寫作實踐的批判性傾向，同時將自身置於中國文學歷經重新分類和
重新評估的傳統中。與英國浪漫主義一樣，二十世紀早期中國的寫作
也從影響政治革命的哲學主張中獲得動力。與十八世紀末和十九世紀
初的英國一樣，二十世紀初的中國是一個文學現代性問題與政治現代
性問題交織在一起的時期」（13）。孫宓重新檢視英國浪漫主義與中
國新文化運動各自產生的文學現代性（literary modernity），以及透過
檢視兩者文學、詩學、美學的文化譜系，進一步探究如何達成全球的
文學現代性。孫宓意欲透過文本細讀與比較，跨越語種的限制，並達
成歌德式世界文學的可能。

（224-27）。王燁則認為，「英國隨筆親切適意的『談話體』恰好滿足了中國的白話散文發展的迫切需求，正是由於它自由隨意的觀點，使為摒棄中國傳統中寫詩作文的那一系列陳規俗套提供了一種新的言說方式」（82）。黃科安與王燁的觀察不錯，梁遇春確實在隨筆的「散」上面掌握到了精髓；然而，若細讀梁遇春的兩個集子，便會發現梁遇春的隨筆寫作雖受蘭姆影響，大致上卻有個風格的斷裂：在《春醪集》中，梁遇春所展現的，趨近於蘭姆的幽默、自嘲、古靈精怪與雜學；而《淚與笑》中，梁遇春的寫作特色則讓渡予睹物傷懷的抒情性，提供其較充裕的發揮空間，當然這當中也常有互相滲透的部分。這或許是康富強所認為的「學者散文」與「文人抒懷」的差異，但康富強也注意到兩者間的定義實在互為表裡、難分難捨（94）。但筆者認為，在這兩種體例上，梁遇春尚有發展空間，一來是因為蘭姆開始寫作以籟雅隨筆系列時，已屆不惑之年，下筆的成熟度與圓融世故，與梁遇春的青年朝氣有著很大的不同；二來是蘭姆的筆名「以籟雅」，使作者能在保有抒情主體時，尚能以虛構人格面具（persona）拉出書寫者與讀者之間的距離，提供作者與讀者之間的緩衝。而梁遇春縱使偶用「馭聰」或「秋心」為筆名，但抒情主體退得到底不夠遠，而在許多篇章裡都顯露出「敘事者我」（narrator I）與「你」的對話，但「你」亦非面對讀者，使得這些對話多少都有些喃喃自語的色彩。也因此，梁遇春的抒情性難免仍有多愁善感的傾向。[17]

張素麗在闡述梁遇春的散文藝術風格時，強調梁遇春在行文中得到的是「理趣的滿足」，把思辨能力「體現在遊戲的行文筆法上」（59）。張引用解志熙在〈美文的興起與偏至──從純文學化到唯美化〉一文，認為梁遇春在美學上選擇了「寧美而勿信」、「為文章而文章」的立場，因此梁遇春的想像性成為其寫作存有的一大根基。解志熙的論點，主要來自於梁遇春不求於隨筆在為文的可信度，而轉向想像力、求於審美的展現。據此，張素麗進一步論辯，認為「散文不貴乎真，而貴乎美」。張甚至認為，正是因為如此注重審美的行文方式，有別於古典散文裡人倫教化的功利目的性，更可以看出「梁遇春散文的想像性特徵」，而這亦是在中國古典散文中較少出現的（60-61）。誠然，梁遇春有許多篇章確實「把自身放置在悖論性情境的爭辯之中」（61），並藉由寫作布局消解這樣的緊張，因而有了許多張素麗所強調的「理趣」。然而，這樣的

---

17 俞元桂等在《中國現代散文史 1917-1949》一書中，認為梁遇春的寫作到底是「自相矛盾、幼稚紕謬」的，原因是梁遇春的生活經歷過於狹窄，因而並非是英年早逝使其創作無法有更圓融的開展，反倒讓「思想與生活限制了他天才的開花與結果」，而有「知識的過多堆砌、立意的過於尖新、感情的太多傾洩、詞采的過於穠麗、文字的失於繁冗等毛病」（208-09）。相較於梁遇春，俞文認為同時期亦以雜學聞名的錢鍾書，因其人生閱歷更深廣，因而行文更顯「犀利老辣」（209）。雖說俞文對於錢鍾書的評價相當真確，但梁、錢二人雖寫作時年齡相近，個體生命與遭遇本不相同，以梁遇春的寫作不夠成熟推論其生活經歷過於狹窄，或有失之偏頗之虞。

說法稍嫌侷限，無法全面性地理解梁遇春在散文中的情感呈現。張素麗的論述有幾個值得商榷之處。首先，梁遇春的散文並非「為文章而文章」，因為這恰恰有違梁遇春所著重的「自然」與「風韻」，純作美文並非梁遇春寫作的首要寫作策略。此外，張素麗亟欲強調梁遇春為文時講究敘事策略的「巧思奇構」（61），卻又認為梁遇春散文趣味性的追求是「從性情／感情的角度對理性的一種反思」（59），其論點似乎有些矛盾。過度強調梁遇春在審美上的塑造，恐怕忽略了梁遇春散文寫作的真摯情感。畢竟散文貴情真，而情真的主要驅力係來自作者的個體性，也來自於抒情主體的言說欲望，以及體裁上的擴張與自由。而這當中正是張素麗所強調的「美的自律」，使得梁遇春得以迴避文以載道或古典散文強調社會功能性的「教化作用」。或許「為文章而文章」一說意外點出了蘭姆與梁遇春的最大區隔：抒情主體的位置。梁遇春寫作所遭逢的，正是抒情主體與客觀世界距離太過貼近，而無法讓客體世界完全透過抒情主體「自由隨意」的言說方式而彰顯出來。換言之，因為觀看的位置退得不夠遠，而無法得到更寬廣的視野。因而梁文隨筆下的客觀的世界裡，當抒情主體占據了較近的位置，梁遇春就不免有些「文人抒懷」的自憐與哀傷；但當抒情主體選擇了遠一點的位置，便出現康富強所認為的「學者散文」，充滿了機鋒、聰敏、幽默。這看似矛盾的兩個位置，以梁遇春自己的文字來說，正是淚與笑。

〈醉中夢話（二）〉或許更可以見到梁遇春書寫風格的簡

中矛盾。此篇分作五節：一、「才子佳人信有之」；二、滑稽（Humour）和愁悶；三、「九天閶闔開宮殿，萬國衣冠拜冕旒」的文學史；四、這篇是順筆寫去，信口開河，所以沒有題目；五、兩段抄襲，三句牢騷。值得注意的是在第二節「滑稽（Humour）和愁悶」中，梁遇春先是雜談了中英文學裡的愁悶與滑稽；但筆鋒一轉，他如斯寫道：

> 只有那班愁悶的人們，無往而不自得〔……〕他看出世上一切物事的矛盾，他抿著嘴脣微笑，寫出那趣味雋永的滑稽文章，用古怪筆墨把地上的矛盾窮形盡相地描寫出來。我們讀了他們的文章，看出埋伏在宇宙裡的大矛盾，一面也感到洞明了事實真相的痛快，一面也只得無可奈何地笑起來了。〔……〕滑稽和愁悶居然有因果的關係，這個大矛盾也值得愁悶人們的思索。（72-3）

在這一段文字裡，梁遇春發展「滑稽」與「愁悶」的矛盾命題。在他筆下，愁悶透過滑稽解決人生經驗裡的矛盾，才得以有了「洞明了事實真相的痛快」，但也有了「無可奈何」的笑；更以晉朝人的達觀為例，認為達觀其實是「愁悶不堪，無可奈何時的解嘲說法」（72）。換言之，滑稽（或幽默或解嘲）成了愁悶之人解決矛盾的機制，痛快也終將是無可奈何的。

這樣的矛盾到了〈淚與笑〉更形明顯。梁遇春如此寫道：

淚卻是肯定人生的表示。因為生活是可留戀的，過去是
　春天的日子，所以才有傷逝的情懷。〔……〕眼淚真是人
　生的甘露。當我是小孩時候，常常覺得心裡有說不出的難
　過，故意去臆造些傷心事情，想到有味時候，有時會不覺
　流下淚來，那時就感到說不出的快樂。（118）

　　梁遇春舉出小時的矛盾例子，情真（「說不出的難過」）
成了他「臆造些傷心事情」的造景（scene-making）驅力。值
得注意的是，造景乃是汲取書寫主體的主觀生活經驗，在抒情
性的發揮下，對於理智、智識或認知所建造的客觀世界投射出
陰影。作為快談、縱談、放談的隨筆，本應當是直陳其事，直
述其議，直抒其情，或如《文心雕龍》〈情采〉中提及的「要
約而寫真」（766），並非「為賦新詞強說愁」的為文造情。
筆者認為，這也明示了作者主觀書寫的真，與讀者客觀世界裡
的真實，並不能畫上等號。梁遇春的淚或愁悶，正是敘事者如
何將抒情性透過書寫的轉化與淨化，才足以成為遣悲懷的管
道。也因此，〈淚與笑〉的下文中，梁遇春還這樣說：「人到
老了，生活力漸漸消磨盡了，淚泉也乾了，剩下的只是無可無
不可那種將就木的心境和好像慈祥實在是生的疲勞所產生的微
笑——我所怕的微笑。」（119）這一段文字更可佐證，梁遇
春的書寫主體便是來自於生活經驗的抒情主體：當生命將盡，
生命經驗無法再觸發情緒、無法再提供書寫材料以成為訴諸抒
情主體的表達，笑便是勉強來的偽裝（而非情真）。因而作者

的「怕」，便是無法再調度生命經驗所達成的書寫，在本質上違背了他所心心念念的情真。

因此，或許這一切都應該回到《春醪集》的〈序〉。梁遇春記載偶讀《洛陽伽藍記》，當中載有劉白墮善釀酒，名為春醪，令人迷惘神醉，讓梁遇春「覺得我們年輕人都是偷飲了春醪，所以醉中做出許多好夢」。他建言道：「我們還是陶醉在人生裡，幻出些紅霞般的好夢罷。」（3）而他在自認在「急景流年」的人生裡，願意「高舉盛到杯緣的春醪暢飲」（3）。而飲了春醪，隨筆是作者「醉夢的生涯所留下惟一的影子」（3）。短序的最後一段，梁遇春有了這樣一段直抒其情的文字：

> 再過幾十年，當酒醒簾幕低垂，擦著惺忪睡眼時節，我的心境又會變成怎麼樣子，我想只有上帝知道罷。我現在是不想知道的。我面前還有大半杯未喝進去的春醪。（3-4）

這一段文字，不僅反映了作者清楚理解自身的寫作來自於陶醉在主體經驗裡，人生便是他的春醪，只可惜餘杯未盡，尚未飲盡的也是還沒過完的人生。若說蘭姆的〈醉漢自白〉裡，啟蒙智識論對於客觀世界的認知，最後只得讓渡給主體經驗抒情的日常性，梁遇春的隨筆書寫，也是來自雷同的、比附於春醪的自傳式經驗。雖然梁遇春英年早逝，始終沒能活到蘭姆中

老年的歲數，寫作裡的青年之氣，或許也不免有些過於急躁或傷懷，但其承繼於蘭姆的抒情性，不僅是序文中所指涉的「同醉的人們看著或者會為之莞爾」；伴隨著淚與笑的，或許正是能夠共感這陶醉在人生裡的抒情。英倫也好、中國也罷，筆名也好、真名也罷，兩人在隨筆中所展現出來的，除了自傳性的自白以外，或許也是小品文或隨筆的邊界：在道德自律下所書寫的情真。

肆、結語：
「我真希望我的名字能在中國被提起」

蘭姆在 1806 年 5 月寫給友人曼寧（Thomas Manning）的信件中，[18] 以他平素混雜著幽默與哀傷的筆調，寫信給即將離開倫敦、前往中國廣東的曼寧。他一來擔心朋友此生不復見，二來又忍不住要叨叨絮絮將自己的生活做點報告。在信件最後祝福曼寧之餘，蘭姆又寫道有個年輕的友人波爾（Ball）在廣

---

18 當時曼寧不僅是英國少數的漢學家（Sinologist），也是歐洲第一位非神職人員出身的漢學家。曼寧於 1800 至 1803 年間，在法國巴黎研讀漢學，1806 年前往廣東。在東印度公司的協助下，1811 年曼寧從今日不丹取道前往西藏拉薩，甚至面見了當時的達賴喇嘛九世。而 1816 年阿美士德使節團（Lord Amherst's Embassy）出使中國時，曼寧也成為使節團一員。

東的東印度公司擔任茶葉檢驗員；倘若曼寧與波爾相見甚歡、言及蘭姆，「我真希望我的名字能在中國被提起」（I should like to have my name talked of in China）（6: 349）。曼寧在廣東時，蘭姆又陸續寫了好幾封信，但或許因為曼寧四處遊歷，兩人的通信中斷了一陣子；直到1817年曼寧回到英國後，兩人的魚雁往返才又接續。當然，現代的讀者恐怕難以猜想曼寧是否見到了波爾，又或當時身在中國的曼寧是否向周遭人等提及這位當時還未特別出名的散文家。但蘭姆恐怕未曾猜想到的，是一百年後的中國，一位早慧的作家梁遇春，讓蘭姆的名字成為當時小品文典範的人選之一，甚至在五四新文學運動的推波助瀾下，成為不可或缺的影響力作家之一。在梁遇春編纂的《小品文續選》的〈序〉裡，梁遇春最後這樣寫道：

> Lamb 這裡譯有二篇，他是譯者十年來朝夕聚首的唯一小品文家，從前寫了一篇他的評傳，後來自己越看越不喜歡，如今彷如家人，沒有什麼話可說了。去年曾立下譯他那《伊里亞隨筆》全集的宏願，歲月慢悠悠地過去，不知道何日能如願，這是寫這篇序時唯一的感慨。（169）

此書於1935年出版時，梁遇春已因猩紅熱辭世。因而這序言當中的「不知何日能如願」讀來卻更令人唏噓，不僅因為我們缺少了如此熟悉且深愛蘭姆的梁遇春的全譯本，乃至如今的華語文世界裡，讀者始終僅有文選與節譯，而未能擁有完整

翻譯的蘭姆全集。[19]

　　蘭姆也好，梁遇春也罷，兩人都藉由「飲酒」展現了隨筆書寫的驅力：蘭姆的〈醉漢自白〉藉戒酒之人的自述，汲取生活的真實性（社交焦慮與語言障礙等失能），以達成自傳性生命書寫的隱喻；梁遇春則以青春的筆墨、人生的原料釀造春醪，〈醉中夢話〉（一）與（二）則以醉態「裝糊塗，假痴聾」，雖稱為免文責自負，卻真切且準確地捕捉小品文文類的幽默、個性與情真。兩人書寫的時間雖隔百年，空間也有不同，書寫時也可見年歲的差異，但周作人認為小品文的興盛必須發生於「王綱解紐的時代」（6），大抵是無太大異議的：兩人的書寫都面臨了舊有秩序的瓦解、文學表達的新方向，復加上政治、經濟、文化、教育，甚至語言的革命，都能回應到這樣的歷史時代背景。

　　郁達夫在《中國新文學大系：散文二集》〈導言〉裡綜整的散文定義，能夠突破魯迅與周作人占據小品文光譜兩端的看法：散文不見得需要迫切地回應現實，不見得需立基於「詩言志」的傳統，而是必須從「自敘傳的色彩」出發，具備「個人的發現」；此外，散文題材的自由不受限（「範圍的擴

---

19 當前的中文語境中，關於蘭姆隨筆的譯作，近年來以劉炳善所翻譯，上海譯文出版社於 2012 年 4 月出版的《伊利亞隨筆選》，譯出蘭姆隨筆共計 32 篇。而江蘇教育出版社則有譚少茹所選譯的《蘭姆書信精粹》，出版於 2006 年 12 月。而蘭姆姊弟合著的《莎士比亞故事集》（*Tales from Shakespeare*），近年則由臺灣漫遊者文化於 2016 年 2 月出版，並由謝靜雯譯之。

大」），以及找尋個體與群體間的對應（「人性，社會性，與大自然的調和」）；最後，則是借用自英語語體的「幽默」。郁達夫更是舉梁遇春被稱為「中國的愛利亞」為例，認為借之於英國散文的影響，已經根深柢固在「智識階級中間」，但期望此幽默仍必須「同時含有破壞而兼建設的意味」，才能產生「左右社會的力量」與「將來的希望」（1-19）。郁達夫之言或許也不經意地點出了梁遇春與蘭姆書寫本質上的最大差異：到頭來，蘭姆並不以書寫或幽默作為對於舊有秩序的大破大立。相對於展望未來，蘭姆之筆更是留聲機一般，以文字將記憶壓縮在特定的時空，作為現世的參考點。而梁遇春作為早逝而不再老去的青年，雖然偶爾早熟善感多愁，但批判之筆或譯或寫，筆調或含笑或帶淚，停泊在青年時期的他，始終對於「大半杯未飲的春醪」還有些期待。也或許因為梁遇春的早逝，我們缺少的不僅是一部蘭姆隨筆集全譯本，還有來不及成就更為珠圓玉潤的「中國的愛利亞」：一個能在抒情主體上站得稍微遠一些、以美學與倫理自律、信奉寫作的驅力來自於情真、崇尚自然與風韻的散文大家梁遇春。

如今，讀梁遇春的人不多，讀蘭姆的人也少了。醉漢戒酒改喝了白開水，[20] 未飲的春醪始終還有大半杯。

---

20 1822 年夏天，蘭姆與瑪麗因至法國旅行，無法如期交稿，《倫敦雜誌》主編於是拿蘭姆的舊文充數，第一篇便是〈醉漢自白〉，並加注此文係以籟雅所寫。主編甚至寫了一則短文，開玩笑地期望以籟雅有朝一日能夠推出許諾卻也延宕已久的〈喝水者的自白〉，以正視聽。蘭姆事後抗議主編之舉，但已成事實。

參考書目 ————————————

中文

王燁。〈梁遇春散文譯介與創作的顯在關係〉,《太原大學學報》,第 38 期,2009 年,頁 80-83。

李偉昉。〈接受與流變:莎士比亞在近現代中國〉。《中國社會科學》,第 5 期,2011 年,頁 150-66。

阮晶。〈論梁遇春小品文翻譯對其創作的影響〉。《洛陽理工學院學報》,第 3l 卷,第 5 期,2016 年,頁 26-29。

林紓、魏易合譯。《吟邊燕語》。北京:中國商務印書館,1906 年 4 月。taiwanebook.ncl.edu.tw/zh-tw/book/NCL-9910002080/reader. Accessed April 19, 2022.

俞元桂等。《中國現代散文史 1917-1949》。臺北:萬卷樓,2015。

康富強。〈小而璀璨:梁遇春及其散文〉。《美與時代》,2018 年 5 月,頁 94-97。

張素麗。〈美的自律:梁遇春散文藝術風格闡釋〉。《湘南學院學報》,第 3l 卷,第 3 期,2010 年,頁 59-62。

── 。〈論梁遇春散文在「審美現代性」建構中的意義〉。《青島大學師範學院學報》,第 28 卷,第 1 期,2011 年,頁 63-67。

梁遇春。《春醪集・淚與笑》。北京:北京燕山出版社,2017。

梁遇春編譯。《英國小品文選》。長春:吉林出版集團有限責任公司,2013。

彭鏡禧。〈莎劇譯本概述〉。《中外文學》,第 28 卷,第 2 期,1999 年 7 月,頁 149-64。

黃柏源。〈蘭姆(Charles Lamb)的在地情感與記憶敘事〉。《逢甲人文學報》,第 36 期,2018 年 6 月,頁 159-76。

──。〈蘭姆書寫中的老年與退休〉。《英美文學評論》，第 37 期，
　　2020 年 12 月，頁 101-24。

黃科安。《現代中國隨筆探賾》。臺北：萬卷樓，2019。

黃錦樹。《論嘗試文》。臺北：麥田，2016。

葛桂彔。《中英文學交流史：十四至二十世紀中葉》。臺北：萬卷
　　樓，2015。

趙家璧、周作人編。《中國新文學大系：散文一集》。臺北：業強，
　　1990。

趙家璧、郁達夫編。《中國新文學大系：散文二集》。臺北：業強，
　　1990。

劉正忠。〈「散」與「文」的辯證：「說話」與現代中國的散文美
　　學〉。《清華學報》，新 45 卷，第 1 期，2015 年，頁 101-42。

劉勰。《文心雕龍本義》。陳拱本。臺北：臺灣商務印書館，
　　1999。

魯迅。〈小品文的危機〉。《魯迅雜文選集》，張秀楓編選。臺北：
　　新潮社，2011，頁 267-69。

英文

Dart, Gregory. "The Romantic Essay and the City." Karshan and Murphy,
　　pp. 167-84.

Ellis, Markman. "Time and the Essay: *The Spectator* and Diurnal Form."
　　Karshan and Murphy, pp. 97-113.

Gigante, Denise. "On Coffee-Houses, Smoking, and the English Essay
　　Tradition." Karshan and Murphy, pp. 150-66.

Hartle, Ann. *Michel de Montaigne: Accidental Philosopher*. Cambridge

UP, 2003.

Hazlitt, William. "Elia, and Geoffrey Crayon." *The Spirit of the Age*. Henry Colburn, 1825, pp. 414-16.

Hull, Simon P. *Charles Lamb, Elia, and the London Magazine*. Pickering & Chatto, 2010.

James, Felicity. "Charles Lamb, Elia, and Essays in Familiarity." Karshan and Murphy, pp. 185-205.

Karshan, Thomas, and Kathryn Murphy, editors. *On Essays: Montaigne to Present Day*, Oxford UP, 2020.

Lamb, Charles, and Mary Lamb. *The Works of Charles and Mary Lamb*. Ed. E. V. Lucas, vol. 7, Metheun & Co., 1903-1905.

Milnes, Tim. *The Testimony of Sense: Empiricism and the Essay from Hume to Hazlitt*. Oxford UP, 2019.

Russo, Brent L. "Charles Lamb's Beloved Liberalism: Eccentricity in the Familiar Essays." *Studies in Romanticism*, vol. 52, no. 3, 2013, pp. 437-57.

Schoenfield, Mark. "Voices Together: Lamb, Hazlitt, and the 'London'." *Studies in Romanticism*, vol. 29, no. 2, 1990, pp. 257-72.

Sun, Emily. *On the Horizon of World Literature* Fordham UP, 2021.

「進步」的辯證

——以英國詹姆斯黨人 1745 年起義為主題的歷史小說探析[1]

邱剛彦

> 英國的繁榮、權力和自信達到頂點時,這種對進步的崇拜進入了高潮;而最熱衷於這種崇拜的信徒,則是英國的作家和歷史學家。
>
> ── 愛德華・卡耳(《何謂歷史?》220)

壹、十八世紀進步史觀

自十八世紀中葉起約莫一個世紀之間,英國社會經歷了劇

---

1 本文為筆者科技部(現今之國科會)專題研究計畫(MOST 110-2410-H-A49A-507-)之部分成果。筆者於修改此篇論文的過程,受益於二位匿名審查人的寶貴意見甚多,特此致謝。

烈的變化，不只是因為工業革命改變了生產方式，同時也因為政治的動盪，使得過往的文化與習俗受到極大的衝擊。1745年英國詹姆斯黨人（the Jacobites）起義失敗後，得勝的漢諾威王朝（the House of Hanover）與擁護此政權的輝格黨（the Whigs）自信地領導著這個國家，使之蛻變成一個現代化並且逐步支配全球事務的帝國。隨著國家的發展，漢諾威王朝所推崇、代表的「進步史觀」也逐漸在英國成為一種廣泛的共同信念。如同筆者在本文開端所引用歷史學家愛德華・卡耳（E. H. Carr, 1892-1982）所說的「英國的繁榮、權力和自信達到頂點時，這種對進步的崇拜進入了高潮」。然而就本文研究所顯示，並非舉國上下皆無條件地支持此種「進步」的信念，也不是所有的作家與歷史學家都熱衷於這種史觀；事實上，在不少文學作品中不時還能看到對於這段「進步」歷史的質疑。

本文除了梳理英國自十八世紀中葉開始發展的「進步史觀」之外，還將以兩位作家的小說為例，檢視他們以1745年詹姆斯黨人的起義事件為背景所創作的作品中，關於「進步」觀念的理解與詮釋。這兩位作家及其作品分別為：英國浪漫作家瓦爾特・司各特（Walter Scott, 1771-1832）的《威弗利；或，六十年前的往事》（*Waverley; or, 'Tis Sixty Years Since*, 1814）與美國當代作家黛安娜・蓋伯頓（Diana Gabaldon, 1952-）的《異鄉人》小說系列（Outlander Series）之中的三部作品。本文將《威弗利》與《異鄉人》小說系列並置研究，主要的原因是因為它們都將歷史背景設定於詹姆斯黨人起義的1745年，

且創作手法相似。然而，選擇這兩部小說的原因也是因為它們各自的成書時間與 1745 年的歷史距離不同，因此並置研究更顯得有趣且豐富了歷史意涵。司各特的寫作時間與詹姆斯黨人的最後一次起義相距六十年，這六十年間蘇格蘭社會經歷了前所未有的劇烈變化。蓋伯頓的創作時間則與這個歷史事件相差近二百五十年，而蘇格蘭在這段時間之中，經歷了英帝國的興衰，且在近一、二十年試圖脫離英國並要求更多的自主權利。由於兩位作者本身的文化背景相異、所處時空的不同，寫作時所參照的資料也不一樣，當他們回顧 1745 年起義時的感受理應截然不同。本文欲從這兩部成書相差兩世紀的作品著手，分別探究書中對於這段英國近代歷史的描繪及對進步史觀的探討與闡釋。

　　根據莫利斯・金斯堡（Morris Ginsberg）在〈近代的進步觀〉（Progress in the Modern Era）一文所做的整理：進步的觀念約在十七世紀形成，至十九世紀發展至高潮為止的期間雖有批評持續地出現，但此概念仍穩定地發展。[2] 方志強〈「進步」的理念：內涵與定義〉一文，則提供更為細緻的說明。進步理念在歐洲的出現與流行，大致可分成三個時期。第一個時期為十八世紀中葉起至法國大革命爆發之前。在此期間進步史觀已經開始流行，此觀念是廣被闡述與討論的題目，甚至在某種程

2　莫利斯・金斯堡。〈近代的進步觀〉。《觀念史大辭典：自然與歷史卷》。朱瑞月譯。第四冊。臺北：幼獅文化，1988，頁 331。

度上被此時期的人們無條件地接受。第二個時期起於法國大革命至十九世紀中葉左右，在此期間進步理念似乎已在歐洲成為普遍的信念，並且深受重視。此時期的科技進展與物質生活一日千里，更增進了進步理念的風行。第三個時期是從十九世紀中葉開始至二十世紀來臨之前。此時進步的理念受到達爾文理論的影響，聚焦重點由原先社會進步的觀念，擴展為生物演進的概念。[3]

以上所述的進步觀念之時程發展，為本文探究司各特與蓋伯頓小說時所使用之理論背景；然而不只如此，本文的理論視角也援用二十世紀英國歷史學家赫伯特·巴特菲爾德（Herbert Butterfield, 1900-1979）的學說。在梳理巴特菲爾德的論述之前，以下先針對英國近代政治上的兩股勢力——托利黨（the Tories）與輝格黨，進行簡要說明。本文所關注的詹姆斯黨人以及這個政治、軍事團體所支持的斯圖亞特王朝（the House of Stuart）是英國近代歷史上的輸家，這個王朝受到托利黨的擁護；而歷史上的贏家漢諾威王朝則得到輝格黨的支持並持續在十九世紀獨霸英國政壇。[4] 維多利亞女王（Queen Victorian, 1819-1901）是漢諾威王朝的最後一位君主，在她的統領下，

3　本段資料引用自方志強論文〈「進步」的理念：內涵與定義〉，收錄於《思與言》。第 39：3 期，2001 年，頁 173-206，182-183。針對其內容之部分文字，筆者稍作潤飾以利其語言流暢。

4　托利黨相信古老事物的秩序，認為國王是上帝在人世間的副手，教會與國家是一個整體。因此在他們的心中，詹姆斯二世才是具有正當性

英國逐步達到日不落帝國的規模。1688 年的光榮革命使信奉天主教的英王詹姆斯二世流亡海外，同時也讓斯圖亞特王朝一蹶不振，因此成為輝格黨崛起的關鍵（雖然史實上，光榮革命是輝格黨以及部分支持新教／英國國教的托利黨人協力合作的結果）。光榮革命之後，由於 1689 年《權利法案》（Bill of Rights, 1689）的簽署，英國從君主專制過渡到君主立憲制（Constitutional Monarchy），至此確立議會高於王權的政治原則，且規定羅馬天主教徒不得成為英國國王，因此信奉羅馬天主教的斯圖亞特王朝，從此走入歷史，再也沒有執政的可能。此後，輝格派以進步史觀為基礎的歷史解釋，自十八世紀中葉起，盤據在近兩個世紀英國人的思想中，直至巴特菲爾德的知名著作《歷史的輝格解釋》（*The Whig Interpretation of History*）於 1931 年出版後，才稍稍扭轉了人們看待歷史變遷的角度。

巴特菲爾德在《歷史的輝格解釋》中，對於輝格式的歷史進行說明並提出批評。他指出，輝格派歷史觀的重要特色有三：一、它是一種概略的歷史觀，往往未對史實進行微觀的考察，因此導致事件之間的關聯被過於簡化；二、它根據最終的結果來判斷事件，並以判斷當下作為準繩來研究過去，是為了

的國王。輝格黨支持所謂的新教繼承，並認為主權歸屬於人民，而主權最終則是建立在統治者與被統治者之間達成的協定，如果這個協定未被遵守，那麼人民有權進行抵抗。

當下而研究過去；三、它持有進步的觀念，認為數個世代以來有一個明顯的進步原則在不斷地運作，並以當代（作為歷史發展的頂峰）為參照，將歷史人物歸入促進進步或阻礙進步的兩個群體（信奉羅馬天主教的詹姆斯黨人便是輝格派眼中阻礙進步的群體）。然而，巴特菲爾德在《歷史的輝格解釋》中揭示，若想要充分明瞭歷史的流變，則不應以結果論來判斷孰是孰非。有時，那些被擊敗的人就跟勝利的人一樣，對最終結果做了同樣偉大的貢獻。此外，在詮釋歷史時，歷史事件中各方勢力的拉扯與權力互動不應被忽略。由於有各方勢力的拉扯，才產生可能帶動社會前進的動力。巴特菲爾德舉英國的近代歷史為例，說明正是輝格黨和托利黨的對立產生了互動，因此推動時代的嬗變。這一切都是互動的結果，都是複雜歷史的沉澱。雖然《歷史的輝格解釋》的論點與巴特菲爾德後來於二次大戰期間，為提振士氣而出版的《英國人與其歷史》（*The Englishman and His History,* 1944）的議論，似乎產生明顯的矛盾（巴特菲爾德的論調轉而成為他所批評的輝格派）[5]，但仍無損於本文以它所批判的「歷史的輝格解釋」探究小說中再現的詹姆斯黨人起義。

5　請參見方志強論文〈時代中的史家——巴特費爾德與英國歷史的解釋〉。《思與言》，第 42 卷，第 4 期，2004 年，頁 83-125。

貳、司各特
《威弗利；或，六十年前的往事》

　　《威弗利；或，六十年前的往事》（以下簡稱《威弗利》）是蘇格蘭作家司各特的第一部小說創作，同時也是一部出版於 1814 年的歷史小說。然而因為司各特早在小說出版之前的 1805 年，便已完成了寫作，因此小說的副標題「六十年前的往事」其實就是關於英國詹姆斯黨人 1745 年的起義事件，也是這部小說主要詮釋的一段重要的英國近代歷史。

　　《威弗利》的主要歷史背景為英國詹姆斯黨人 1745 年意圖推翻漢諾威王朝的起義事件，這也是詹姆斯黨人被徹底消滅之前的最後一次起義。此前，詹姆斯黨人也曾在 1689 至 1691 年、1715 年與 1719 年試圖起兵，然而卻都不曾成功。詹姆斯黨人於 1745 年 8 月為奪回英國王位而發起軍事行動，試圖復辟斯圖亞特王朝，但最後以失敗收場，整個事件結束於 1746 年 4 月的「卡洛登戰役」（The Battle of Culloden）。以英政府的官方角度來說，這次從蘇格蘭高地發起的攻擊是一場造反與叛變的行動，然而對於詹姆斯黨人而言，他們的行動是為了對抗壓迫以伸張正義的起義。由於雙方的立場不同，因此在表述此事件之時的詞語選擇也有明顯的差異。筆者以司各特的角度描述此事件，因此以「起義」（uprising）稱之。「卡洛登戰役」是英國國境之內，迄今為止的最後一場內戰。此次事件平息後，英帝國開始迅猛地向海外擴張版圖，這是她能在十九世

紀逐步稱霸全球的一個關鍵，同時也是英政府能自信代表「進步」史觀的起點。以上為《威弗利》的歷史背景，以下針對它的情節進行概述與分析。[6]

　　《威弗利》的主人公愛德華・威弗利（Edward Waverley）為英格蘭人，從小受到叔父埃弗拉德・威弗利爵士（Sir Everard Waverley）的悉心照顧，生活無虞。威弗利自小的唯一興趣是閱讀，然而因過度沉迷在「浪漫傳奇故事」（romantic fiction）的想像世界裡（《威弗利》18），對於如何在現實世界中自立未有定見。如小說敘述者所言：「小威弗利像一隻沒有舵手或沒有舵的船似地在書的海洋中飄蕩，一心只想消遣尋樂。」（《威弗利》17）威弗利的父親理查德・威弗利爵士（Sir Richard Waverley）為了讓兒子儘早進入社會，且有能力繼承、管理家族莊園——「威弗利－昂納」（Waverley-Honour），便利用私人關係安排他進入英軍服役，使他成為「龍騎兵團」（the dragoon regiments）的一員。威弗利的父親理查德・威弗利爵士支持光榮革命後獲得權柄的輝格黨與漢諾威王朝，並且在政府部門裡工作；然而叔父埃弗拉德・威弗利爵士則支持威弗利家族一貫所擁護的托利黨和舊王權斯圖亞特王朝。威弗利入伍後，擔任上尉的他隨即向紮營在蘇格蘭小鎮鄧

6　本文所引用的小說版本是石永禮的譯本——《威弗萊》（北京：人民文學出版社），也是當今唯一的華文譯本。然而在本文中為達譯文的一致性，筆者將「威弗萊」統一以「威弗利」表示。

迪（Dundee）的部隊報到。服役期間，威弗利因拜訪叔父友人科斯莫・康明・布雷德沃丁（Cosmo Comyne Bradwardine）男爵，因緣際會認識了蘇格蘭高地麥克－伊沃（Mac-Ivor）氏族，並接受氏族首領弗格斯（Fergus Mac-Ivor）與其胞姊弗洛娜（Flora Mac-Ivor）的款待。在拜訪麥克－伊沃氏族期間，威弗利受到姊弟兩人的影響，且接受斯圖亞特王朝的最後希望——查爾斯・愛德華・斯圖亞特（Charles Edward Stuart, 1720-1788），又稱「年輕的王位覬覦者」（the Young Pretender），或是「美王子查理」（Bonnie Prince Charlie）的感召，轉而同情與政府為敵的詹姆斯黨人，並參與了反抗政府的 1745 年起義。起義失敗後，弗格斯慘遭處決而弗洛娜則被迫離開英國退隱法國修道院，但威弗利則在承認錯誤之後，獲得政府赦免，並與當時支持起義的布雷德沃丁男爵之女露絲（Rose Bradwardine）結婚。

從作品表層故事來看，《威弗利》是一部典型的歷史小說，但它同時也是主人公威弗利的成長故事，可被歸類為成長小說（Bildungsroman）的一種。他從一位不切實際、對所有事物充滿浪漫情懷的文藝青年，蛻變成一位勇於認錯並願意承擔的成熟男子。除了這兩種對於文本內涵的基本解讀之外，我們還可對威弗利本身的性格與其關鍵角色作進一步的文本詮釋。

從小說的情節分析，由於威弗利搖擺在兩個敵對陣營之間，未有堅定的政治信仰，讀者大可將他視為如牆頭草般非正

直誠信之人，就如弗格斯對他的批評：「我真不知道該怎麼理解你……什麼教條都能影響你，弄得你搖來擺去。」（《威弗利》355）。作者司各特在一封寫給友人莫里特（John B. S. Morrit, 1772-1843）的信中，也將自己所創造的主人公描述成「一個偷偷摸摸的低能兒」（a sneaking piece of imbecility）[7]。威弗利的英文原文字首「Waver」其實已經透露主人公可能有的搖擺態度。然而也因為威弗利不矯飾的性格，以及內心表露對於不同政治信仰者的同情與理解，此特點使他成為一名與眾不同的主人公。威弗利的人格特質提供讀者思考不以黨派立場為參照，但可獲得是非評判的可能性。從作品情節舉例來說，在起義過程，當多數來自高地的詹姆斯黨人看到威弗利在戰場上，為解救過去他在政府軍隊裡的隨從而奮不顧身的舉動，他們也不得不由衷佩服：「威弗利為這個受傷的人那麼操心，的確贏得了而不是降低了高地人對他的好感。出於博愛，威弗利遇見任何這樣受苦受難的人，也不會見死不救，他們本來不理解這種精神，但是，當他們知道受傷的人原來是他的隨從時，他們一致承認，威弗利這樣做，是一個厚道的關心人的首領的行為，值得他手下的人愛戴。」（《威弗利》328）起義失敗後，威弗利也不顧自己可能須面對的懲罰而先尋求人脈，幫助叛變者弗格斯爭取減輕刑罰的機會。關注威弗利如此的精神與

7　*The Letters of Sir Walter Scott*. Ed. by H. J. C. Grierson. London: Constable, 1932-1937, III, p. 478.

作為，提供讀者思考超越尋常判斷是非對錯標準的可能性。

威弗利在兩個陣營之間徘徊不定，他既懷著敬重當權政府的思想，又同情起義者的處境，他這種人物類型在司各特的歷史小說裡多次出現，被匈牙利批評家盧卡奇（Lukács György, 1885-1971）稱為「中間道路」（middle way）的主人公（32）。威弗利所處的中間位置可以視為兩股敵對勢力最後的匯流之處，也因為雙方勢力的整合，英國得以產生推動國家進步的力量。然而，司各特在作品中也提醒讀者一個不容忽視的事實：社會於進步過程中必須面對改變，尤其須關注那些在權力核心之外的社會底層、邊緣群體的犧牲。他在《威弗利》的最末章節〈本當作前言的後記〉（A Postscript Which Should Have Been a Preface）（以下簡稱〈後記〉）特別向讀者說明蘇格蘭社會（尤其是其高地地區）在半個多世紀以來被迫經歷的流變。

在《威弗利》的主要情節皆已交代完了之後，司各特利用〈後記〉一章，向讀者說明他將詹姆斯黨人起義納入創作的原因。他希望藉由《威弗利》使當代讀者明瞭，於詹姆斯黨人起義失敗後的六十年間，蘇格蘭的高地地區（the Highlands），又稱蓋爾語（Gaelic）地區，經歷了前所未有的劇烈變動。起義事件結束後，英政府為了徹底剷除這群多數來自蘇格蘭高地的反政府者（蘇格蘭也是斯圖亞特王朝的故鄉），對於高地特有的氏族文化採取全面的禁制。語言、服裝以及各式民俗表演，皆遭限制與阻難。此外，高地人被解除了武裝，殘餘的封

建制度遭到了廢除，詹姆斯黨人的活動由大不列顛的政治生活中消失。如此的懲罰將根植於這塊土地的民情風俗幾乎斬斷，而高地氏族所遭受的處罰，幾乎等同文化滅絕。另一方面，詹姆斯黨人的起義失敗後，從英格蘭順勢湧入蘇格蘭的投資熱錢加速了當地的商業化發展。土地使用以地主可取得的最大商業收益為考量，而不再顧及多數農民的生計。數以萬計的高地佃農在如此的社會背景下，因被視為無生產競爭力的社會殘餘，遭到地主以「進步」之名逐步驅離世代賴以為生（家）的土地。[8] 由於政治力強勢介入之後所帶動的經濟發展，蘇格蘭在起義失敗後至司各特開始寫作《威弗利》的短短六十年間，快速地從農牧為主的封建世襲制社會，轉變成以貿易為軸心的商業社會。如亞當・史密斯（1723-1790）等啟蒙哲學家所堅信，商業社會將是社會發展的最後以及最高階段，且將不會倒退至此前的較低階段。[9] 因此，蘇格蘭社會此時所經歷的變動將會是不可逆轉的。蘇格蘭社會的轉型與十八世紀中葉開始的工業革命也有密不可分的關係，然而本文著重於歷史事件所導致的社會變遷，因此暫不討論工業革命所帶來的影響。

8　臺灣讀者所熟悉的長老會傳教士馬偕博士（George Leslie Mackay, 1844-1901）（2022 年是馬偕來臺宣教 150 週年），其父親便是在此背景之下離開蘇格蘭高地，被迫在加拿大落地生根。

9　以「社會四階段理論」（Four Stages Theory of Society）來區分社會發展的各階段，包含：狩獵採集（hunting）、畜牧（pasturage）、農耕（agriculture）與商業（commerce）。

司各特在《威弗利》的〈後記〉中特別指明，相較於蘇格蘭在六十年間所面對的急劇社會變化，英格蘭卻平緩地從伊莉莎白女王（Elizabeth I, 1533-1603）的時代起，以三百年的時間才達到相同的社會發展水平。蘇格蘭在這半世紀左右所經歷的變動，遠比歐洲任何一個國家或地區來得劇烈。司各特將此變動的過程以泛舟來形容，並強調行船之人倘若未能及時回頭，以標記出航的位置，將無法度量在時空激流中被推行了多遠。司各特用這項比喻，強調明瞭歷史變遷過程的重要性（《威弗利》511）。

　　在愛丁堡大學就讀時，司各特曾受教於十八世紀「蘇格蘭啟蒙運動」（Scottish Enlightenment）最重要的思想家之一──杜格爾德・斯圖爾特（Dugald Stewart, 1753-1828）[10]，並承繼了此運動所推動的理性與進步的價值觀。政治上司各特支持光榮革命之後所建立的君主立憲體制，但是他在《威弗利》的〈後記〉中卻不避諱揭露一個難以忽視的事實：蘇格蘭在此所謂歷史的「進步」過程中所獲得的，遠遠無法彌補它所失去的一切。它獲得了現代化的社會發展，卻失去難以重建的蘇格蘭傳統精神文明──忠誠、信仰、好客、個人價值與榮

---

10 斯圖爾特在 1790 年代以「推測歷史」（Conjectural History）的概念，指出人類社會與歷史隨著時間而有所進步，此為進步觀念的理論核心。請參見 Mark Phillips 專書 *Society and Sentiment: Genres of Historical Writing in Britain, 1740-1820*，pp. 171-72，以及 H. M. Hopfl 論文 "From Savage to Scotsman: Conjectural History in the Scottish Enlightenment"。

譽（loyalty, faith, hospitality, worth and honour）（《威弗利》511）。[11] 這些傳統精神是讓蘇格蘭有別於其他民族的重要特質。在小說中，司各特以布雷德沃丁男爵宅邸「圖萊－維俄蘭」（Tully-Veolan）在起義之後遭受英軍無情毀壞的情節，暗諷蘇格蘭傳統文化所遭受的踐踏：

> 大樓已遭皇家軍隊搶劫，他們隨心所欲地胡鬧時，甚至打算把大樓燒掉；雖然那厚實的院牆多少起了一點防火作用，但馬房等附屬建築已完全燒毀。主樓的塔樓和尖頂都燒得發黑，院子的地面破爛不堪；門已全部搗毀，或者只掛在一個鉸鏈上；窗戶也砸得稀爛，院子裡到處是砸壞的家具的碎片。男爵引以自豪，特別敬重的那些顯示高貴家世的老古董，遭到了奇特的侮辱。噴泉毀了，為噴泉供水的那道泉水，流得滿院子水。那石盆，從它放在地上那樣子看來，似乎派作飲馬的水槽。對這裡那些大大小小的石頭熊也並未開恩，受到跟大門頂上那兩尊石頭熊一樣的對待，一兩張家庭畫像，似乎被那些軍人當作射擊的靶子，碎成一片片，散在地上。看到這座古老顯赫的大廈遭此大劫，威弗利有多麼痛心，是可想而知的。（《威弗利》445-446）

---

11 Walter Scott, *Waverley*. Ed. by P. D. Garside. Edinburgh UP, 2007, p. 363.

司各特以英軍搗毀布雷德沃丁男爵宅邸的這一幕，批判政府對於蘇格蘭古老歷史、文化與家族記憶的踐踏，並揭露政府決策欠缺理性與悲憫的一面。布雷德沃丁男爵雖然支持詹姆斯黨人起義，但他無害的宅邸卻也遭受池魚之殃，成為英軍洩憤的工具。如果英政府是進步與文明的代表，那她在此處的作為正好成了一個反面的例證。英軍對於這個宅邸的羞辱，不也暴露本身的野蠻？英國近代歷史上最重要的政治領袖之一邱吉爾（Sir Winston Leonard Spencer-Churchill, 1874-1965），在他的知名著作《英語民族史》（*A History of the English-Speaking Peoples,* 1956-1958）第三卷：《革命的年代》中，也曾批評起義之後「英國政府毫不留情的鎮壓，反映出漢諾威王朝對自己政權所產生的恐懼」（《英語民族史：革命的年代》109）。

此外，司各特也在此部作品中，不時透露對於「野蠻高地人」（詹姆斯黨人的主要成員）處境的理解與同情，並透過作品向讀者提問：所謂政治上的失敗者（或是輸家）與他們的文化和傳統，一定得被排除在主流歷史的論述之外嗎？他們對於推動國家的發展難道沒有任何貢獻或是存在的意義？另外，從司各特在《威弗利》中對於蘇格蘭高地人的描繪，更可以看到這群來自社會底層之人（the subaltern）[12] 所受到「南方的低地

---

12 「底層」意指被統治階層排除在外，無聲的群體。請參見 Bill Ashcroft et al., 所編寫 *Post-colonial Studies: The Key Concepts*. 2nd ed., Routledge, 2007, p. 198。

人」的歧視：「他們那副蓬頭散髮、陰沉、粗野的樣子，在低地引起驚奇，但也引起恐怖。當時，對高地的狀況所知極少，以致當這些高地居民作為軍事冒險者出擊時，他們那樣的品質，那副模樣，使南方的低地人感到十分意外，如同遭到非洲黑人入侵，和愛斯基摩印地安人從他們的故鄉，北方的山區衝出來一樣。」（《威弗利》323-333）此處所指稱的「南方的低地人」不只是來自蘇格蘭境內位處南方低地的居民，同時也包含更為廣義的蘇格蘭以南的英格蘭人。在外人眼中，這些蘇格蘭的原住民是來自高地的野蠻人，但是在司各特筆下，他們有屬於他們本身歷史悠久的特有文化、文明與秩序，他們的首領與男性族人更被形容為紳士，而非「蓬頭散髮」的野蠻人：

> 他是一位很體面很有勢力的紳士，一個很強大的高地氏族的獨立支派的首長，因為他本人有勢力，他的親族、盟友也有勢力，他很受人尊敬。（《威弗利》107）
>
> 這些人都是紳士，即是說是首領的親戚，哪怕是遠親，而且，有權直接要求首領支持和保護。在基督教國家的任何軍隊裡，都找不出比他們更文雅而又勇猛的人，雖然他們個個都愛好獨立，自由，但個個都很懂得服從他們的首領，服從高地作戰所採用的獨特的紀律；他們之所以令人畏懼，一方面固然由於個人勇猛，也同樣由於明智的信念，深信必須聯合行動，必須最充分地發揮民族的攻擊方式的威力。（《威弗利》322）

司各特透過《威弗利》以及多部在《威弗利》之後出版的歷史小說，包含《羅布・羅伊》（*Rob Roy,* 1817）與《紅鐵手套》（*Redgauntlet,* 1824），展現對於所屬民族以及社會的細膩觀察。他是第一位以小說的形式再現 1745 年詹姆斯黨人起義的小說家，他的創作引起多位後代作家對於蘇格蘭歷史發展以及民族特質的關懷。《威弗利》以詹姆斯黨人的起義事件為其故事之核心，回顧歷史流變過程中的得與失，然而絕大多數關於英國歷史的專著卻往往只是寥寥數筆，便將此起義事件帶過，或甚至刻意忽略。[13] 這個起義事件在英國歷史書寫上遭受邊緣化的主要原因在於：這是一段不值得一提關於輸家的過去，且歷史總是由得勝方主筆，寫的主要也是得勝方的歷史。《威弗利》的特別之處在於：即便這部小說是以英格蘭軍官威弗利為主要的角色，但它並未選擇站在得勝的一方搖旗吶喊並唾棄失敗者的無法與時俱進；相反地，它藉由威弗利對於詹姆斯黨人的同情以及對於起義者行為動機的理解，反映出作者本人對於失敗者的同理心。從以下麥克－伊沃氏族首領弗格斯在

---

13 在 John Prebble、Bruce Lenman 以及 Murray Pittock 等當代學者的專書出現之前，甚少有歷史學者關注詹姆斯黨人的起義對於蘇格蘭所產生的深遠影響。在下節即將探討的蓋伯頓《異鄉人》小說系列中，作者以她的一位二十世紀角色說明這個起義事件甚少在歷史上留下文字記載：「我在腦中翻頁，記得詹姆斯黨叛亂只有兩頁，作者大概認為第二次詹姆斯黨叛亂只值得這麼多篇幅。這次起事歷史學家稱為『四五年起事』，在那兩頁的篇幅裡，只有一段在描述即將開打的這場戰爭。」（《琥珀蜻蜓》下，頁 82）

被處決之前向威弗利諷刺英政府的談話內容，我們可以得知政府給予蘇格蘭的恩惠，事實上充滿了條件限制與偏見。

> 這種叛國法，是你們那自由的國家賜給貧窮、古老的蘇格蘭的恩惠之一；我聽說，英格蘭自己的刑法，溫和得多。不過，我想總有一天──當高地人再也不是野蠻的高地人可以任其宰割的時候──他們會從案卷中抹去這條把高地人當吃人生番對待的法律。把沒有知覺的腦袋拿來示眾這種啞劇表演，也是恩惠之一……我倒希望他們把我的頭放在蘇格蘭的城門上，這樣，即使是死後，我也可以看見祖國的青山，我多麼愛祖國的山水啊。（《威弗利》489）

這個段落除了可以理解為起義者對於漢諾威政府的批評，同時它也可以理解為作者刻意為高地氏族所保留的發聲空間。這個段落讓我們聯想起印度學者史碧瓦克（Gayatri Chakravorty Spivak）在其文章〈底層能說話嗎？〉，對於底層是否有機會發聲所抱持的懷疑態度。相類似的狀況也在上段引用出現，那來自於底層的聲音在詹姆斯黨人遭政府軍擊潰之後，幾乎已無任何效用。

〈卡洛登戰役與其後：蘇格蘭詹姆斯黨人小說〉（Culloden and After: Scottish Jacobite Novels）是文學評論家道格拉斯‧麥克（Douglas S. Mack）於 1996 年出版的期刊論文。這篇文章討論了三部與詹姆斯黨人相關的小說創作。它首先探討司各特

《威弗利》小說所再現的詹姆斯黨人 1745 年起義事件，並且以司各特同時期的蘇格蘭小說家霍格（James Hogg, 1770-1835）的《女人的三種危難》（*The Three Perils of Women,* 1823）為對照，進而批評司各特對於輸家（亦即詹姆斯黨人以及高地氏族）歷史的漠視。此篇文章最後以司各特 1824 年出版的《紅鐵手套》為例，強化對司各特的批判。這篇文章的批評視角與筆者所持觀點恰恰相反，觀點之間的相異主要是因為麥克未將閱讀的範疇延伸到《威弗利》的〈後記〉以及情節本身的細微之處。麥克的關注僅僅停留在小說的主要情節發展，未能將司各特放置於文末的悲憫胸懷一併納入思考。同時，麥克也未將《紅鐵手套》中對於底層的關注與詹姆斯黨人的遭遇並置，因此未見其內含的隱喻。

關於司各特的政治理念，當代司各特學者胡克（Andrew Hook）曾表示這位小說家對於進步史觀的信念與支持：

> 司各特本人是一名執業律師，他首先相信法治，相信法律和秩序是文明社會的唯一可能基礎。他拒絕任何形式的教條主義和狂熱主義；相反地，他相信溫和、寬容，相信那種懷疑極端激情的理性主義，無論其來源如何。他不可避免地相信那種維護並試圖體現這種價值觀的社會。換句話說，司各特是他那個時代的蘇格蘭的追隨者，是 1707 年與英國簽訂聯合條約後發展起來的蘇格蘭，是最終擺脫了前幾個世紀的野蠻和血腥的狂熱，在歐洲的文明和開化

國家中占據應有地位的蘇格蘭。[14]

　　因此，從胡克的說明我們可以理解在《威弗利》的情節設計中，即使司各特緬懷那已逝的過往並悲憫社會變遷過程中受到排擠的底層群體，但是他仍無法接受激進的政治與宗教信仰。那些激進的信仰與行動只允許再現於文學與藝術作品，而不該存於進步的社會之中。就如同《威弗利》的末尾所描述的，威弗利與弗格斯雖然一度是戰友，但是那激情的過往已成雲煙，至多只能被框限在畫作中欣賞。以下引用來自《威弗利》的片段，它描述布雷德沃丁男爵宅邸「圖萊－維俄蘭」在遭受英軍摧毀，於威弗利的努力之後所復原的情況。與先前的陳設相比，宅邸內多了一幅以弗格斯與威弗利為主角的畫作：

　　　　這間古色古香的大廳裡，還是添了一件陳設，男爵一看，眼淚奪眶而出。那是一大幅很生動的畫像，畫的是穿著高地服裝的弗格斯·麥克－伊沃爾和威弗利，背景是一個荒野的，岩石壘壘的山口，一群氏族正從山口往下走。原來，他們在愛丁堡時，一個很有天才的年輕人給他們畫了一張很生動的速寫，後來，由倫敦一位傑出的畫家根據這張速寫畫成全尺寸大幅油畫。就連雷伯恩本人（他畫的

14　此處引用為筆者所譯，原文請見 Andrew Hook, Introduction to Waverley. *Waverley*, London, Penguin, 1972, p. 14。

〈高地首領〉活像要從畫布上跨出來似的）也無法畫得比這幅更逼真；格倫納夸依克的不幸的首領，他那狂熱、火爆又莽撞的性格，和他較幸運的朋友那沉思、幻想而又熱情的表情，形成絕妙的對比。在畫像旁，掛著威弗利在這次不幸的內戰中帶過的武器。大家讚賞他、深受感動地瞧著這幅畫面。（《威弗利》507）

這個段落所強調的是：過往的激情（以弗格斯為代表）已成為歷史，成為畫家作畫時的素材，並成為觀者凝視的對象，再也沒有重生的可能。相反地，只有理性與沉著（以威弗利為代表）才能在進步的歷史中留下。在這個段落中，司各特提及的蘇格蘭畫家雷伯恩（Sir Henry Raeburn, 1756-1823）畫作〈高地首領〉（Highland Chiefs）中的主要人物，所指的是高地首領亞歷山大・拉納爾德森・麥克唐奈兒（Alexander Ranaldson MacDonell, 1773-1828）。由於他本人出了名的傲慢性格與對於舊時代的浪漫守護之情，因此成為司各特塑造弗格斯形象時的主要參照（圖6-1）。司各特曾在日記中稱這位氏族首領：「是我們這個時代的一種吉訶德，他完全保留了在其他地方被長期拋棄的宗族和酋長的全部感情。」[15] 麥克唐奈兒

---

15 此處引用為筆者所譯，原文為 "He is a kind of Quixote in our age, having retained, in their full extent, the whole feelings of clanship and chieftainship, elsewhere so long abandoned." From Anderson W. E. K. editor. *The Journey of Sir Walter Scott*. Canongate, 1998, pp. 103-1040。

圖 **6-1** Colonel Alastair Ranaldson Macdonell of Glengarry (1771-1828).

在政治上所具有的浪漫情懷,或是對於舊政權的懷舊之情,與《威弗利》小說所描述的弗格斯幾乎如出一轍,然而由於他無法順應時代變遷的政治傾向,因此也只能被吞噬於所謂進步的歷史巨流之中。司各特的創作影響了其後兩個世紀人對於詹姆斯黨人的認識,而當代作家中就以蓋伯頓作品與司各特最有直接的接承關係。

參、黛安娜・蓋伯頓《異鄉人》

司各特之後，以詹姆斯黨人 1745 年最後一次起義為背景的歷史小說主要有：詹姆斯・霍格的《女人的三種危難》；羅伯特・路易斯・史蒂文森（Robert Louis Stevenson, 1850-1894）的《誘拐》（*Kidnapped,* 1886）、《巴倫特雷的少爺》（*The Master of Ballantrae,* 1889）；約翰・布肯（John Buchan, 1875-1940）的《一位走失的老嫗》（*A Lost Lady of Old Years,* 1899）、《仲冬》（*Midwinter,* 1923）；尼爾・門若（Neil Munro, 1863-1930）的《新路》（*The New Road,* 1914）；禾奧萊・雅各布（Violet Jacob, 1863-1946）的《弗萊明頓》（*Flemington,* 1911）；娜歐蜜・米奇森（Naomi Mitchison, 1897-1999）的《初生之犢》（*The Bull Calves,* 1947）與 D. K. 布羅斯特（D. K. Broster, 1877-1950）的《蒼鷺的脫逃》（*The Flight of the Heron,* 1925）。然而這些作品的普及度以及影響力，都不如當代美國作家黛安娜・蓋伯頓的暢銷書《異鄉人》小說系列（Outlander series）。截至 2021 年 11 月為止，蓋伯頓小說的全球銷售量已超過五千萬本（Diana "Global"）。[16] 此外，網路隨選串流影片公司網飛（Netflix）根據這部小說系列拍攝的電視影集《異鄉人：古戰場傳奇》（*Outlander*），收視率極佳，

---

16 請參見網上資料 www.dianagabaldon.com/resources/global-publication-dates/

截至 2022 年 4 月已開播至第六季，被譽為英國版的《權力遊戲》（*Game of Thrones*）（Robinson）。[17] 因為蓋伯頓的《異鄉人》小說受到全球廣大讀者的關注，甚至有以《異鄉人》為主題之國際研討會（Outlander Conference Glasgow）。《異鄉人》小說系列的第一部《異鄉人》出版於 1991 年，受到熱烈歡迎，自此之後以蘇格蘭為背景的歷史愛情小說創作在美國迅速增長，而且這些作品中的百分之八十都以蘇格蘭高地為其故事的核心。此外，這些作品的男主角多是詹姆斯黨人。如此的創作手法主要是受到司各特與蓋伯頓作品的影響。隨著二十世紀 90 年代的光芒褪去，對數百萬美國讀者來說，具有蘇格蘭背景的浪漫小說仍然是了解蘇格蘭的主要信息來源（Hague 171）。

蓋伯頓計畫完成共十部的《異鄉人》系列小說，2022 年之前已完成了十部中的九部。其中的第一部《異鄉人》（*Outlander*, 1991）、第二部《琥珀蜻蜓》（*Dragonfly in Amber*, 1992）與第三部《星月海洋》（*Voyager*, 1993），其情節發展與《威弗利》大致相同，皆以 1745 年詹姆斯黨人起義為故事的發軔。《異鄉人》所描述的是詹姆斯黨人起義前的軍備整備，《琥珀蜻蜓》描寫起義事件本身，而《星月海洋》則描繪起義後英國政府對於詹姆斯黨人的懲罰。

---

17 "*Outlander* and *Game of Thrones* are More Similar than Ever" (www.vanityfair.com/hollywood/2016/04/outlander-game-of-thrones).

本文挑選蓋伯頓作品與司各特《威弗利》並置研究，除了因為它們皆關注詹姆斯黨人的 1745 年起義之外，主要的原因還有以下二點：第一、蓋伯頓小說是二十世紀再現此起義最具代表性的創作，最可展現當代人回顧末代詹姆斯黨人的視角；第二、蓋伯頓小說與司各特《威弗利》在創作手法上有高度的相似性。分析這些相似之處，將使蓋伯頓追隨司各特再現此段歷史的企圖呈現於當代讀者眼前。然而，作為讀者，我們或許也希望再次探研 1745 年的起義事件，究竟對於這兩位作家而言有何迷人之處或是重要性？[18] 以下先針對《異鄉人》小說系列的前三部進行內容概述，再與《威弗利》進行分析比較。

　　《異鄉人》的女主人公克萊兒・博尚・藍鐸（Claire Beauchamp Randall）曾是二戰的戰地護士，戰爭結束後與擔任歷史學教授的丈夫法蘭克林・沃夫頓・藍鐸（Franklin Wolverton Randall）到蘇格蘭北方城鎮印威內斯（Inverness）二度蜜月。蜜月過程，克萊兒在鄰近納敦巨岩（Craigh na Dun）之處進行藥用植物的採集，因巨石的特殊形象與其發出的奇特聲響而受到吸引。她在好奇心的驅使之下碰觸了巨石，隨即穿越時空至 1743 年的蘇格蘭高地，並與高地麥肯錫氏族（Clan Mackenzie）有所互動，逐漸成為他們的一員。克萊兒

---

18 當代美國作家所創作的英國歷史浪漫愛情小說（historical romance fiction）中，最多的是以攝政時期（Regency era, 1811-1820）為背景的創作，其次就是以蘇格蘭為背景的創作（Hague 188）。

在《異鄉人》小說的第二部《琥珀蜻蜓》中回顧此經驗:「在一九四五年,我走進了巨石陣,穿越裂開的石柱,人卻來到山腳下,時光也倒流回一七四三年。」(《琥珀蜻蜓》上90)克萊兒被當地人稱為「薩森納赫」(Sassenach),意指外地人或英格蘭人,因此她也就是小說標題所指稱流落異鄉的「異鄉人」。在此異邦,克萊兒為了躲避英格蘭軍官喬納森・沃夫頓・藍鐸(Jonathan Wolverton Randall),亦稱「黑傑克」(Black Jack),喪心病狂且幾近於變態的騷擾(黑傑克其實是克萊兒丈夫法蘭克林的先祖,他在蘇格蘭高地率領軍隊,負責監控各氏族的勢力),嫁給了麥肯錫氏族首領柯倫・麥肯錫(Callum Mackenzie)的姪兒傑米・麥肯錫・弗雷瑟(James Mackenzie Fraser),亦稱紅髮傑米(Red Jamie),但同時也陷入了高地氏族為協助斯圖亞特王朝復辟所謀劃的起義事件。

在《琥珀蜻蜓》中,由於克萊兒深知蘇格蘭將會因為起義失敗而付出慘痛代價,因此試圖說服傑米阻止起義發生。他們透過傑米在巴黎經商的表兄弟賈爾德・弗雷瑟(Jared Fraser)的安排,與詹姆斯黨人的共主查理王子見面,並設法阻斷詹姆斯黨人籌措起義所需之費用。然而當傑米回到蘇格蘭之後,卻發現在不知情的狀況下,被查理王子納入麾下,使得自己成為政府眼中的叛國者。如克萊兒所說:「這結盟書一發布,上頭簽名的人就都給打上了反叛的印記,變成英國的叛亂分子。現在查理王子怎麼籌劃、怎麼籌資運作都不重要了,他已經浩浩蕩蕩往戰爭的海上駛去,而不管我們願不願意,我和傑米也被

迫隨他一同出發。就像傑妮（傑米的姊姊）說的我們別無選擇。」（《琥珀蜻蜓》下63）傑米在沒有選擇的情況下，只好集結氏族成員加入詹姆斯黨人的行列。詹姆斯黨人起初在普雷斯頓潘戰役（Battle of Prestonpans）打贏了英軍，但傑米判斷他們最終仍會在克萊兒所告知他的卡洛登戰役遭政府軍擊潰，因此趕緊將懷有身孕的妻子送回她原屬的二十世紀，而自己則準備面對起義失敗之後的懲罰。克萊兒回到了二十世紀，生下她與傑米的女兒布莉安娜（Brianna Randall），並與克萊兒的丈夫法蘭克共同撫養這名孩子。

除了克萊兒以外，潔莉絲・唐肯（Geillis Duncan）是另一名從二十世紀穿越至十八世紀的英格蘭旅人，她與克萊兒相同也和十八世紀蘇格蘭高地人有了孩子。羅杰（Roger）是潔莉絲和杜戈爾（Dougal Mackenzie，麥肯錫氏族首領柯倫胞弟）的兒子，與克萊兒女兒布莉安娜同樣誕生於二十世紀。羅杰與布莉安娜為交往中的男女朋友，他們對於詹姆斯黨人的歷史有極大的好奇心，兩人的觀點呈現二十世紀人理解1745年起義事件之視角。《異鄉人》小說系列的第三部《星月海洋》則是從起義的尾聲講起，傑米受了重傷且成為英軍的俘虜，但因為他先前曾經在普雷斯頓潘戰役赦免被俘虜的英格蘭軍官約翰・格雷少校（Lord John Grey），因此這次避免了遭受槍決的命運（與前一節所討論的《威弗利》主人公境遇相似）。傑米保全了性命而蓋伯頓的《異鄉人》小說也繼續往系列的第四部《秋之鼓》（*Drums of Autumn*, 1996）前進。由於自《秋之

鼓》之後的系列出版已偏離詹姆斯黨人起義的歷史背景，因此不將其納入本文之討論範疇。

蓋伯頓的《異鄉人》小說系列與司各特《威弗利》有多處相似之處。第一、他們都將英格蘭人作為關鍵的主要角色（克萊兒・藍鐸 VS 愛德華・威弗利）；第二、這些小說的英格蘭女／主人公，都因為某些原因行旅至未曾到訪且陌生的蘇格蘭高地；第三、這兩位英格蘭人都與當地蘇格蘭高地氏族成員產生感情（克萊兒愛上傑米 VS 威弗利愛上弗洛娜）；第四、這兩位英格蘭人皆涉入詹姆斯黨人的起義事件。除了這四點相似之外，蓋伯頓的《異鄉人》還直接引用司各特長篇敘事詩《瑪米恩》（*Marmion*, 1808）的文字，用以嵌入她的小說中（《琥珀蜻蜓》下 144）[19]，由此可見蓋伯頓對於司各特作品相當熟稔。由於蓋伯頓的《異鄉人》小說系列前三部與司各特《威弗利》的相似之處頗多，前者可說是奠基在後者的基礎之上所完成的二十世紀版本。

蓋伯頓創作與司各特小說雖然多有相似之處，但前者的書寫在諸多方面有其獨到與創新之處，特別是當其批判查理王子的昏庸愚昧以及當權者引以為傲的「進步史觀」之時，其力道比司各特更為突出，且在評判歷史書寫時深具內省的特色。筆

19「痛苦惱怒使她秀眉緊蹙，汝為救死扶傷的天使」（When pain and anguish wring the brow, a ministering angel）。from *Marmion* (1808) canto 6, st. 30, quoted in *Dragonfly in Amber*, p. 678.

者從以下的幾個面向分析，以彰顯蓋伯頓小說的特殊性。

蓋伯頓小說與司各特作品的最大不同，在於前者精巧並具有高度創意的情節設計，使具備歷史知識的女主人公克萊兒穿越時空至十八世紀，且藉由她告誡蘇格蘭人起義失敗的後果，甚至讓她試圖阻止起義的發生（Hague 176-177）。[20] 由於克萊兒明瞭歷史上詹姆斯黨人失敗的緣由，她相信自己與丈夫或許能扮演翻轉歷史的關鍵角色：「一七四五年那場起事的成敗，完全取決於這名青年（即查理王子）的性格，而能否避免其發生，則可能得仰賴另一名青年，也就是傑米・弗雷瑟還有我的努力。」（《琥珀蜻蜓》上 112）她甚至向傑米表明阻止起義的唯一辦法──即謀殺查理王子：「如果他死了……現在，今天，或者今天晚上死了，沒有查理王子，就沒有開戰的理由，沒有人下令揮軍卡洛登，沒有戰爭。」（《琥珀蜻蜓》下 354）克萊兒同時也明瞭謀殺查理王子雖可阻止起義的發生，但同時也將會改寫歷史：「如果查理王子死了，卡洛登之役或許不會發生，一條人命，換來兩千條活命。但是……這條皇室血脈將不是死於戰場，而是遭人冷血謀害。」（《琥珀蜻蜓》下 356）雖然蓋伯頓向讀者提出如此大膽且看似可行的假設，但是她最終還是根據歷史發展的原始脈絡，嵌入了詹姆斯黨人 1745 年反抗政府的起義情節。因此在《星月海洋》中，蘇

---

20 蓋伯頓小說所採用時空旅行的創作筆法，其靈感源自英國廣播公司（BBC）所製作的電視影集《超時空奇俠》（*Doctor Who*）。

格蘭也因為參與起義事件而無可避免地受到英國政府嚴厲的懲罰。[21]

本文稍早談及司各特在《威弗利》的〈後記〉中向讀者闡明關於起義的犧牲與失敗後的代價，蓋伯頓小說則讓讀者退一步思考若非因為查理王子的一意孤行，蘇格蘭是否有機會避開政治的漩渦，因而得以更完整地保存自身的文化與傳統？抑或是蘇格蘭之所以在二十、二十一世紀仍舊能夠保有強烈自我認同的意識，而沒有遭到英格蘭教育、經濟與社會的強勢同化，其實是因為在蘇格蘭人心中，查理王子所代表的斯圖亞特王朝是發跡於蘇格蘭本地的家族，因此他們擁護並願意依附於這個舊王朝的最後一位君王，並將他視為恢復蘇格蘭作為一個獨立國家的重要象徵與希望。如克萊兒所提問：

> 你不知道真相。你不知道，我不知道，我們永遠也不可能確知。這樣你懂嗎？你不知道，因為你也無法說出事情的結局——根本沒有任何結局。你不能說「這件事」「注定」會發生，然後導致其他事。查理王子對蘇格蘭人所做的「那些事」，是必須發生的嗎？還是「有心」推動的結果，而查理王子真正目的就是像現在這樣，成為頭像，成為象徵的符號？要是沒有他，蘇格蘭會不會忍受英格蘭兩

---

21 懲罰的內容請見本文於頁 263 所做的分析。

百年的統治，然後仍然……能維持自我認同？（《琥珀蜻蜓》下 386）

蓋伯頓藉此段落向讀者提示起義本身的不確定性，並揭露無法判定推動此事件的力量源自何處？它是否有其發生的必然性？雖然蓋伯頓向讀者提出這些頗發人深省的問題，但最終卻未表明個人的想法。而這些關於歷史是否具有必然性的問題，並未在《威弗利》中進行討論，司各特作品對於這段歷史的再現與詮釋，反映出他僅是接受了歷史已然發生的事實。

另外，關於查理王子的形象塑造，《威弗利》與《異鄉人》各自採取的視角也有相當大的差異。在《威弗利》，當美王子查理初次登場時，他被形容為「一個未戴假髮、露出滿頭金黃色頭髮的青年，他那英俊、端莊的臉上，神態威嚴、高貴，一群紳士軍人和高地首領圍著他，這時走出圈子。威弗利後來想到，儘管他身上沒有表示身分的標誌：胸前佩戴星章，膝上繫繡花襪帶，憑他那從容不迫、溫文爾雅的風度，他也能看出他的高貴出身和地位。」（《威弗利》289-290）在蘇格蘭人眼中，查理王子除了有英俊的儀表與瀟灑的風度之外，他的家族事業也廣受人民的支持：「蘇格蘭的名媛淑女也大都擁護這位勇敢而又年輕漂亮的王子的事業，因為他不像個工於心計的政治家，倒像個傳奇中的英雄，完全仰賴同胞們的擁戴。」（《威弗利》312）蘇格蘭畫家艾倫‧拉姆齊（Allan Ramsay, 1713-1784）所繪製的查理王子肖像畫（圖 6-2），或許最適

圖 6-2 Prince Charles Edward Stuart, 1720-1788. Eldest Son of Prince James Francis Edward Stuart.

合拿來理解司各特筆下的美王子形象。這幅畫作完成於 1745 年詹姆斯黨人起義前夕,是拉姆齊受到荷里路德宮(Holyrrod Palace)的邀請在愛丁堡所完成的畫作,它也是唯一一幅在英國境內所完成的美王子查理肖像畫。[22] 詹姆斯黨人設想當成功恢復斯圖亞特家族王位之時,這幅畫作將被帶到英格蘭,並被複製成版畫作為官方皇家肖像的基礎。

---

22 從英政府的角度來說,拉姆齊為查理王子作畫顯然是政治不正確的行為,然而當時只有極少數的人知道這幅畫作的畫家身分,且拉姆齊也順利在 1761 年成為喬治三世(George III, 1738-1820)的畫師。這個祕密消失在歷史的洪流之中超過二個半世紀,拉姆齊作為美王子查理肖像畫的畫家身分,一直要到 2009 年因為英國藝術史家本多‧格羅夫納(Bendor Grosvenor)的發現,才被公諸於世。

然而，蓋伯頓所描繪的查理王子形象與司各特所再現的樣貌大相徑庭。在《琥珀蜻蜓》中，查理王子被描述成一位僅有外貌但無高尚品格的領導：「美王子查理行為不當，對自己最忠誠的擁護者出言不遜、傲慢自大，對能幫助他的人視若無睹、口出狂言，侮辱不該侮辱的人，且從信中字句推測，查理王子恐怕還有酗酒的問題。」（《琥珀蜻蜓》下 20）在同部作品中，克萊兒還直指是因為查理王子本人的昏庸無能，而將擁護他的黨人推向萬劫不復的深淵：

　　　是查理王子自己選擇在卡洛登作戰，是查理王子頑固、
　　　短視、專制、藐視手下指揮官的諫言，堅持南侵英格
　　　蘭。……原本盼望潛伏於英格蘭的詹姆斯黨人也能投入斯
　　　圖亞特麾下，但南方一直無人前來馳援。查理王子被迫撤
　　　回北方，於是執拗地孤注一擲，把裝備簡陋、精疲力竭、
　　　飢腸轆轆的士兵拋進被大雨浸潤的沼地上，面對坎伯蘭軍
　　　隊憤怒的炮火。（《琥珀蜻蜓》下 356）

　　在司各特筆下，復辟事件被描述成一件源自蘇格蘭高地氏族的共同信念所產生的集體行動；然而，蓋伯頓的書寫則表明它僅是查理王子一人意念之下所掀起的驚天巨浪。兩人對於同一歷史事件的解讀有天壤之別。此外，在《琥珀蜻蜓》中，克萊兒指出從歷史的後見之明來判斷，1745 年的起義事件並不具有正當性；更精確地說，它僅僅只是一群對於政治情勢所知

甚少之人所行的荒唐事：「他是個蠢材、酒鬼，軟弱又愚蠢。羅切爾、格倫加立那幫人全是呆子，總是聚在一起花天酒地，和查理王子一起做白日夢。杜戈爾說得對，坐在溫暖的房間，手握一杯麥酒，要勇敢很容易。他們喝傻了，又太驕傲，不願意撤退，結果斷送了所有人的命……只為了可笑的名譽和榮耀。」（《琥珀蜻蜓》下 385）

　　蓋伯頓除了批評查理王子的人格問題與領導無方，還藉由克萊兒批評那些過去兩百年間為查理王子打造英雄形象的人：「問題出在作家、歌手、說書人，這些藝術家拿過去當材料，照自己的喜好重新改造，把蠢材塑造成英雄，把酒鬼改造成君王。」（《琥珀蜻蜓》下 385）就連與她同行的歷史小說家也無可倖免：「騙子？或是魔法師？他們不就是看到塵土中的骨頭，以為看到了事物過去的本質，就為它們披上新的血肉，讓乏味的野獸搖身一變，成為傳說中的怪物？」（《琥珀蜻蜓》下 385-386）蓋伯頓此處的批評，使我們聯想起義大利浪漫作家亞歷山德羅－曼佐尼（Alessandro Manzoni, 1785-1873）關於歷史小說的知名比喻，他表示：歷史小說家需要在作品中提供「不僅僅是歷史的骨架，而是更豐富、更完整的東西。在某種程度上，你希望他把血肉放回歷史的骨架上」（Groot 172）。**23** 此

---

23 轉引自 Jerome de Groot. *The Historical Novel*. Routledge, 2010, p. 172. 英文原文："not just the bare bones of history, but something richer, more complete. In a way you want him to put the flesh back on the skeleton that is history"。

處曼佐尼所描述的「歷史的骨架」指的是圍繞事件本身的人、事、時、地、物等基本訊息，而「血肉」則是關於歷史事件本身之解釋。但是從蓋伯頓的視角看來，不少歷史小說對於歷史人物的再現，都過度扭曲了歷史本身的原貌，而不是僅僅將「血肉放回歷史的骨架上」。

蓋伯頓不只不滿意前輩歷史小說家的創作，她對於歷史學者的研究也有所批評：「歷史學家最大的問題，是以為自己憑著前人選擇留下的線索，就能知道事情的來龍去脈。很少有人真的能穿越古代文物和文件的煙幕，了解實情。」（《琥珀蜻蜓》下 385）蓋伯頓藉此表明歷史研究的侷限，或許只有具備歷史知識並能夠穿越時空親臨歷史現場之人（如她所塑造的克萊兒），才有辦法一窺歷史全貌並提供完整論述。然而當前人類並不具有這種穿越時空以窺探過去的能力，它至多也只能透過想像而在虛構的世界中實現。蓋伯頓對於歷史學家的批評也許有其道理，但卻也無法提供解決之道。

關於《異鄉人》系列與《威弗利》另一點不同之處，在於兩部作品對得勝者英軍的描繪。蓋伯頓對於英軍在卡洛登戰役之後，失去理性燒殺擄掠蘇格蘭高地人（無論男女老幼且無論是否是詹姆斯黨人）的評判，其力道遠遠勝過司各特的批判。舉例來說，蓋伯頓在《琥珀蜻蜓》中對於英軍能夠在卡洛登戰役得勝的重要功臣 —— 英王喬治二世（George II, 1683-1760）幼子坎伯蘭公爵（Prince William Augustus, Duke of Cumberland, 1721-1765）的描寫，字字鞭辟入裡：

坎伯蘭的手下在高地施行高壓統治，手段暴虐，在英國史上無人能及。他們把倖存者驅逐到山間，沿途燒殺擄掠，婦孺都給活活餓死，男丁則就地槍決，不管是不是查理王子的人馬，下場都一樣。那時代的人這麼形容坎伯蘭公爵：「他造成了荒漠，卻稱之為和平。」（《琥珀蜻蜓》上 60）

英國政府眼中的戰爭英雄坎伯蘭公爵，在起義事件後所執行的報復行動幾近於種族滅絕，蘇格蘭因他而成了杳無人煙的「荒漠」。蓋伯頓小說同時也說明，即便起義已是兩個世紀以前的事，當今的蘇格蘭人對坎伯蘭公爵的反感恐怕絲毫不減。他們將氣憤的情緒發洩在這位英軍將領的雕像上：「一把蘇格蘭短劍就插在公爵的肚子上，而且還因為攻擊的力道過大，人像整個朝右邊歪斜。」（《琥珀蜻蜓》上 60）坎伯蘭公爵被反對他的托利黨人稱為「屠夫坎伯蘭」（Butcher Cumberland），卻被支持他的輝格黨人讚許為「可愛的威廉」（Sweet William）。蓋伯頓的小說既批評查理王子的昏庸，也批判坎伯蘭公爵的殘暴。蓋伯頓的立場似乎未向哪方偏斜，但司各特的《威弗利》卻避談這位帶領英軍成功壓制叛亂者並將英國歷史推向「進步」一方的關鍵歷史人物。相較於《威弗利》，蓋伯頓的小說以更為多元的視角，邀請讀者從屬於我們的後見之明再次思考這段「進步」歷史的生成背景。在蓋伯頓的小說裡，坎伯蘭公爵領導之下所寫成的進步歷史，充其量

也只是一個靠槍桿子打造出來的文明，並未具有明顯的思想高度。圖 6-3 清楚呈現大不列顛在坎伯蘭公爵領導之下，由於擊退叛軍詹姆斯黨人所吹響的勝利號角，圖中眾多形象所倚靠的是承載火炮的機具。

圖 **6-3** Portrait of Cumberland surrounded by text: "Gvlielmvs avgvstvs cumbriae dux."

肆、結語

　　這篇文章將蓋伯頓與司各特作品並置研究的主要目的，不在於比較誰的作品較能真實地再現歷史；相反地，筆者的主要目的是透過檢視他們對於這段「進步歷史」的描繪，使對於這兩部小說有興趣的讀者可以清楚了解這段歷史的某些面向以及它的產生背景。總的來說，就如同巴特菲爾德所說，如果英國自十八世紀中葉起至十九世紀之初有任何在文化、文明與思想上的進步，這個進步的結果勢必是因為兩方勢力在互相牽制之下所產生的效益，而非單方面獨力達致的成就。支持斯圖亞特王朝的人，有他們與這個家族在悠久歷史進程中累積的情感，而支持漢諾威王朝的人也有本身的歷史淵源，各為其主。然而因為自光榮革命之後，歷史已轉向對漢諾威王朝有利之敘事方向，因此屬於失勢一方的斯圖亞特王朝無力回天，其歷史被迫走向終結。不過，更重要的是，這兩部小說的作者皆以其情節之設計清楚刻劃蘇格蘭社會在歷史變遷過程中的得與失，並提醒讀者明白回首來時路之必要，以此彰顯歷史小說此一文學類型之特殊性。此外，這兩位作家的作品都顯示所謂的過去，有現在所缺少的與不可取代的特質。即便時間以線性朝前方推移，但並不表示人類的思想與行為能與之推進。換言之，這兩部作品皆邀請讀者思考當今人類文明之發展是否持續朝良善的方向前進，還是隨時有倒退或甚至墮落之可能？撰寫本文的期間正好也是俄烏戰爭自 2022 年 2 月開打後的前三個月，此場

戰爭由於以美國為首的西方列強的介入，使得俄羅斯原有的軍事優勢處處受到約束，也使得烏克蘭始終能立於不敗之地，但也僅能苟延殘喘。然而戰爭尚未結束，人類文明發展的走向仍是未定之天，且由於火炮兵器研發技術的一日千里，使人類之生存遭受前所未有的最大威脅，生命在戰火下尤其脆弱。列強之間的爭鬥或許已無法產生推動人類社會進步的積極力量，此時關於社會的進步與人類的文明之討論，特別顯得無關緊要，格外諷刺。

參考書目

中文

方志強。〈「進步」的理念：內涵與定義〉。《思與言》，第 31 卷，第 8 期，2001 年，頁 173-206。

——。〈「進步」的理念——二十世紀的挑戰〉。《新史學》，第 12 卷，第 2 期，2001 年，頁 131-72。

——。〈時代中的史家——巴特費爾德與英國歷史的解釋〉。《思與言》，第 42 卷，第 8 期，2004 年，頁 83-125。

史迪芬‧平克（Steven Pinker）。《再啟蒙的年代：為理性、科學、人文主義和進步辯護》。陳岳辰譯。臺北：商周，2020。

瓦爾特‧司各特。《威弗萊；或，六十年前的事》。石永禮譯。北京：人民文學出版社，1987。

艾瑞克・霍布斯邦（Eric J. Hobsbawm）。《論歷史》。黃煜文譯。
臺北：城邦，2002。

莫利斯・金斯堡。〈近代的進步觀〉。《觀念史大辭典：自然與歷
史卷》。朱瑞月譯。第四冊。臺北：幼獅文化，1988，頁 331-
56。

溫斯頓・邱吉爾。《英語民族史　卷三：革命的年代》。劉會梁譯。
新北：左岸文化，2007。

愛德華・卡耳（Edward. H. Carr）。《何謂歷史？》。江政寬譯。
臺北：五南，2013。

赫伯特・巴特菲爾德（Herbert Butterfield）。《歷史的輝格解釋》。
張岳明、劉北成譯。北京：商務印書館，2012。

黛安娜・蓋伯頓。《異鄉人》（上）。林家任、郭虹均譯。新北：
大家出版，2013。

——。《異鄉人》（下）。郭虹均譯。新北：大家出版，2013。

——。《琥珀蜻蜓》（上）。林步昇譯。新北：大家出版，2015。

——。《琥珀蜻蜓》（下）。徐嘉妍譯。新北：大家出版，2015。

——。《星月海洋》（上）。陳圓心譯。新北：大家出版，2016。

——。《星月海洋》（下）。游卉庭、洪毓徽譯。新北：大家出版，
2016。

英文

Anderson W. E. K., editor. *The Journey of Sir Walter Scott*. Canongate, 1998, pp. 103-04.

Ashcroft, Bill et al. *Post-colonial Studies: The Key Concepts*. 2nd edition, Routledge, 2007.

Bury, J. B. *The Idea of Progress: An Inquiry into Its Origin and Growth.* MacMillan, 1920.

Butterfield, Herbert. *The Whig Interpretation of History.* W. W. Norton, 1965.

Broster, D. K. *The Jacobite Trilogy: "Flight of the Heron", "Gleam in the North" and "Dark Mile."* Lomond Books, 1990.

Buchan, John. *A Lost Lady of Old Years.* Polygon, 2011.

——. *Midwinter.* Polygon, 2020.

Carr, Edward H. *What Is History?* Penguin, 1990.

Churchill, Winston S. *The Age of Revolution: A History of the English-Speaking Peoples.* New York, Barnes & Noble, 1957.

De Groot, Jerome. *The Historical Novel.* Routledge, 2010.

Gabaldon, Diana. *Outlander.* Arrow, 2015.

——. *Dragonfly in Amber.* Arrow, 2015.

——. *Voyager.* Arrow, 2015.

——. "Global Publication Dates." *Diana Gabaldon*, Nov. 23, 2021, www.dianagabaldon.com/resources/global-publication-dates/.

Hague, Euan. "The Mass Market Romance Fiction and the Representation of Scotland in the United States." *The Modern Scottish Diaspora: Contemporary Debates and Perspectives*, ed. by Murray Stewart Leith and Duncan Sim. Edinburgh UP, 2014, pp. 171-90.

Hogg, James. *The Three Perils of Woman.* Edinburgh UP, 2002.

Hook, Andrew. Introduction to Waverley. *Waverley*, London, Penguin, 1972, p. 14.

Hopfl, H. M. "From Savage to Scotsman: Conjectural History in the

Scottish Enlightenment. *Journal of British Studies*, vol. 17, no. 2, 1978, pp. 19-40.

Jacob, Violet. *Flemington and Tales from Angus*. Canongate Books, 2000.

Lenman, Bruce. *The Jacobite Cause*. Richard Drew Publishing, 1986.

Lukács, Georg. *The Historical Novel* (1937). Trans. by Hannah and Stanley Mitchell, London, Merlin, 1962.

Mack, Douglas S. "Culloden and After: Scottish Jacobite Novels." *Eighteenth-Century Life*, vol. 20 no. 3, 1996, pp. 92-106.

McKeever, Gerard Lee. *Dialectics of Improvement: Scottish Romanticism, 1786-1831*. Edinburgh UP, 2020.

McLynn, Frank. *The Jacobites*. London, Routledge & Kegan Paul, 1985.

——. *Bonnie Prince Charlie: Charles Edward Stuart*. Pimlico, 2003.

Mitchison, Naomi. *The Bull Calves*. Kennedy & Boyd, 2013.

Nisbet, Robert. *History of the Idea of Progress*. Transaction, 1994.

Phillips, Mark Salber. *Society and Sentiment: Genres of Historical Writing in Britain, 1740-1820*. Princeton UP, 2000.

Pinker, Steven. *Enlightenment Now: The Case for Reason, Science, Humanism, and Progress*. Viking, 2018.

Pittock, Murray G. H. *Jacobitism*. Macmillan, 1998.

——. "Historiography." *The Cambridge Companion to the Scottish Enlightenment*. Ed. by Alexander Broadie, Cambridge UP, 2003, pp. 258-79.

——. *Scottish and Irish Romanticism*. Oxford UP, 2008.

——. *The Myth of the Jacobite Clans: The Jacobite Army in 1745*. 2nd ed. Edinburgh UP, 2009.

——. *The Edinburgh Companion to Scottish Romanticism*. Edinburgh UP, 2011.

——. "Sir Walter Scott: Historiography Contested by Fiction." *The Cambridge History of the English Novel*, Ed. by Robert L. Caserio and Clement Haws, Cambridge UP, 2012, pp. 277-91.

Prebble, John. *Culloden*. London, Penguin, 1967.

Robinson, Joanna. "Outlander and Game of Thrones Are More Similar than Ever." *Vanity Fair*, April 8, 2016, www.vanityfair.com/hollywood/2016/04/outlander-game-of-thrones.

Scott, Walter. *Waverley*. Ed. by P. D. Garside, Edinburgh UP, 2007.

——. *The Letters of Sir Walter Scott*. Ed. by H. J. C. Grierson and others, 12 vols, Constable, 1932-37.

Slaboch, Matthew W. *A Road to Nowhere: The Idea of Progress and Its Critics*. U of Pennsylvania P, 2018.

Spadafora, David. *The Idea of Progress in Eighteenth-century Britain*. Yale UP, 1990.

Stevenson, Robert Louis. *The Master of Ballantrae*. Penguin, 1996.

——. *Kidnapped*. Oxford UP, 2014.

Wright, Ronald. *A Short History of Progress*. House of Anansi Press, 2011.

作者簡介

布琮任（Ron Po）

　　德國海德堡大學歷史學博士，先後在芝加哥大學與麥基爾大學任教和工作。2016 年加入倫敦政經學院，現職該校國際歷史系副教授。主要著作包括 *The Blue Frontier: Maritime Vision and Power in the Qing Empire*（劍橋：劍橋大學出版社，2018 年）、《海不揚波：清代中國與亞洲海洋》（臺北：時報文化，2021 年）與《手挽銀河水：清季人物、歷史與記憶》（臺北：時報文化，2022 年）。

翁怡錚

　　英國倫敦大學國王學院英國文學系博士，曾任英國南安普敦大學與喬頓圖書館共同訪問學者，現職國立臺灣大學外國語文學系副教授，兼任臺大語文中心外國語文組組長。研究領域聚焦於十八、十九世紀女性文學、跨文化論述、視覺藝術、文學與經濟論述等，研究論文散見於國內外學術期刊及專書專章。

陳岡伯

愛丁堡大學英國文學博士，目前任教於國立臺北科技大學應用英文系。主要研究領域為英國浪漫主義時期文學，特別是威廉・布雷克（William Blake）的作品，並且聚焦於文學與宗教、暴力、性別與情慾等相關議題，已有數篇論文發表於《文山評論：文學與文化》、*Blake: An Illustrated Quarterly*、*Concentric: Literary and Cultural Studies* 等國內外學術期刊。

黃桂瑩

英國埃塞克斯大學藝術史與藝術理論博士，國立陽明交通大學視覺文化研究所副教授兼所長。研究專長為十八、十九世紀歐洲藝術史與視覺文化、博物館展示文化與攝影史。目前研究特別關注視覺圖像中的階級形象再現議題、藝術家傳記寫作，以及女性藝術史書寫與藝術典範建構的問題。相關論文發表於《新史學》、《藝術學研究》等期刊。

黃柏源

英國華威大學英國文學暨比較文學博士，國立嘉義大學外國語言學系助理教授，兼任語言中心綜合事務組組長。主要研究領域為英國散文作家蘭姆（Charles Lamb）專題、年齡研究、醫療人文以及長十八世紀英國文學。相關論文發表於 *Tamkang Review*、《英美文學評論》、《文山評論：文學與文化》等學術期刊。曾獲寶島文學獎首獎、全國學生文學獎等，出版中篇小說《帕洛瑪》。

邱剛彥

英國格拉斯哥大學英國文學博士，國立陽明交通大學視覺文化研究所副教授，並擔任學術期刊《文山評論：文學與文化》書評主編。研究領域包含：十八、十九世紀英國文學、司各特（Walter Scott）小說、歷史小說、後殖民理論、長十八世紀英國繪畫、啟蒙時期美學、文學改編電影。相關論文發表於 *Scottish Literary Review*、《中外文學》、《英美文學評論》等學術期刊。

知識叢書 1139

浩蕩英華：長十八世紀的英國文藝與歷史

主編	邱剛彥、黃柏源
作者	布琮任、翁怡錚、陳岡伯、黃桂瑩、黃柏源、邱剛彥
資深編輯	張擎
責任企畫	林欣梅
封面設計	謝佳穎
內頁排版	張靜怡
人文線主編	王育涵
總編輯	胡金倫
董事長	趙政岷
出版者	時報文化出版企業股份有限公司
	108019 臺北市和平西路三段 240 號 7 樓
	發行專線｜02-2306-6842
	讀者服務專線｜0800-231-705｜02-2304-7103
	讀者服務傳真｜02-2302-7844
	郵撥｜1934-4724 時報文化出版公司
	信箱｜10899 臺北華江橋郵政第 99 信箱
時報悅讀網	www.readingtimes.com.tw
人文科學線臉書	http://www.facebook.com/humanities.science
法律顧問	理律法律事務所｜陳長文律師、李念祖律師
印刷	家佑印刷有限公司
初版一刷	2023 年 11 月 17 日
定價	新臺幣 450 元

時報文化出版公司成立於一九七五年，並於一九九九年股票上櫃公開發行，於二〇〇八年脫離中時集團非屬旺中，以「尊重智慧與創意的文化事業」為信念。

ISBN 978-626-374-356-4｜Printed in Taiwan

浩蕩英華：長十八世紀的英國文藝與歷史／布琮任、翁怡錚、陳岡伯、黃桂瑩、黃柏源、邱剛彥著；
邱剛彥、黃柏源主編 .｜初版 .-- 臺北市：時報文化，2023.11｜304 面；14.8×21 公分 .
ISBN 978-626-374-356-4（平裝）｜1. CST：文化史 2. CST：十八世紀 3. CST：英國
741.3｜112015315